主　　编：王　名
执行主编：马剑银　仝志辉
编　　委：陈洪涛　何建宇　李长文　李　勇　张严冰　郑　琦　朱晓红
编辑秘书：刘彦霞　刘瑜瑾
刊物支持：上海增爱基金会

学术顾问委员会：
白永瑞（韩国延世大学）
陈健民（香港中文大学）
陈金罗（北京大学）
陈锦棠（香港理工大学）
陈旭清（中央民族大学）
大卫·霍顿·史密斯（David Horton Smith，美国波士顿学院）
邓国胜（清华大学）
丁元竹（国家行政学院）
高丙中（北京大学）
官有垣（台湾中正大学）
郝秋笛（Jude Howell，英国伦敦政治经济学院）
何增科（中共中央编译局）
华安德（Andrew Watson，澳大利亚阿德莱德大学）
黄浩明（中国国际民间组织合作促进会）
贾西津（清华大学）
江明修（台湾政治大学）
康保瑞（Berthold Kuhn，德国柏林自由大学）
康晓光（中国人民大学）
莱斯特·萨拉蒙（Lester Salamon，美国约翰-霍普金斯大学）
林尚立（复旦大学）
罗家德（清华大学）
马长山（华东政法大学）
马克·西得乐（Mark Sidel，美国威斯康星大学）
山内直人（Naoto Yamauchi，日本大阪大学）
沈　原（清华大学）
师曾志（北京大学）
天儿慧（Amako Satoshi，日本早稻田大学）
陶传进（北京师范大学）
托尼·塞奇（Tony Saich，美国哈佛大学）
王　名（清华大学）
王绍光（香港中文大学）
温铁军（中国人民大学）
吴玉章（中国社会科学院法学研究所）
谢寿光（社会科学文献出版社）
徐家良（上海交通大学）
雅克·德富尔尼（Jacques Defourny，比利时列日大学）
杨　团（中国社会科学院社会学研究所）
张　经（中国商会行业协会网）
张秀兰（北京师范大学）
张严冰（清华大学）
周延风（中山大学）
朱晓红（华北电力大学）
（以上均按首字母排序）

本刊编辑部地址：北京市海淀区清华大学公共管理学院425室
电话：010-62773929
投稿邮箱：nporeviewc@gmail.com
英文版刊号：ISSN：1876-5092；E-ISSN：1876-5149
出版社：Brill出版集团
英文版网址：www.brill.nl/cnpr

# 中国非营利评论

清华大学公共管理学院NGO研究所
明德公益研究中心 主办

第十二卷 2013 No.2

社会科学文献出版社
SOCIAL SCIENCES ACADEMIC PRESS (CHINA)

本刊得到上海增爱基金会的赞助

理事长胡锦星寄语本刊：增爱无界，为中国公益理论研究作出贡献！

增爱无界
胡锦星

增爱公益基金會
More Love Foundation

# 卷 首 语

2013年暑假，我们来到期待已久的西藏。

拉萨市城关区区委书记邀请我和俞樵教授带着课题组，为他们探索藏区社会管理创新的实践调研把脉。当一行六人乘机抵达贡嘎机场时，清亮炫目的蓝天白云和阳光，让我们醉得发呆。在那迷眼的欣喜里，平生第一次感到天会这么净，心会这么透亮！

西藏，平均海拔4000米以上的雪域高原，地球上离天最近的地方。普布书记告诉我们：藏区天蓝，不仅因为高原，还缘于藏民信佛。自公元七世纪藏传佛教降临这片土地后，战乱、杀戮、交易和恶斗就远离这里，人们珍视现世，更祈望来世。一种被梁漱溟先生誉为"文明第三极"的生活方式从印度进入中国。在大昭寺，导游告诉我们：佛非像，亦非香，就在你心中，积善积德即为佛。我们来到海拔4000多米的纳木错湖，清澈见底的湖水和透亮的蓝天验证着圣意，据说没人敢在湖里洗漱和玩耍，有挑战者则受天谴。美丽的拉姆姑娘是一位从英国留学回来的社区村官，她推荐一个描写转世灵童的电影《Unmistaken Child》给我。看完后，一种超越小我、超越现世、超越生灵的神圣感油然而生，令人震撼不已。活佛及其转世制，是雪域大地依托藏传佛教找到的集神圣性、公平性和延续性于一体的政治制度，与中国延续数千年的王朝世袭制、远古的禅让制和当今的各种民主制相比，也有其内在合理性。

从拉萨直飞昆明，我邀请其美、拉姆和李青三位藏区干部一起出席民政部和云南省委共同主办的创新社会组织、加强社会建设座谈会。秦光荣书记一个多小时的专题报告令人耳目一新，感佩这个西南大省在社会建设上率先突破的勇气和宏大战略；李立国部长热情洋溢的报告不仅表达了民政部加紧推进社会体制改革的决心，且将近期国家在社会组织管理制度上的改革蓝图和盘托出，令人振奋不已。我告诉三位同行：这就是创造历史。不仅云南，广东和温州也走在前面，社会管理创新的地方实践正在改变着中国社会。

今年"两会"至今，我马不停蹄地到各地调研，仅广东和温州两地就来了十余次。我把大部分时间花在和地方主管、民政领导、社区领袖、NGO负责人的交流和座谈上，深为地方各级政府在社会建设方面力推的改革创新实践所吸引，从中发现和学习到不少来自一线的宝贵经验。顺德的大部制、坪山的购买服务、温州的社区自治，以及乌坎艰难的民主实践等，每一处都闪耀着理性与智慧之光，每一处都将政府的包容、公民的参与和社会的能动性巧妙地汇聚为创新合力，每一处都展现出面向未来的巨大可能性。NPI创始人吕朝说，如果真如我判断的现代社会组织体制将在未来5~10年内建成，他就有足够的信心等待和坚持。

本期《中国非营利评论》基于这样的判断和信心，响应与配合中央正力推的社会组织管理制度改革，聚焦于立法创新，邀集相关学者以主题研讨和主题文章的形式展开讨论，发表观点，并继续关注地方政府的创新案例。未来数期，我们仍将聚焦社会改革与现代社会组织体制问题，聚焦其中的地方创新实践，欢迎读者继续关注并赐稿。

从西藏回来不久，我的微博晨读完成了《中庸》，进读《孟子》。这篇洋洋三万余字的国学大典，我打算用更长一段时间慢慢品读。与过去不同的是，七岁的那路这回成了我的 Facilitator（催化师），他去年在继光书院熟读过，不仅背得出，还能娓娓道来其中的故事。他的进步催促我的努力。希望读者诸君也能在我的微博晨读上每日花上几分钟，相信先圣的思想之光，定会照亮我们的改革前行之路。

王　名

2013年9月13日于上海至温州高铁

# 目 录

**主题研讨：社会组织立法**

"结社权法律化与社会组织立法系列沙龙"主编按语 …………/ 1
社会组织三大条例如何修改 ………………………… 王 名 等 / 2
社会组织基本法的立法思路 ………………………… 刘培峰 等 / 28
结社权法律化的现实路径 …………………………… 马长山 等 / 58
社会组织管理体制改革势在必行 …………………… 孙伟林 / 94
国家与社会关系重构下的社会组织管理体制创新
　　——学习孙伟林讲话有感 ……………………… 丁晶晶 / 105
中国的改革开放与结社规制的选择：陈金罗
　　访谈录 ……………………………………………………… / 121

**论文**

民非组织发展因素分析：关于政府作用的讨论
　　——基于北京市民非组织的发展数据
　　……………………… 胡宏伟　朱晓红　高　敏　李延宇 / 137

**案例**

中国公募基金会名人专项基金合作模式探讨 ……… 张忻忻 / 154
导师志愿者：社会企业家群的引擎
　　——以福建海西青年创业基金会导师志愿者工作网络为例
　　……………………………………… 林志刚　徐　正　朱晓红 / 179

小步快走、增量改革
——深圳市社会组织登记管理体制改革路线
································徐宇珊　罗思颖 / 201

**书评**

政社关系的重构
——兼评《政府向社会组织购买公共服务》
································王春婷　李　帆 / 214

个性观察与共性思考
——"海外 NPO 丛书"述评 ············董文琪　罗　曼 / 223

以国家视角看农村信访困局
——读《治理基层中国》························孙天舒 / 232

**研究参考**

对当前国家社会组织管理模式的研究评述 ············闫　东 / 240

**随笔**

幸福之旅与巴西原住民的在地幸福感 ··················侯豫新 / 260
哈佛，种子和未来 ······································张严冰 / 270

**稿约** ·································································· 274

**来稿体例** ······························································ 276

# CONTENTS

**Theme: Social Organizations Legislation**

Editor's Note: The Academic Salon Series on Freedom of Association
and Association Legislation / 1

Revision of the Three Main Sets of Regulations on Social Organizations
*Wang Ming et al.* / 2

The Thinking behind the Creation of a Basic Law on Social Organizations
*Liu Peifeng et al.* / 28

Legislating on the Right to Associate: A Realistic Way Forward
*Ma Changshan et al.* / 58

Reform within the Social Organization Management System is Imperative
*Sun Weilin* / 94

Innovation in the System of Management for Social Organizations
within the Context of the Restructuring of the State-Society Relationship
—Thoughts on the Speech by Sun Weilin
*Ding Jingjing* / 105

China's Reform and Opening-up and Choices in How to Regulate Associations:
An Interview with Chen Jinluo / 121

**Thesis**

Factor Analysis on the Development of Private Non-profit Organizations:
A Discussion about Government's Role
*Hu Hongwei, Zhu Xiaohong, Gao Min, Li Yanyu* / 137

## Cases

A Discussion on Models of Collaboration between Public Foundations and
    Celebrity Charities in China      *Zhang Xinxin* / 154

Volunteer Tutors: The Engine of Social Entrepreneurs Cluster
    —The Case of Volunteer Tutors' Working Network of Haixi
        Foundation, Fujian Province
        *Lin Zhigang, Xu Zheng, Zhu Xiaohong* / 179

Quick Steps, Incremental Reform
    —Shenzhen Social Organization Registration Management System Reform
        *Xu Yushan, Luo Siying* / 201

## Book Reviews

Reconstruction of the Relations between the Government and the Society
    —Comment on *Outsourcing Government-Financed Social Services to
        Civil Society Organizations*      *Wang Chunting, Li Fan* / 214

Individual Observations and Common Thinking
    —A Review of Overseas NPO Series Books      *Dong Wenqi, Luo Man* / 223

A State-Perspective View of Petition Predicament in Rural China
    —On Reading *Governing Grass-root China*      *Sun Tianshu* / 232

## Researches

The Research Review on the Current Model of State Management of Social
    Organizations      *Yan Dong* / 240

## Essays

The Journey towards Happiness and the Local Happiness of the
    Brazilian Indigenous People      *Hou Yuxin* / 260

Harvard, Seeds and the Future      *Zhang Yanbing* / 270

**Call For Submissions**      / 274

**Submission Guidelines**      / 276

# "结社权法律化与社会组织立法系列沙龙"主编按语

今年三月"两会"期间,伴随《国务院机构改革和职能转变方案》的通过,期待已久的社会组织管理体制改革全面启动,包括现行行政法规修改和新法律起草的社会组织立法工作正在加紧进行。社会组织立法,是中共十八大提出"加快推进社会体制改革"在制度建设层面最为重要的工作之一,其中至少应考虑三个层面:一是行政法规层面的立法,二是专门法及基本法层面的立法,三是作为宪法基本权利的结社权法律化问题。本刊积极配合,先后举行了三次专题学术沙龙,就这三个层面的立法问题邀集相关专家展开讨论,并整理成文发表出来。我们深悉,社会组织立法需要学术界的参与,其中许多重大理论和政策问题都应有学术支持并展开必要的学术讨论。本刊在此表达我们的关切并呼吁学术界同仁们行动起来,积极参与和推动中央有关部门正在加紧进行的社会组织立法工作,也希望相关部门在立法工作中能够贯彻改革的理念,更加开放,更具全局性和战略性,使我国这一轮社会组织的立法能够尽可能超前一些,全面一些,完善一些。

# 社会组织三大条例如何修改[*]

报告人　王名　金锦萍　黄浩明　陶传进

主持人　马剑银

**【摘要】**本文是"结社权法律化和社会组织立法系列沙龙"之一,由清华大学NGO研究所、明德公益研究中心和《中国非营利评论》编辑部联合举办。2013年,中国社会组织管理的三大条例都面临整体性修改,这是《国务院机构改革和职能转变方案》的要求,但是修改的基本思路到底是什么样呢?与社会组织基本法的立法、结社法的制定到底是什么关系?本文就是在这个背景下进行的讨论,四位专家共同探讨了三大条例修改的背景、修改必要性、修改难度与面临的基本问题等,呼吁政府在修改社会组织三大条例时要确保社会组织成为真正的主体,确保政社分开,并为社会组织基本法的立法创造条件。

**【关键词】**《社会团体登记管理条例》　《基金会管理条

---

[*] 本文是2013年4月17日由清华大学NGO研究所、明德公益研究中心和《中国非营利评论》编辑部共同举办的"结社权法律化和社会组织立法系列沙龙"之一"社会组织三大条例如何修改"的文字整理稿,文稿经报告人修订,并授权本刊发表,特此感谢。王名,清华大学公共管理学院教授,NGO研究所所长;金锦萍,北京大学法学院副教授,非营利组织法研究中心主任;黄浩明,中国国际民间组织合作促进会副理事长兼秘书长;陶传进,北京师范大学社会发展与公共政策学院教授,社会公益研究中心主任;马剑银,北京师范大学法学院讲师,本刊执行主编。

例》 《民办非企业单位登记管理暂行条例》 社会组织立法 政社分开

**马剑银**：各位嘉宾、各位朋友、各位同仁：

从今天开始，清华大学 NGO 研究所、明德公益研究中心和《中国非营利评论》编辑部要举办三场关于结社权法律化和社会组织立法的系列沙龙，之后我们会把这三场沙龙讨论的文字整理后刊于《中国非营利评论》第 12 卷。这三场沙龙的主题设置逐步推进，第一次讨论社会组织三大条例的修改，第二次讨论社会组织基本法的立法，第三次讨论结社法，也就是作为宪法基本权利的结社权如何法律化。

今天是第一次沙龙，要讨论的主题是社会组织三大条例的修改，这与当前国情密切相关。今年十二届全国人大一次会议通过了《国务院机构改革和职能转变方案》，方案中有关于社会组织立法的丰富内容。而前几天刚刚发布的《国务院办公厅关于实施〈国务院机构改革和职能转变方案〉任务分工的通知》[①] 里面，2013 年要完成的任务中包含有三大条例的修改，今年 12 月以前要完成三大条例的修改工作。这是一件很紧迫的事情，只剩半年多时间。在这种紧迫的情势下进行三大条例的修改，到底会是什么样的思路，在国务院机构改革和职能转变这样的大前提下，这三大条例怎么修改，与之后关于社会组织基本法的起草和立法工作如何衔接，甚至有没有可能考虑到结社权法律化的问题，都值得探讨。

今天我们非常荣幸邀请到四位专家一起参与讨论。他们是王名教授、金锦萍教授、黄浩明教授和陶传进教授。我们先请王老师来发言。

**王名**：我主要想谈两个问题。第一，三大条例的修改是在什么背景下提出来的。第二，为什么必须修改三大条例。

## 社会组织三大条例修改的背景

社会组织三大条例修改的背景存在一个逻辑线索，它们的修改是社

---

① 国办发〔2013〕22 号。

会组织管理制度改革的重要内容之一，是中央正在推进的社会体制改革的重要突破口之一，也是深化改革或者说新一轮改革的重心。

新一轮改革从什么时候开始？我前一段时间在很多地方讲课时用了"习李新政"的概念，"习李新政"的核心主题是推进改革，我觉得"改革"这个词重新回到中国政治主流话语之中，可能是这一个多月来中国政治生态中最具有共识性，也最受关注的一个话题。

第十二届全国人民代表大会第一次会议通过的《国务院机构改革和职能转变方案》（以下简称《方案》）是改革的标志性文件。它不仅具有法律意义，更代表了"习李新政"的施政纲领。3月28日，国务院下发《国务院办公厅关于实施〈国务院机构改革和职能转变方案〉任务分工的通知》（以下简称《通知》）。这些文件的出台说明中央在这个问题上，有一整套完整的思路，而且推进的力度也非常大。

《方案》中有三个关键词：（1）机构改革——大部门制；（2）职能转变——向市场放权，向社会放权，向地方放权；（3）社会体制改革。我觉得第三个关键词恰恰是这次改革的重中之重。十八大报告有一个标志性口号：加强社会建设，必须加快推进社会体制改革。虽然社会体制改革的概念早已有之，但这次以我的理解，中央是要把社会体制改革作为深化改革，或者说新一轮改革的重点。实际上，是将其作为中国第二阶段改革的重中之重。

《方案》中，我们可以看到中央已经表述出整体推进改革的思路，而社会组织管理体制的改革是社会体制改革整体设计的重要突破口。我把社会体制改革理解为由三个阶段组成的整体过程：第一个阶段是社会组织管理体制改革，或者再准确一点说，叫社会组织体制改革。第二个阶段，我称之为社会服务体制改革，事业单位的改革就属于这一范畴，其核心是改革中国的社会服务体制，建构现代社会服务体制。第三个阶段，我称之为社会治理体制改革，其核心是改革中国的人民团体。人民团体体制和基层自治体制组成了我国的自治体制。这一点尽管在相关立法中已经明确规定，但我国的自治体制并没有真正建构起来。人民团体是一种社会动员体制，基层自治体制是一种管控体制。这两种体制的改革，构成了社会治理体制的改革重点和内容。而上述三个阶段构成了社会体制改革的主体部分，以我的理解，中国的政治体制改革，可能会在社会体制改革的过程中逐步启动。

回过头来说，《方案》里也非常明确、具体地提出了社会组织体制改革的整体思路和框架。我将它理解为两个方面：一是改革旧的社会组织体制，另一个是加快形成现代社会组织体制。今年12月底前修改完三大条例是改革旧管理体制的标志性要求；基本形成现代社会组织体制也要求于2017年实现。这五年时间，一方面要改革旧的，一方面要建构新的。这个任务是非常艰巨的。在30年的改革中，在市场经济方面，我们花了很长一段时间来改旧建新。至今既不能说旧体制已彻底改完，也不能说新体制已真正建立。那么，在这么短的时间内，改旧建新能否完成？即便是基本完成，难度也相当大。尤其社会组织体制的建构与整个社会建设结合在一起。社会组织不是凭空产生的组织形式，它与整个社会的发展、发育，包括公民自身的能力、素质、观念的发展是结合在一起的。所以要在未来五年内基本建成现代社会组织体制，其实是巨大的挑战。

然而，正如《通知》要求：今年12月底之前要完成社会组织三大条例的修改工作。法制建设是这个过程中非常核心的环节，我们将其理解为三个层面：行政法规、专门法与基本法。这一过程中需要面对并解决很多问题，很多内容甚至要从头开始。今天讨论的社会组织三大条例，主要是对现行法规的梳理和修改。之后两期沙龙要讨论的基本法，内容几乎为零。

在这样的背景下，社会组织三大条例的修改实际上是整个中国社会体制改革的重要环节，对推进现代社会组织体制建构有重要意义。这也是我们召开这期沙龙进行讨论的重要目的。它是当前旧体制向新体制全面过渡的桥梁。

## 三大条例修改的必要性

那么，我谈第二个问题：为什么需要修改三大条例？中国社会组织的发展已经走过了很长的历史过程，基本与改革开放同步。然而，我们的立法进程却相对滞后，最早关于社会组织的法律是1989年颁布的《外国商会管理暂行规定》和《社会团体登记管理条例》，我认为当时我国社会组织的总量已超100万是主要因素；1998年出台了《民办非企业单位登记管理暂行条例》并修改了《社会团体登记管理条例》；2004年出台了《基金会管理条例》。这些法规的出台都是在社会组织实践发展已经达到一定阶段，迫不得已而被动应对所形成的制度框架。而到了现在，社会组织的登记注册数量、实际活动数量、活动领域、与政府的关系、作用等多方面都已发生了翻天覆地的变化，但这三大条例的修改仍未见实质性动作。

所以我非常担心，即便我们现在努力地完善、修改、推进，但出台的制度依然可能落后于实践，而且以我国的立法经验而言，一项制度的出台会有很长的稳定期，那新修改的三大条例如何能对实践起到一定的推进和促进作用？这是很难的。我们这次讨论也仅是众多努力之一。当然这次讨论其实也站在巨人的肩膀上。早在2002年，北京大学、清华大学和中国社会科学院法学所就受托分别起草了《社会团体管理条例》的专家建议稿，至今已经11年过去了；"十二五"规划之后民政部也开始起草新条例，2011年就交给了国务院法制办，但直到现在还未正式出台。

条例修改难度大的根本原因在于体制。2011年，民政部将三大条例修改稿交给国务院法制办前，中央几位主要领导都做了批示，后来温总理在民政部的工作会议上也明确提出加快相关法规的修改工作，但仍没有进展。然而，这次能够在几个月内推动条例修改，根本原因也在体制：《方案》中已明确提出了体制改革的要求。根据我的观察和分析，十八大报告用的是"改善"，"十二五"规划用的是"完善"，而《方案》第一次使用"体制改革"的概念。体制改革直接针对旧条例中的双重管理体制，这是一个非常重要的突破。

所以，就我个人的理解，这次修改最核心的任务是改革旧的管理体制，重建新的登记管理的体制，进一步提供有利于2017年基本形成现代社会组织体制建构的制度框架，因而这几个月的工作将会非常艰巨。从对这个任务的预期而言，最理想的状态是三大条例同时出台，形成一个全面推进的制度框架。

这是我对背景的主要介绍。

**马剑银**：谢谢王老师。王老师主要是从改革社会组织管理体制的视角来讨论本次三大条例修改的背景和必要性。除此之外，他还介绍了三大条例出台的历史。我们做 NGO 的人都知道，我们对法律框架总是觉得不太过瘾，因为没有一个基本法，讨论法律框架总是在国务院行政法规的层次上绕圈圈。而在法学理论中，行政法规和法律之间最重要的差别并非法律位阶或法律渊源的差别，法律与行政法规，完全是两种性质不同的法律渊源。法律是一个国家中各种共识形成和利益平衡的结果，而行政法规主要是为政府的行政便利服务。在这种背景下，行政法规主导的社会组织制度体制，实际上并不反映整个国家对社会组织发育和监管的认知状态，而只是一种行政管理视角中的社会组织样态。作为法学家，金锦萍老师这十年来一直参与三大条例的修改过程，当然她也在倡导社会组织基本法的立法。我觉得她可能处于一种矛盾中，虽然总想倡导基本法的出台，但是政府总是让她去参与修改三大条例。不知道她感觉如何。今天就听听她的想法。

## 三大条例修改各有各的难度

**金锦萍**：从立法角度而言，社会组织的概念过于宽泛，而且内涵不够清晰，相较而言我认为非营利组织的概念更好。所以北京大学法学院非营利组织法研究中心（以下简称我们中心）愿意用非营利组织的概念。我们中心成立至今，十几年如一日，到去年年底，终于把《中国非营利组织法专家建议稿》（以下简称《建议稿》）出版了。现在又得到一个好消息，全国人大已经向民政部索要我们的《建议稿》了。今天我刚刚将电子版发过去，未来可能会成为立法的重要考量依据之一。

《建议稿》针对的是基本法的制定，我将其看成非营利领域里的组织法，类同于营利领域里的公司法，目前出版的条文一共有 170 多条，比原先的 200 多条又有所删减，难度不可谓不大。然而即使《建议稿》列入立法计划，还要通过人大征求意见等很长的立法程序，没有 5～10 年无以完成。

实际上，现有三大条例中有很多制度已经对非营利组织的发展形成重大障碍。所以我也在思考，在基本法出台之前，如果不努力去拓展社会组织的发展空间，那中国的现实社会会面临很多难题。因此，从这个意义上来讲，既要努力倡导基本法的出台，也要抓住一切可能的机会修改三大条例，让中国的非营利组织抓住这个机遇。

关于三大条例修改的讨论并非临时起意，早在2004年甚至更早，就已经对一些问题进行了讨论。三大条例的出台时间不一样，1989年出台《社会团体登记管理条例》（以下简称《社团条例》），1998年出台《民办非企业单位登记管理暂行条例》（以下简称《民非条例》），这两个条例都是在特殊时期出台的，在管理体制上过于严苛，而且1998年离现在也有15年了。仔细比较《民非条例》和《社团条例》，我们会发现特别有意思的一点：《民非条例》几乎没有任何新创制度，只不过是把《社团条例》中的"社会团体"改成了"民办非企业单位"而已。

第三个是《基金会管理条例》（以下简称《基金会条例》）。起初基金会遵循的是1988年通过的《基金会管理办法》，当时的业务主管单位还是中国人民银行，基金会是被当作金融机构来监管的。2004年《基金会管理条例》通过，2005年开始实施。请注意，名称中并没提登记，实际上最先设想的名称是《基金会条例》，甚至连"管理"二字都不要了，这是一个进步。这个条例的好处在哪里呢？从规范的角度对基金会进行规制，并不仅仅着眼于行政管理。因此，条例中很多内容涉及基金会的内部治理结构、财产规则等方面。

这三个条例基础不同，修改的难度也不一样。《社团条例》的难度在于结社，取决于政治高层对结社自由的理解与把握，此外还有些根本性问题，例如，不具备法人资格的社会团体是否具备合法性？政党本身也是一个非营利组织，如何平衡结社自由与政党制度？等等。所以《社团条例》修改的最大难点在于政治问题，这是需要突破的。

《民非条例》修改的难度在哪里呢？在《民非条例》实施了十年左右时，我们中心专门对《民非条例》进行了立法评估，基本将问题梳理了一遍。我们的基本判断是，当时由于时间非常急促，制定者基本没有考虑民办非企业单位的特征，使得《民非条例》类似于《社团条例》，因此《民非条例》的根本问题在于对民办非企业单位性质的把握不准确，使得对其财产规则等非营利领域方面的规定基本空白，所以《民非条例》修改的难度也非常大。

相对而言，基金会条例的基础较好。然而，基金会条例的修改难度在哪里呢？在于还需要进一步细化与科学化相关规则。

综上，我们首先要分别剖析这三大条例的不同问题。

## 三大条例修改面临的基本问题

回过来说，为什么要修改它们？除了我刚才讲的动机外，还因为现在是个非常好的时机。按理说，我们在2010年就已基本完成三大条例的修改草案了，那时不断开认证会，甚至已经提交给国务院办公厅，到总理那儿了，甚至领导都有批示。当时我们特别兴奋地等待新条例出台，以为在胡温第二个五年内，有望修改成功。但遗憾的是至今仍未出台，所以尽管这次国务院机构改革方案将三大条例列入本年度计划之内，但已经严重滞后了，这只是对以前工作的弥补。我们的努力，也不应该以这半年计，实际上从2004年就已经开始了。

三大条例的修改与当下的政治环境、社会转型以及政治话语变迁都有关联。我很同意王老师刚才的观点，至少我们在社会管理体制方针里增加了四个字：法治保障。在社会组织体制方面又提出了十二字方针：政社分开、权责明确、依法自治。这两方面都提到了法律问题，所以中央对非营利组织或社会组织发展的法治保障的改革思路非常明确。

李克强总理去年年底在《人民日报》发表了一篇特别长的文章。[①]文章里，他对政社分开有非常明确的阐述。他认为："推进社会体制改革，要坚持政事分开、管办分开、事业和产业分开、营利性与非营利性分开。"其中营利性和非营利性分开的概念第一次由中央领导人提出。从这个意义上而言，我们也逐渐清晰地看到三大条例修改的基本思路，今天我就把一些共性的问题提出来与大家探讨一下。

这次三大条例修改的主要内容会聚焦在哪些方面呢？

第一个关键问题就是行政管理体制。这实际涉及两个问题：登记管

---

① 参见李克强《认真学习深刻领会全面贯彻党的十八大精神　促进经济持续健康发展和社会全面进步》，《人民日报》2012年11月21日，第3版。

理体制与监管体制。因为三大条例都涉及双重管理体制，这又可能会涉及各个行政机关在监管过程中的权责分配问题。

长期以来，学者把双重管理体制看成是制约中国非营利组织发展的制度性障碍，如果不突破，简直毫无其他途径可走。就现状而言，双重管理体制有所松动，从去年开始，诸如广东、深圳、北京等地开始对一些特殊类型的社会组织采取直接登记。由此我们认为，条例修改可能会明确那些可以直接登记的社会组织，除此之外的社会组织依然遵循双重管理体制。虽然这离我确认非法人社会团体合法性的预期比较远，但改革都是渐进的。我担心的是此次修改后又可能面临十年不改的困境，另外，此次修改后的三大条例与未来的基本法立法思路有冲突，那又怎么办？首先是登记制度，《方案》中提出城乡社区服务类、公益慈善类、科技类和行业协会类有望直接登记，但诸如宗教类、涉外类、政治法律类几大类仍要遵循双重管理体制。尽管这四类范围很广，能囊括大部分社会组织，但实际上将社会组织分成了三六九等，而且不利于对交叉类型的社会组织的认定。比如一些通过法律手段为一些弱势群体维权的社会组织，到底算公益慈善类，还是政治法律类？因此，这个问题不解决，管理体制也只是有限突破，而且突破的思路很清晰：给政府帮忙的放开，给政府添乱的依然管制。

然而，什么是帮忙，什么是添乱？如果界定不清晰，就可能在行政机关，尤其是登记管理机关的自由裁量权方面埋下隐患。如果登记制度如此改革，那与此相关的监管体制又该如何设置呢？这就意味着，监管体制必须区别对待不同类型的社会组织，而这个难题仍在攻克中。在我看来，这是登记制度造成的问题，如果实施原则上放开但对一些特殊的行业仍需许可的制度比较好。关键在于有关职能部门将其职责范围之内的监管做好，这个问题自然就解决了。就像营利领域的食品公司，除了工商部门登记之外，还有食品监管、卫生检疫等部门会严格检查，各司其职。

第三个关键问题是非法人社会团体的合法性。理论上，选择结社形式的自由是结社自由的重要内容，即以法人形式或非法人形式结社。然而，这种自由在中国目前的法律框架下并不存在。根据民政部2000年《取缔非法民间组织暂行办法》，非法人形式的结社即属于非法组织，可以被取缔。现实中，未登记注册的组织数量远远超过登记的组织数量。这个问题怎么解决？如果依旧秉承原先的判断，就意味着大量组织依然处于合法性之外，民政部门如果不处罚，甚至会有渎职之嫌。

当然关于这个问题，民政部也想过不将它们认定为非法，但现行法律框架中又明确有些类型的组织必须要登记后才能开展活动，而其他没有提及的组织，其实是默许了可以以非法人形式的社会团体存在。三大条例的修改，若能突破这一点，与原先相比也是一个小小的进步。与此相关的还有备案制度——非法人社会组织只要到政府部门备案后便可获得合法性，但这种制度本身还存在很多疑问。虽然理论层面上这些问题已经梳理得比较清晰，但在立法层面，如果依旧按照分类管理思路执行，问题还会接踵而至。

第四个问题是行政强制措施和行政处罚，其实还与监管相关。现行三大条例赋予登记管理机关一些行政处罚的权力，其中有些行政处罚的规定已经严重滞后于《行政处罚法》。所以现在要考虑如何衔接条例与《行政处罚法》《行政强制法》的问题。在三大条例里面，如何既考虑非营利组织本身的特征，又与上位法相衔接？非营利组织与营利组织不一样，属于社会公益事业，即便采取罚款的方式，罚的是什么？把对组织的惩罚转化为对组织内犯了错误的个人的惩罚，这是为非营利组织设置行政处罚的关键考察点。以美国的经验而言，刚开始也是处罚慈善组织与非营利组织的，但在后续修改中通过惩罚税惩罚那些违规违法的个体，而不是组织。

此外，还有取缔的概念，取缔的到底是什么？如果依然有非法组织的概念，那取缔还用不用？在新的行政处罚法中，根本就不存在取缔。所以，我们会发现在行政管理体制方面要讨论的问题特别多，争执焦点也主要集中在这块。如果能将其理顺，既符合法理，又不与上位法抵触，还能考虑非营利组织的特征，更符合现实与改革渐进的制度需要。我们最近主要在研究这个问题。

第五个问题是什么呢？原先条例中规定，在一个行政区域内，如果已经成立了一个行业协会或商会，对于同类宗旨的组织，登记管理部门认为没有必要设立的便可不予设立。《方案》已明确提出取消一业一会，这对于社会组织的竞争及其发展是一个比较好的消息。

第六个问题是治理结构。三大条例对治理结构的相关规定有很多不尽如人意之处。社团和民非的条例可以用"惨不忍睹"来形容，几乎不提治理机构问题。这两个条例里只有一个涉及了组织机构，而怎么设置，基本没下文。所以在对这两个条例，尤其是《民非条例》的修改中，组织内部治理机构要不要写，写到什么程度，哪些由法律来规定，哪些由章程来规定，两者之间的界限在哪，这些问题都是很麻烦的。相较而言，《基金会条例》还是比较完善的，但也有不少缺陷。

第七个问题是财产规则，三大条例对财产规则也有所规定，比如禁止挪用、侵占、私分组织财产，财产使用应符合捐赠人意愿、组织宗旨等，也对应有一定的处罚手段。然而，这种财产规则并未对非营利性有明确界定，尤其占整个已登记社会组织半壁江山的20万家民办非企业单位，有很大一部分是以营利为目的的。当年我们在发展社会事业时，在民办教育、医疗等诸多领域都极缺乏资金，因而政府鼓励社会资源、社会力量进入这些领域，并且出台了相应政策，甚至认可了民办教育收取合理回报。这虽然鼓励了民办非企业单位的发展，但对非营利组织而言是混淆了营利与非营利的基本性质，导致了实践中出现很多奇怪现象，比如民办非企业单位的创办者往往将民非看成投资，而非捐赠，以至于民非壮大后就将其看成独资企业，可以买卖、转让股权、分红等，办不下去也可以瓜分财产。如果民政部门不允许其瓜分，就不注销，一年年直至将其财产耗尽。在这个问题上，怎么处理？我的意见是：民办非企业单位就要坚持非营利性，需要对以往政策的历史遗留问题进行清理，即对民办非企业单位身份进行重新确认。对那些没有公益初衷的民办非企业单位要有选择的空间，让其在补缴相关优惠所得、留下主要公益资产后部分撤回，或者鼓励其余愿意进入这个事业的人接手。这可能需要在财产规则上进行相关规定，但是难度比较大。我们中心目前也正在接受委托做如何让民办非企业单位回归公益的研究。

我的建议是以营利方式从事社会事业，营利性学校、养老院、医院并没问题，但在政策考量上，要对非营利性进行确认之后，给予营利与非营利完全不同的政策，给非营利组织在税收、政府采购等方面提供更大力度的扶持。但有一点，在民办非企业单位的非营利性规则上不能有丝毫让步。民办非企业单位的数量可以减少，在保障非营利性原则以及政策到位的情况下，即使目前只有2万家纯粹的民办非企业单位，未来也有可能催生出几十万家，甚至会与营利性组织进行公平竞争，这才是比较合理的一个良性状态。

第八个问题是基金会条例里的募捐规则。《基金会条例》对非公募基金会、公募基金会的募捐规则有很明确的界定，但在实际中如何判断其行为是公募或非公募？这其中的灰色地带太大了，而且在全国层面也没有统一的募捐规则，这会留有隐患。

第九个问题是登记层级问题。目前基金会有省和民政部两个登记层级，现在的思路是想将基金会的登记权下移至县。下移的好处在哪里？有没有可能？而有些县级的民政机关不愿意要，没力量，根本监管不了，这又怎么处理？

民非需要借鉴公司规则向下移，同时加强监管，思路比较明确。但向下移的考量点是什么？能够解放民政部与省一级的登记机构，使其能更多地考量一些宏观问题和进行行政指引与指导。

另外还有很多其他细节的问题，由于时间关系，我就不一一细说了。

总之，我们会发现三大条例的修改与非营利领域的基本法律制定并不矛盾。如果三大条例能够将我们认为比较好的一些制度先行先试，并在条例中固定下来，那将能去除一些现在存在的制度障碍。这对现有的社会组织或非营利组织而言，是一个非常好的消息，让它们有较好的发展空间。

与此同时，我们也着手制订非营利组织法的计划。我们已对非营利组织的基本权利、义务、内部治理结构、财产规则、与政府的关系、行政处罚罚则、涉外和外国的非营利机构的分支机构等方面做了系统梳理，我们也涉及了非法人团体的问题。《建议稿》写得是比较全的，其中最大胆的设想就是把中国的非营利组织分成财团与社团两类，社团中又分为法人与非法人，这就回归大陆法系的区分了。但目前比较大的障碍是它与主体制度的匹配性以及与其他法律协调的问题。其他法律的修改我们很难参与，而目前《民法通则》也要修改。基本法怎么协调与《民法通则》关于法人的分类？现有的四类法人——机关法人、事业单位法人、社会团体法人和企业法人的分类不但落后，也不符合现实，这怎么改？这个问题很严峻，但是我仍希望是两条腿走路，一方面尽快推动中国非营利组织基本法的出台，另一方面抓住三大条例的修改时机，尽可能改善当下中国非营利组织的法治环境，拓展其发展空间。

**马剑银**：谢谢金老师。在金老师的演讲当中，我们发现，民非、社团和基金会，三家各有各的难题，各家都有难念的经。在参与三大条例修改的同时，又创造条件促进社会组织基本法的出台。当然还有一些立法实践与我们讨论的主题有关，比如说有人在推动公益慈善法，以行为为导向，还有人在推动一些特殊的社会组织，例如行业协会立法，但我们会发现这种思路跟非营利组织基本法立法的方向其实不太一样。三大条例修改之后，社会组织基本法律层面的推进，真正往哪个方向发展，哪条思路会占主导，其实现在我们也不太好说。

**金锦萍**：说起慈善法，英国的慈善法实际上是慈善组织法，大量的条文还是围绕组织展开的。中国的慈善法从2005年开始就有倡导，而且前几年就已经列入过人大的第三位阶的立法计划。但它通不过，这是因为很多根本问题还没有解决。你说的行业协会法与这个并不矛盾，行业协会法属于特别法，非营利组织法是属于一般法，这两部法律间其实并不矛盾。这个问题放到下一次的沙龙里讨论可能更有意思。

## 与社会组织打交道的政府机构

**马剑银**：下面有请黄浩明老师。黄老师是实践领域的专家，有丰富的从事社会组织的实践经验，看看他对三大条例的修改有什么样的看法。

**黄浩明**：首先感谢清华大学NGO研究所邀请我来参加这个讨论会，非常有意义。今天讨论"社会组织三大条例如何修改"的题目，选得非常好。前面王名老师、金锦萍老师讲的内容我就不重复了，我的重点是从实践的角度来给大家介绍我在民促会15年工作的体会，民促会工作都跟谁打交道呢？除了与捐赠人、受益人打交道，还有一个重要的内容就是处理与政府的关系。

有一次跟王老师画了一个图，王老师可能还记得，那个图里头大概有十几家政府机关。我在政府机关工作大概有6年时间，在事业单位工作了10年，在民促会工作了15年。后来我发现在民促会工作的15年和政府打交道的人比我以前打过交道的人的总和还多了两倍。一个社会组织在政府登记之后，就面临着必须处理好与政府的关系的问题，在学术上讲就是国家与社会之间的关系问题。

民促会与政府打交道的政府组织首先就是商务部。我所在工作单位民促会与政府组织工作关系紧密的机构就是民促会的业务主管单位，也就是商务部。商务部作为业务主管单位，它管什么呢？第一个是办事处的建立，目前委托商务部中国国际经济技术交流中心（以下简称交流中心）负责管理机构的日常工作，民促会秘书处现在有32位工作人员，这个就是秘书处的管理。第二个管什么呢？民促会法人和理事会领导变更，需要经过商务部同意之后，才能够到民政部去登记办理手续。第三，内部机构的设立，例如民促会有两个专项基金，一个是绿色出行基金，一个是施永青农村发展专项基金，这个首先要商务部负责盖章，盖章以后，民政部才能办理登记手续。严格来说，民促会作为一个组织，这是一个内部的事，组织内部设什么专项基金，设什么专项委员会，设什么机构，以及在国际上设办事处等应该是组织内部的事，但目前需要业务主管单位审批，然后才能进行登记。作为一个独立的社会组织，组织治理的内容之一就是按机构宗旨开展工作，属于自治的范畴。

如果机构出了问题，政府部门需要履行责任，承担风险，而社会团体是法人主体，二者的关系如何？在工商登记的企业，需要设什么分公司，在这个时候，企业经营失败了，它不能找政府吧。

第二个方面的政府组织是外交部。众所周知，中国民促会是从事国际事务的一个专门机构。比如说我们中国民促会2007年获得了联合国经济与社会理事会非政府组织特别咨商地位。获得咨商地位的过程中，中国民促会需要向业务主管单位即商务部汇报，并报请外交部备案，因为，外交部负责与联合国经济与社会理事会的日常联系工作。争取得到外交部和商务部的支持十分重要，尤其是在联合国大会讨论期间，政府代表能够支持中国的民间组织参与国际事务和成为联合国经社理事会非政府组织的特别咨询地位。

第三个方面的政府组织是国家财政部、国家税务总局和民政部。自2006年起财政部和国家税务总局认定，企业给民促会的捐赠可以享受税收减免。2006年报的时候是商务部先审批，然后由商务部上报财政部和税务总局，再报到财政部和税务总局。从2008年开始又多了一道程序，先要报民政部，民政部核准了，再报到财政部和税务总局。民促会连续7年都获得了通过。今年财政部、国税总局和民政部发过两次文件（即财政部财税〔2013〕10号、35号文件），公布了两批获得2012年度公益性捐赠税前扣除资格的公益性社会团体的名单，全国性社会团体与基金会一共有157家机构，其中基金会组织152家，公益类的社会团体一共才五家。哪五家呢？民促会是一家，其他四家包括文化部主管的中国对外文化交流协会、民政部主管的中国社会工作协会和中国社会组织促进会，以及中国残疾人联合会下属的中国盲人协会。全国其他带中国字头的社会团体、基金会和民办非企业单位有2000多家，实际上享受税收减免资格的只有157家，不到8%，显然这样的比例太低了。希望将来能够变成普惠制，而不是个案制。

第四个方面的政府组织包括北京市地方税务局、国家审计署、国家外汇管理局。民促会税务工作涉及国家税务总局、北京市地方税务局。年检工作能否与税收和审计工作形成一致，目前三者之间的关系是不清楚的，民促会的年度审计是由民政部指定的会计事务所来做的。当然，民促会的部分国际合作项目，国外合作方要求必须由国家审计署来审计，审计署审计了以后，民促会才能得到拨款。民促会参与国际事务，国家外汇管理局审核之后，每五年也会通过民促会的外汇账号对其进行监督和检查。在上述事务管理过程中，我发现一个问题，就是民间组织的非营利性质需要北京市税务部门来认定，那就说明了什么呢？政府的管理和监督是脱节的，实际上民政部每年都需要进行年检。

第五个方面的政府组织有国家外国专家局、国家宗教事务局等。例如，民促会聘请了国际专家在我们单位工作，那谁来批呢？商务部先批，再到国家外国专家局。如果与民促会合作的国际组织是宗教组织，还需要与国家宗教事务局咨询和协调。

第六个方面的政府组织还包括公安部、人社部。与公安部有关系的问题包括社会组织外地工作人员户口的问题和组织印章刻制问题。比如说民促会一些工作人员的职称怎么评，职业怎么认定，现在没有人管。所以3月在北师大珠海分校开会期间，中山大学朱健刚跟我说："黄老师你来牵头，民间组织需要设计一个管理工程师等的职业认定规则。"我说这个方法不错。好多草根组织或者社会组织，职业没有认定，职称没人来评定。大学里有，大学的教授，学校有权利评。民促会员工的职称评定工作遇到了困难，负责人力资源管理的同事也很苦恼。所以这是一个跟国家的人力资源和社会保障部密切相关的问题。

与民促会日常业务工作相关的政府组织还有科技部、环境保护部、国家发展和改革委等，再加上党的管理体系中的中共中央对外联络部。综上所述，民促会与政府机构相关的组织达到了15个，这样过于繁杂的政府关系对一个民间组织的管理提出了更为高水平的要求，客观上也无形之中增加了机构的管理成本。

## 从政社分开开始谈三大条例修改

回到我们今天这个主题，就是关于三大条例如何修改。我同意前面王老师和金老师讲的内容，借此机会再补充几点。

第一，十八大报告当中第一次提出"五位一体"，这是第一次将社会建设放到五大建设当中来。过去只有政治建设、经济建设、文化建设，这一次将生态文明建设和社会建设放到这里头来。关于建立"政社分开、权责明确和依法自治"的现代社会组织体制，这里有一个问题，到现在我也没弄明白：这个政社不分究竟是什么含义？

王老师可能还记得，大概12年前在清华大学，王老师组织了一个研讨会，我当时提出了"四大不分"。哪四大不分？党社不分。我们党社，比如说党委系统里头的社会组织和党中央的组织是不分的，有的基本上就是党的组织内设的一个司（局），还有团中央、妇联、科协也是如此。这是第一类。第二类是什么呢？政社不分。政社不分就是我们刚才讲的政府机构和社会团体不分。比较典型的例子，我们参与某一个社会团体的评估工作，社会团体秘书长是由部党组任命的，经党组批准任命秘书长，并没有按照社会团体管理条例的基本要求来执行。这个就是政社不分典型的例子，它连提名什么的都没有。第三个不分是事社不分。实际上部分社会组织就是一个事业单位，它们双向登记；还有一种情况，部分社会团体挂靠在事业单位之下的一个机构或属于其一部分。尤其是国家级的社会团体和省一级的社会团体都是挂靠，或者是某一个事业单位的一部分。第四类是什么呢？就是企社不分。什么是企社不分呢？部分国有企业负责社会团体，或者是某几个社会团体的办事机构，非公募基金会里企社不分那就更明显了。

台湾地区也曾出现过企业成立基金会、企社不分的现象，但是后来慢慢规范了。所以我感觉这一次中央提出的建设政社分开、权责明确、依法自治的现代社会组织体制实际上解决了一个政社不分的问题。但是我现在关心的是，政社分开以后怎么办？

第二，关于分类管理逐级登记的问题，刚才金老师讲的行业协会、科技类、公益慈善类、城乡社区服务类有望直接登记，宗教类、政治法律类依然需要双重管理。请各位关注一下，还有一类，境外非政府组织，依然需要双重管理，对于上述几类社会组织依然按照双重管理执行，不知是沿用原来的规则和套路管理，还是出台新的规则，我个人建议明确要求，各司其职，确保接受双重管理的各类组织也能够得到新的发展机会。

第三，政府管登记，监管、管理各部门之间的脱节问题。比如说刚才前面讲的财务是否合规由税务审计署说了算，刚才金老师讲的财务营利和非营利有什么标准，怎么去衡量，这很难的。比如社会组织如何吸引人才，如何留住人才；现在有个规定，工资不能超过北京地区工资标准的两倍，这样的政策能否改一改？否则优秀人才就会到国际机构、国外基金会、国际公司、跨国公司去工作。这就是管理的不一致性，造成非营利性的认定不确定性和不科学性。

第四，刚才金老师已经提到了，关于社会团体法人和财团法人的问题，实际上基金会属于财团法人，但是我们现在把财团法人和社会团体法人混淆了。社会团体法人、公共法人社会团体，还有准法人财团，如何界定？

在这方面中国可以借鉴日本的经验。如何解决社会组织的法律救助的问题？社会组织在不断增加，内部管理也存在不少问题，而社会组织遇到重大问题需要政府救济、政府支持和社会各界支持。关于社会团体的法律救济，我想金老师是法律专家，建议加强这方面的研究工作。由于时间关系，我就不多阐述了。以上观点，也不一定成熟，供大家参考。谢谢。

**马剑银**：谢谢黄老师。我们刚才听到，像民促会这样的社会组织，实际上它基本上已经嵌入到我们这个国家体制里面。你要打交道的官员可能比很多政府工作人员要打交道的还要多，这是一方面；另一方面，实际上有很多社会组织根本进不到国家的体制之内，完全被排斥。这是我们社会组织面临的两大截然不同的命运，黄老师的案例给我们提供了一个很好的视角。另外黄老师还提出了一个问题，就是我们对基金会、民非这样的组织性质认识很模糊，这跟我们法律缺失有重要关系。

我们在移植英美法系和大陆法系之间久久徘徊。讨论基金会的时候，经常学美国，但是财团法人和社团法人这样的制度却完全来自欧陆。学习欧陆还是美国的制度，立法者会有很大的争论。以后在非营利组织法基本法的立法过程中，这个问题仍然是非常重要的问题。刚才金老师其实也讨论了，它包括与民法等重要法律部门之间的衔接。对于民非、基金会的性质的认识，绝对与民法的修改密切相关。但是好像民法学界跟我们社会组织法学界之间的交流其实很少，这点以后可能得加强。好，我们请北京师范大学陶传进老师来谈一谈关于三大条例修改的重要性。

## 法律修改如何确保社会组织成为真正独立的主体

**陶传进**：我说三个方面。

第一方面，我觉得非营利组织立法最核心的一点是应该把社会组织或非营利组织确定为一个独立主体。现行法中这点非常不明确，我们的法律恨不得把社会组织变成自己的孩子。其实，在政府之外，市场部门之所以能够成立、发展，就在于独立的、产权明晰的、自主运作的企业；第三部门想要成活，也需要有独立的、自我负责的社会组织。

我们现在是在社会组织和政府部门之间弄个业务主管单位把二者连接起来。业务主管单位的问题不单阻挠了社会组织的准入，而且针对已经进入的社会组织，还会把它们变为政府的孩子。

组织的内部治理恰好是组织独立的一个保证，它应该是一个组织所有行动的源头和出发点。但现行法却把组织治理层的各种要求变成了对一个组织的规定：你必须得有理事会，理事会怎么开会，多少人……也就是说你的"家长"都在它的控制之中。因而，社会组织从它的源头就没有独立，至于具体条文怎么改动，那只是次要的事了。不从精神上重视这一点就没法发展，无法真正确立社会组织的独立地位。我们需要的是在法律上确立出一类独立的主体，然后再让它们对法律负责，而不是对政府负责。只有这样做，政府才能真正把自己的负担甩下来，而不至于变成一个无限责任的政府。这才是未来的方向，对社会、政府都好。通过什么样的法律条文去体现这一点，我不是法律专家，我也说不好。

第二个方面跟第一个方面有异曲同工之妙。公益性的非营利组织实际上已经进入了社会化运作，进入了社会市场，按照市场规律运作。但是，公益组织运作的市场机制并没有被法律条文充分考虑。比如最高工资的限额，10%的规定，8%的规定，等等，所有这些规定都是要你怎么做，你要怎么做。如果政府也这样规定企业，那么市场便不成立了，便没有经济系统了，全部企业都将成为国有企业。

社会组织也是一样。在公益组织中，社会选择就是捐赠方选择，捐赠方为什么要选择你？就在于信任。捐赠方信任你，只要你的公益性行为开支是合理的，他就愿意捐赠给你。但现行法律并没有给社会选择留什么空间，仍然把社会组织当作自己的孩子在管，而没有把它当成在社会市场上的一个主体去对待。

政府因此是失职的，它把社会市场应该承担的责任自己承担了，但之后它该承担的，却又不承担了，权责错位。例如如何监管公益组织的基本公益性问题，它就没有精力再管。它管了不该管的事，而把该管的忽视了。

第三个方面涉及一些具体的操作。我们来看一下公益性非营利组织系列。从基金会到民办非企业单位，按照性质来讲应该属于公益类。在法律上它分成两类：一类是基金会，一类是民办非企业。但是在实践中至少存在三种类型的组织。第一种类型是资助型的公益组织；第二种类型是运作型的公益组织，也就是说不收任何服务费用的公益组织；第三类是收费服务型的民办非企业单位（服务性社会组织）。其中第二类又分成两类：一类规模比较大的、比较阳春白雪的，就是非公募基金会，另一类是比较草根型的，叫草根慈善组织。这三种类型要硬划分进两种法律类别之中，就出了问题，因为其中必然有一种类型是混合型的。而现在的实践两种类型都混合，把中间一分为二，民办非企业单位变成草根慈善组织加上服务性社会组织，而服务性社会组织，数量又大，又很显眼。因而民办非企业政策会依照它来执行，那时候草根慈善组织就被忽视了。因此，立法使得各类主体清晰化是未来的实践需要。

**马剑银**：谢谢陶老师非常清晰地阐述了三个方面的问题。接下来看看各位老师，你们还有什么补充？

**王名**：刚才没有展开讲，现代社会体制在十八大方案里面有三个很重要的关键词：政社分开、权责明确、依法自治。我把它们解读为三个形容词：独立性、社会性、自治性。这三个关键词非常重要。我们要建构一种什么样的现代社会组织体制？对社会组织而言，第一是独立的；第二是社会的，社会组织区别于市场类组织，也区别于政府类公共性组织；第三是自下而上自治的。这三个属性在新条令、新制度框架中间要充分体现，这是一个非常重要的基本原则。

这也涉及现在要修改、建构的新制度框架，究竟怎么保证社会组织的独立性，如何保障、实现社会组织的社会性，这包括刚才提到的产权问题，怎么实现、保护公益的产权；还有如何保障自治性，进而实现一种民间自下而上的民主治理结构。

刚才金老师讲了很多，我觉得下一步要为新的条例提供一些基本原则。据我所知，民政部新条例的指导意见中透露的还是试图构建一个新的双重管理体制，力图将制度框架拉向旧的路径。《方案》实际是试图通过重点培育、优先发展四大类社会组织，全面突破双重管理体制，而民政部在修改新条例过程中，将业务主管单位制度框架构建得更加明确，这种倾向是很值得关注的。

我个人认为，现在的立法部门和登记管理机构并没有完全理解中央推进深化体制改革的整体思路，它们试图以它们理解的思路，以保障固化的、僵化的利益和权力格局为出发点来修改条例，我觉得这是一个很大的问题。《方案》和十八大报告相比，在改革方面的力度更大，倾向性更强。我还是希望他们认真地审读全国人大通过的这个《方案》和国务院的这个《通知》。

## 关于现代社会组织体制的构建

**马剑银：** 谢谢王老师。我也想提一个问题，正好您提到了，《方案》提到对行业协会商会类、科技类、公益慈善类、城乡社区服务类四类社会组织要放开，实际上之前各个省市的实践没有包括科技类，这个我们暂且不谈，我们只谈其他三类。虽然王老师你以前说过，放开的是主流，数量很庞大，但您会发现，对于公益慈善类组织、城乡社区服务组织而言，他们原来的业务主管部门，基本上都是民政部门本身，只不过是从民政部门的其他下属机构都转移到登记管理机关而已。而对于行业协会商会类，确确实实是实践推动制度的发展，但行业协会、商会基本是与市场有关、跟钱有关、基本不带政治性的。所以从性质上讲，放开的口子只是一点点，似乎从数量上放开了很多，但在程度上并没有放开很多，基本制度依旧是管控为主。而且还有金老师所说的大量交叉性社会组织，涉及法律的公益，涉及法律的行业协会、商会，对组织定性的解释权在谁手上？如果登记管理部门解释，那到时候根据行政自由裁量权，依旧很难避免选择性执法的问题。

**王名：** 实际上还有一个问题，就是怎么解读方案中的分类，以及"优先培育"和"重点支持"的政策框架。我个人在解读，登记管理机关也在解读，他们给出的解读是什么呢？大部分继续坚持，少部分优先培育重点支持，但这与我的理解正好相反。这个分类是数量上的，更是不同层面上的。行业协会、商会类是一个标准；科技类是第二个标准；公益慈善类是第三个标准；城乡社区社会服务是第四个标准。这里的内涵需要民政部门认真研究，不能急于将其固化，里面有很多文章可做，如果做得好，整个体制就往前迈进了一大步。

我认为在这方面可以积极向前推动。往前推动一步，体制就向前走了一步，如果往回拉，又会怎么样呢？基本上还是登记管理机关和业务机关的双重管理体制。《方案》本身是一个指导方案，不是一个具体细则，其实有很大的解释空间。

此外，三大条例的修改必须放在社会体制改革的思路上来理解。现代社会组织体制是现代社会体制的一部分，现代社会体制是什么？我的理解，可以给现代社会体制冠以一个名字：中国特色社会主义公民社会体制。

中国特色社会主义公民社会体制包括哪些部分呢？包括三个部分：现代社会组织体制、现代社会服务体制与现代社会治理体制。这是整个中国社会改革的未来目标模式之一。我个人理解，社会改革的整个目标，就应该是建构一种现代意义上的公民社会。

这个公民社会体制包括三个大方面：社会组织、社会服务和社会治理。既不是政府的社会组织，也不是政府的社会服务，更不是政府的社会治理。现在的情况是什么？社会组织是政府管控下的社会组织，社会服务是政府提供的社会服务，社会治理是党和政府管控和动员下的治理，这是我们改革要突破的三个重要方面。这次机构改革方案里重点强调的现代社会组织体制的核心问题就是重建政府与社会的关系。从具体的体制建构而言，我将其大致分为两个层面，六个方面。

第一个方面是登记与监管，即作为行政管理主体和社会组织之间的监管组织。第二个方面是政府支持社会组织的体制，这里也包含了政府与社会的关系。第三个方面是合作体制，这是政府和社会更深层的关系，也包括党和社会组织的合作。这三个方面是国家与社会层面的关系。

还有三个方面是社会组织作为独立法人主体建构起来的体制。第一个方面叫法治治理的体制，是用法律来规范社会组织的行为。第二个方面叫社会组织的治理体制，包括内部治理与外部治理。社会组织应该有一个相应的治理机制，这基本上指的是社会组织与社会组织的关系、社会组织与会员和公众之间的关系问题。最后一个方面是运作体制。

我觉得大体上可以分为这样两个层面：一个是国家与社会的关系；另一个实际上是社会组织与社会的关系。这些体制一旦建构起来以后，社会组织的独立性、社会性和自治性就能充分体现出来。

所以,"政社分开"不是简单强调如何将政社分开的问题,而是指政府与社会组织是不同的主体,社会组织独立于政府,独立于党。"权责明确"与"各司其职"不一样,为什么要用一个权字?我觉得社会组织拥有的是一种介于私权和公权之间的特殊权利,我称其为社会权。"依法自治"则是强调其自治性。建构这样的体制需要一个很漫长的过程。

我现在担心的问题是,2017年如果我们的基本素质都不具备,怎么基本建成现代社会组织体制?如果将其作为中国特色社会主义公民社会体系三大部分之一,我担心时间太紧了,很难建成。但《方案》里面是实实在在体现了这一非常宏大的目标,确实非常激动人心。

《方案》具有很重要的战略意义,我反复看完后,为什么觉得不能只在民政部的角度,而要在更高一个层面来考虑?如果没有更高的层面的思考,为什么会在全国人大以立法的形式通过呢?这原本只需要一个文件、一个通知就能解决问题了。所以《方案》的境界很高,非常有深度,要从更高层面思考。

**马剑银:** 王老师说了一些我们长期以来一直在探讨的问题,以民政部或是以行政机构为核心的制度设计的保守性、惯性,与《方案》中看得到的更高层次的改革思路或者创新之间可能存在一种张力。王老师对这次以三大条例修改为契机的社会组织立法进程,抱有很乐观的态度,觉得这是一种创新的开始,确实很振奋人心,但就像我刚才所说的,行政法规永远是以政府利益为核心,以政府的行政效率为第一价值考量的,而法律可能需要在各种价值目标之间进行审慎的平衡。在这个意义上行政法规永远不可能是"法律"。

**金锦萍:** 再强调一下三大条例修改与基本法倡导的不矛盾性。寄希望于一部较为完善的基本法,当然可能更符合我们的期待,但我们却等不起,中国的非营利组织也等不起!尽管条例修改不能解决所有问题,但也要努力争取。当然,寄希望于这次修改有根本性突破是比较难的,即便分类管理的思路也会遭到一些阻力。

**马剑银:** 可能是分类变成了分等级。

**金锦萍:** 也不是分等级,组织与政治领域的相关性是其最大担忧,比如政治倡导类;还有,既然有科技类,那为什么"社会科学"类就没提?

**王名**：这次一个很大的进步是用了"政治法律类"这一概念。

**金锦萍**：虽然政治法律类的概念浮出水面，但依旧沿用双重管理的思路处理。我猜测《方案》所指的政治法律类更多指的是政治倡导类、维权类等组织，仍旧有一定的政治敏感性，所以若想根本上从制度进行推进的话，还需要从基本法入手。行政法规还体现部门利益、中央领导意志，基本法是各方力量博弈的结果。

**王名**：我稍微补充一下，金老师刚才讲三大条例怎么修改。我刚才想了一下，其实三大条例放在同一个政府部门，从部门角度来起草和修改，其实非常不合理。因为《社团条例》与另外两个条例面对的问题不一样。这是一个什么思路呢？《基金会条例》和《民非条例》尚可在部门层面修改，而《社团条例》要在更高的层面进行考量，这个更高层面是什么呢？我觉得我们不妨把它抬高一些，抬高到国家层面，这样推进的可行性更强一些。虽然我一开始讲的理想状态是三大条例能一块出台，但实际上可能性还真不很大。我觉得可能要分两个层面来，可能它要做得更完善一些。

**金锦萍**：这个没问题，今年条例肯定会出，但问题是修改力度有多大。如果修改，召开座谈会，最后通过了，但仅仅是小打小闹的话，那对我们而言不就错失了一个良机吗？

**马剑银**：我还是那个观点，在行政机关内部进行修改不会有太多改进，因为这是割自己的肉。

**金锦萍**：我是这么想的，我们的每次发言都是理想主义的，因为我们知道他们肯定会打折，能吸收70%就算好的，所以你说的时候要过一点，再过一点，即便打完折也能达到目标。另外在修改过程中的，即使是条例的修改也应当以公共参与的形式来进行，要将与条例相关的利益群体全都囊括。这不是被动地、小范围地征求专家意见，而是要比较开明地进行讨论。目前，国务院立法机构做不到网上讨论三大条例的修改，这牵涉到40万家已经注册的，以及几百万家未注册的社会组织，实际上他们基本是被屏蔽的。

那么政府怎么办呢？通过一些研究机构作传声筒也好，或替他们发出声音也罢，但毕竟力量还是非常薄弱。所以从这个意义上来讲，实际的修改与预期会有比较大的差别。另外他们现在也盯着我们不要接受媒体采访，我的回应是在条例出来之前没问题，但我最在乎的是到底在实际意义上有多大的变化。

还有一个问题是，在三大条例修改中诸如一业一会、双重管理、限制竞争的等问题已经在多年前就达成共识了，我都觉得每次谈都已经没有激情了。但为什么还是会这么难？我觉得根本问题还是高层的决心。我依然认为，这个条例尽管是民政部的，但最后国务院法制办要向各个部委征求意见，在这个中间环节中还会打折。这与领导的决断、智慧以及勇气息息相关，最终还是要靠制度。

**黄浩明：**我补充一点，王老师前面提到改革这个切入点。从中国1978年改革开放到1992年建立市场经济是一个过渡时期，而1992年到现在正好二十年。从改革开放到市场经济建立到现在的社会改革，多部门、多利益集团的矛盾重叠了，利益相关体也在博弈了。现在是一个多重矛盾重叠的时代，所以进一步改革非常难，改革已经要革到自己身上了。这是一个政治体制和资源的重组过程。所以我同意王老师提出需要顶层设计。如何落实社会组织的改革？建议中央成立社会管理体制协调委员会之类的机构。

**马剑银：**好，谢谢各位老师，如果大家没有补充的话，本次沙龙就到此结束，再次感谢参与本沙龙的各位嘉宾、朋友和同人，下次再见。

# Revision of the Three Main Sets of Regulations on Social Organizations

【Abstract】This paper is the first from the "Salon Series on the Creation of Legislation on Rights of Association and Social Organizations". This was a series of salon meetings jointly hosted by

Tsinghua University's NGO Research Center, the Philanthropy and NGO Support Center, and the editorial office of the *China Non-Profit Review*. In 2013, China's three main sets of regulations on social organization management are all to undergo major revisions. This is part of the requirements laid out in the "State Council Institutional Reform and Functional Transformation Plan". But what is the thinking behind these revisions? Just what connection do the revisions to these regulations have to the legislation process to create a basic law on social organizations and the formulation of a law on the right to associate? These were the kinds of questions that formed the discussion on which this paper is based. Four experts came together during this salon meeting to explore the context for the revisions to the three sets of regulations, the necessity of these revisions, the level of difficulty in making the revisions, and the fundamental problems that may arise. They call for the government to guarantee that social organizations will become genuine entities in their own right, to guarantee the separation of the functions of the government from those of social organizations, and to create the right conditions within which a basic law on social organizations may become a reality.

[Key Words] Regulations on the Registration and Management of Social Organizations; Regulations on the Management of Foundations; Provisional Regulations on the Registration and Management of Civil Non-enterprise Units; Legislating on Social Organizations; Separation of the Functions of Government from Those of Social Organizations

(责任编辑：马剑银)

# 社会组织基本法的立法思路[*]

报告人　刘培峰　税兵　邓国胜

　　　　马长山　王名

主持人　马剑银

【摘要】本文是"结社权法律化和社会组织立法系列沙龙"之二，由清华大学 NGO 研究所、明德公益研究中心和《中国非营利评论》编辑部联合举办。社会组织基本法的制定，是我国社会领域，尤其是社会组织领域的一个重要问题，也是当下有关社会组织管理从行政法规治理到真正的"法治"转变的必要条件。目前，学术界关于社会组织基本法的制定已经存在好几种思路，包括公法思路（行政法治理说）、私法思路（特别民法说）和混合法说等。本文探讨了社会组织基本法制定的基本内容、目标、性质和技术，立法必要性和可行性以及立法要转变的关键观念，同时也探讨了与慈善法等立法思

---

[*] 本文是 2013 年 6 月 3 日由清华大学 NGO 研究所、明德公益研究中心和《中国非营利评论》编辑部共同举办的"结社权法律化和社会组织立法系列沙龙"之二"社会组织基本法的立法思路"的文字整理稿，文稿经报告人修订，并授权本刊发表，特此感谢。王名，清华大学公共管理学院教授，NGO 研究所所长；刘培峰，北京师范大学法学院教授，宪政法学教研中心主任，北京大学法学院非营利组织法研究中心副主任；税兵，南京大学法学院教授；邓国胜，清华大学公共管理学院教授，创新与社会责任研究中心主任；马长山，华东政法大学教授，公民社会与法治发展比较研究中心主任；马剑银，北京师范大学法学院讲师，本刊执行主编。

路的区别。

**【关键词】** 社会组织基本法　非营利组织法　社会组织管理　社会组织治理　现代社会体制

**马剑银**：各位嘉宾、各位老师、各位同仁：

《中国非营利评论》编辑部举办的"结社权法律化与社会组织立法系列沙龙"第二次活动现在开始，同时这也是第208期清华NGO学术沙龙与第6期明德公益讲坛的现场。今天沙龙的主题是"社会组织基本法如何制定"。上一次沙龙我们邀请有关专家讨论了社会组织三大条例的修改以及未来的立法趋向问题，今天"书接上回"，来讨论社会组织基本法的不同立法思路。今天参与我们沙龙的嘉宾有王名教授、刘培峰教授、邓国胜教授、税兵教授和马长山教授。

我们都知道，上次我们讨论了三大条例的修改问题，三大条例都是行政法规，今天我们将在国家法的层面来讨论社会组织基本法立法问题。在法学上，法律和行政法规不仅有法律位阶的差别，而且在立法宗旨、价值取向上都有非常重大的差异。如果说行政法规的主要价值取向是为行政管理之便利，那么在法律层面探讨社会组织立法，肯定不单为行政管理的便利，还有其他的立法价值，例如结社自由的保障、社会组织的发育与基本权利保障等。多年来，我国学术界对社会组织基本法律已经有了很多研究，而且也提出了一些立法建议稿。当然距离我们最近的是北京大学法学院非营利组织法研究中心提出的《中国非营利组织法专家建议稿》，[①] 那么我们今天就从这个文本出发开始我们的话题。有请北京师范大学法学院教授，同时也是北京大学法学院非营利组织法研究中心副主任的刘培峰教授介绍一下北大版社会组织基本法的立法思路，以及他本人对社会组织立法的心得。

**刘培峰**：非常高兴今天能够回到清华，把我自己最近的研究向大家汇报一下，感谢王名老师给我这样一个机会。大家都知道，社会组织的法律制度，早在20世纪后期就有人开始在做，2002年我们开始参与相关

---

① 建议稿文本可参见陈金罗等《中国非营利组织法专家建议稿》，社会科学文献出版社，2013。

法律的制定和修改工作，三个条例大家都参与修改了好多稿，现在还在进行过程中。不过除了三个条例之外，民间各种立法建议稿版本也在流传，我自己参与了几乎全部的过程，包括上个月我也参加了三个条例的修改工作。那么关于社会组织基本法律应该怎样制定，还要关注哪些问题，我今天想汇报的是四个方面：基本法的性质、基本法的目标、基本法的立法基础与基本法的主要内容。

## 社会组织基本法的性质

社会组织基本法是在民法之下制定的统一的非营利领域的基本法，规范整个非营利领域各类组织的权利义务，规范组织的运行，在性质上属于私法范畴。非营利领域的各类组织不因为投资主体的不同或是否有特别的法律规范而不同，都属于私法的范畴。捍卫公、私法的基本分类，既是捍卫国家与社会分立的现状，也是理顺国家与社会关系的关键，更是维护社会自主性的基础。非营利组织的基本法就是在国家与社会之间、非营利组织与营利组织之间划定明确的界限，为社会的自主运行留出空间，私权的边界也就是公权的界限，从而也规范政府的管理行为。对于公、私法的划分采用实质标准而非形式标准。也就是公法组织的目标在于完成公共职能，某些组织不因为它们在形式上取得某些授权，就改变其组织的性质。国务院、中共中央的公共厕所依然是公共厕所，而非另外一个东西。

为什么要制定一个独立的基本法？是因为在民法之下，营利领域和非营利领域是两个不同的领域。非营利领域利益指向不明晰，因此其财产需要社会更多的关注，其财务和内部运作需要更多的社会监督，因此也就需要更大的公开性和透明性。非营利组织中，社团有会员，但会员对社团的监督没有营利组织中会员参与和监督的意愿那么强烈；财团法人没有会员，因此缺少会员监督这个环节。而且由于财团法人没有会员，因此作为组织基本运行规则的章程，其制定与修改就需要另外的程序来启动。也就是说，援用公司法等营利组织的规则不可能解决非营利组织领域中的主要问题。民法典作为基本的法律规范也不可能容纳非营利领域的所有问题，需要独立的法律解决非营利领域独立的问题。从法律部门独立性的理想模式来看，已经存在独立的规范对象与方法，可以用独立的法律部门来解决。

## 社会组织基本法的目标

社会组织基本法的目标，首先是确立非营利组织独立的法律地位。随着国家与社会的分化、全球社团革命和现代行政制度的改革，非营利组织在公共生活中发挥着越来越重要的作用。非营利组织这种古老的组织形式在现代社会中焕发出了新的生机。在慈善传统、人道主义传统、宗教传统之外，非营利组织获得了新的资源，成为自由民主社会公共生活的参与者和公民有序、有效参与的载体，成为多元化公共服务的提供者，成为人们满足需要和实现利益的重要方式。非营利组织及其活动产生社会资本，是社会资本的生产者，因此非营利组织需要独立的法律地位和形式予以关注。非营利组织和以非营利组织为主导的社会运动是公民社会的主要组成部分，对于现代社会转型、国家与社会关系的合理化具有重要的意义。因此从社会转型和公共治理两个角度看，都需要给予非营利组织足够的关注。因此非营利组织不但需要独立的、基本性的法律对其进行合理规范，更需要宪法对非营利组织在个人与公共生活中的地位、作用以及发挥作用的方式予以定位。

社会组织基本法的目标还在于厘清非营利组织与国家，非营利组织与组织成员，非营利组织与营利组织，非营利组织与其他非营利组织的界限，赋予非营利组织主体自主性和行动有效性。组织的主体自主性关键在于组织自身的独立地位，需要法律对组织独立的法律人格、独立的财产、独立的运行予以规范。组织的行动有效性依赖于内部治理规则，规范组织与其成员，治理结构与组织之间的关系，使非营利组织可以真正运转起来。此外，非营利组织的财产、信息等问题也需要进行独立规定，使组织不但可以独立运转、有效运转，也可以规范运转，由非营利组织建构人们参与社会公共生活的平台，满足人们各种私益和公益的需求。

自主性和有效性也是一个中国问题。中国非营利组织大多由政府发起，因此具有很强的政府性。草根非营利组织虽然自主成立，但对创始人具有很强的依附性，组织的人格与创始人的人格区分不明晰，因此需要法律制度予以厘清。由此才可以建立真正意义上的非营利组织或可以长久永续的非营利组织。中国非营利组织的发展历史发生过中断，今天的非营利组织大多在改革开放后成立，当前缺乏有效的运行规则。由于历史的断裂，社会缺乏对非营利组织使命与价值观的历史记忆，因此需要明晰的规则，持续周期性的运转来生成、强化人们的规范意识与价值理念。明晰的法律制度同时也是化解历史困境、走出路径依赖的有效工具。同时，非营利组织立法的基本目标定位可以为政府转型、释放职能提供依据，为以营利目标进入这个领域的人们华丽转身创造条件。

## 社会组织基本法的立法技术

接下来我想谈的是社会组织基本法的立法技术。在目前复杂的局面下，统一立法具有其独特作用，表现在下列几个方面。首先，统一的立法可以从整体上解决非营利组织的法律地位问题，也不会因为部分组织合法性问题而遮蔽那些被政府认为是敏感组织而对社会和个人非常重要的组织类型，如倡导组织、兴趣组织的法律地位。其次，单独立法并不能解决非营利组织面临的法人登记困难、自主性、有效性等问题。当然，统一立法并不否定单独立法。非营利领域的组织类型多样，在统一立法解决共同性的问题之后，对个别领域的社会组织进行单独立法也非常重要。在有了社会组织基本法后，就章程、组织运作等制定行政法规或者政府规章，就公益认证和税收优惠问题进行单独立法都是可行的。统一立法可以大大降低立法成本，也可以形成社会对非营利组织的整体认知。在目前对于非营利领域社会和政府认识有误区的现状下，由法律形成整体形象，可谓善莫大焉！单独立法、行政法规、部门规章在解决个别问题方面具有优势，也可以尝试，但关键的问题是不要舍本逐末。

另外，现有的条件也使统一立法有了可能。有人认为条件成熟一个制定一个，基本法条件不成熟。我现在想问大家的是，什么叫条件成熟？知识界需要合作起来引领社会，其实我们完全没有必要亦步亦趋地追随民意。我举个简单的例子。法国1982年废除死刑，但当年在公民投票的时候64%的人反对废除死刑。那一年总统选举，投票的时候密特朗的得票率是87%，而密特朗总统在竞选时，他的第一个竞选纲领就是要废除死刑。废除死刑后我们发现，近几年法国整体犯罪率特别是重罪率大幅度下降。也就是说，我们有时候不需要亦步亦趋，而在一定的情况下，当我们看清东西的时候，能够引领社会。首先，从国际上看，非营利组织统一立法已经成为基本趋向。这是由非营利组织在社会中发挥作用所决定的。非营利组织法从民法和其他法律中逐渐分离出来。对于各国的立法情况，我们应该说有所把握，因此有成功的经验可以借鉴。其次，中国非营利组织经过三十多年的发展，已经进入稳定生长期，其特点、问题日渐明晰，研究和观察有了丰富的资源。最后，从中央到地方的立法和公共政策为社会组织立法提供了许多样本。可以说统一立法已经由不能过渡到不为的阶段，关键在于政府、学界和非营利组织的决心、勇气和担当！

## 社会组织基本法的内容

所谓基本法是非营利组织的基本法，因此其内容受制于该法律的位阶和定位。统一立法是组织法，是基本法，因此不可能囊括非营利领域的所有问题，与结社法、募捐法也有质的不同。统一立法关注的问题应当是组织的设立、变更、终止，组织的内部治理，组织的财产及其运行，组织信息披露和社会责任，政府部门对组织的管理等。

关于社会组织基本法内容方面需要注意的是，非营利组织可以分为两个不同的类型，社团和财团法人；社团又可以分为法人社团和非法人社团，对于个中的差异，应当予以足够的关注。总体上我个人认为社会组织基本法要关注人的行为，对人的行为划定一个界限，在这个界限之内给人提供一个自主生存和自由活动的空间。这个界限也是国家公权力的边界，所以我们的非营利组织的基本法其实要为非营利组织提供一个自主活动的范围，在这个范围之内，个人可以通过组织的形式来表达自己的意愿和主张，满足自己的需要。组织可以以自己的行为发挥其在公共参与和公共治理中的作用。谢谢。

**马剑银：**好，谢谢刘教授。刘教授提出的社会组织基本法的思路实际上是一个私法的模式。其实在社会组织基本法制定的争论中，也有一种声音要把社会组织基本法立为管理法，这显然跟刘教授刚才所说的私法模式不太一样，就看这个基本法由谁来主导起草和制定。如果按照某些学者的理论，现在三大条例已经制定得差不多了，然后由民政部把这三大条例里面的内容总结总结，然后升格为基本法就行了，这显然就是一种以行政管理为核心的法律，与刘教授所说的立法模式截然不同。接下来我们有请南京大学税兵教授来谈一谈他的心得。

## 社会组织基本法的五个关键词

**税兵：**好，谢谢。非常荣幸有这样一个宝贵的机会来到清华公管学院，来到NGO研究所和大家做一个交流。我给自己今天和大家交流的主题，也就是我自己的报告取了个名字，叫"社会组织基本法的五个关键词"。在来京的火车上，四个小时正好做了这个PPT，第一可以把思路理得更清楚一点，第二因为我本身从事的专业是民商法学，需要把自己的思路与大家协调，更容易形成互动性。今天我所谈的主题就是社会组织基本法的制定问题。培峰兄刚才谈了很多，对我非常有启发。有些观点我同意，有些观点我持保留的立场。

关于社会组织基本法未来在中国的法律体系中如何发展，到目前为止，我听到两个有代表性的声音。第一种声音是以培峰兄为标杆，可以称之为"特别民法说"，即把社会组织法界定为特别民法。第二种观点是民政部门、行政机关所持的立场，认为社会组织基本法不过就是三个条例的升级版，可以称为"行政法规说"。但这两种观点我都不是非常赞同。刚才培峰兄说的有一点我非常同意，它是跟公司法相平行的一个法律。但是，能否因为它是和公司法相平行的一个法律体系，我们就认为它属于一种民法的特别法呢？我认为不能这么简单地下结论，正如不能把公司法简单视为民法的特别法一样。

我觉得前述两种观点都忽略了一个重要方面，那就是社会组织法在现代社会尤其在现代中国社会，具有公私法交融的特点。在未来中国的法律体系之中，社会组织法注定会有独特的地位，它是很独特的一部法律。它绝不应当是三个条例提取公因式的简单升级版，似乎三个条例提取出最大公约数来合并同类项就可以非常简单地进行升级，而是应该在价值诉求、制度理念、规范架构等方面体现对中国社会的洞察力。

社会组织特别能够体现出中国的法律人、中国从事社会工作的研究者和理论工作者为人类的法律史所做出的贡献。我们的很多法律是简单地移植国外的体系。《合同法》很多规则移植于 CISG、PICC。[①] 我们的不少民法学说师从我国台湾地区，台湾地区从日本学，日本则从德国学，德国法律和学说于是被称为"母法"。在所有这些法律中，最难简单照搬的一部法律，或者说最难简单拷贝过来的法律，我个人认为就是社会组织基本法。因为它具有很强的地域特征，所以我谈到它必须体现对中国社会的洞察力。此外，法律是制定于过去、规范于现在、着眼于未来的，但它绝对不仅仅是规范现在，因为它要服务于未来。

如何体现这一点？我用了五个关键词。第一个关键词就是定位。定位什么？我们到底需要一部什么样的社会组织基本法，这是我们需要回答的一个问题。在分析我们需要什么样的社会组织基本法时，我们首先需要分析既有的法律体系里面，到底有哪些欠缺。我觉得未来社会组织基本法一定要完成三个转变。

第一，要完成从纯粹的组织法向行为法的转变。我特别不赞同把社会组织基本法简单定位为组织法，这一定会导致这部法律今后失去解决社会问题的活力。一部法律，尤其是社会组织法，它能否在未来社会生活之中赢得社会的尊重，归根结底取决于它如何规范社会主体的行为，

---

① CISG 即《联合国国际货物销售合同公约》（*United Nations Convention on Contracts for the International Sale of Goods*），1980 年 4 月 11 日签订于维也纳，1988 年 1 月 1 日生效，1981 年 9 月 30 日中华人民共和国政府代表签署本公约，1986 年 12 月 11 日交存核准书。PICC 即《国际商事合同通则》（*Principles of International Commercial Contracts*），由国际统一私法协会 1994 年编撰，是一部示范法，2004 年和 2010 年出版了第 2 版和第 3 版。

所以我认为社会组织法一定既要包括组织法的特点，也要包括行为法的特点。

我们不妨做一个横向对比。在某种意义上，中国1993年《公司法》是为解决"皮包公司"而生的，是一部治乱之法，曾被看成世界上最苛刻的一部公司法律。我们《公司法》门槛非常之高，但这部法律出台之后，我们很快就发现必须要改了。法律刚颁布就需要修改，原因何在？因为它完全是为了解决当时的一个社会问题而出现的，它不能适应社会发展。这段历史说明，将公司法简单定位为公司的组织法是极为错误的，必须要规范公司这样一个组织体的行为，所以1993年《公司法》经过了1998年的一次大修改，几乎是一次脱胎换骨的修改，然后形成2005年《公司法》，最终从一部公司的组织法发展成为公司的行为法。简单地靠公司设立的高门槛来规范公司，是毫无意义的，因为社会生活是一个动态过程，需要的是规范公司行为。我觉得作为同位阶的非营利组织法或社会组织基本法，也应该完成从简单的组织法到行为法的转变。

或许有人会说，美国非营利法不也是一部组织法吗？这种观点忽略了美国的法律体制是一个双层的法律体制。非营利法人或者公司首先需要在州法的范畴之内完成登记，然后在联邦法的范畴内获得税法的优惠。所以从这个角度上来讲，行为规范既在州法的范围之内体现出来，也在联邦法的范围之内体现出来。它绝不简单是一个组织法，而是包含了大量的行为规范。如果仅从组织法这种静态的角度去制定这部法律，我个人相信，这部法律制定出来三年之内就会面临巨大的修订压力。

社会组织法要完成的第二个转变，就是从管理法向促进法转变。1998年我国《社团条例》修订的同时，日本颁布了《特定营利活动促进法》。两个东亚国家，一个国家严格管制，一个国家全面放松，形成鲜明对照。日本的《特定营利活动促进法》，在国会罕见地全票通过，没有一张反对票，没有一张弃权票，这说明它代表了一个国家的共识。

从管理法到促进法的转变，究竟有什么重要意义？举个例子，我们的《基金会条例》看上去很美，但却是一部很失败的法律。在包含了几十万个案件的案例数据库里面，没有一个把它作为审判依据。我也在江苏多个法院做过调查，《基金会条例》几乎从未出现在法院的裁判文本之中，所以说它是一部"零适用"的法律。为何出现"零适用"？原因在于它根本没有合理地配置诉权。一部法律完全靠管理和行政处罚，只是管理法，而不是促进法。促进法意味着什么？它绝不是简单的行政放权，需要靠利益的激励。

社会组织法要完成的第三个转变是从程序法到实体法的转变。司法救济的途径在《基金会条例》中没有相应的规范设计，三个条例里都没有，我觉得这是一个很大的不足。一方面有行政部门立法的痕迹，另一方面与立法者的知识背景有很大关系，部门立法谈的都是管辖的问题。这么大的一部法律，很多部门法的学者根本没有参与。虽然只是适用于商业组织，但其实公司法有很多值得借鉴的规则。因此，必须完成从程序法向实体法的转变。

第二个关键词就是类型。关于社会组织的类型化，以前我自己有过思考，五六年前写过文章，当时我主张废掉"民办非企业单位"的类型，甚至把"基金会"的类型给废掉，引入互助法人、财团法人这套概念体系。后来我发现我错了，我现在坚决反对我自己以前的观点。因为我觉得以前那种观点真的是一种很理想化的设想。名称并不重要，名称就像中国叫"李二狗"，美国叫"二狗李"，其实都是一个人。把民办非企业单位改成互助法人要换多少公章啊，社会成本很高。这个概念并没有大的问题。那么我觉得基金会和社会团体这些概念是很合适的，我觉得唯一需要调整的是，今后不要用民办非企业单位，而是采取民办非企业法人的表述方式。

这有两个原因。第一，"单位"本身就不是一个法律的概念。我们民法通则已经舍弃"单位"这个词，采取"法人"这个词。第二，《民非条例》规定的合伙型和个人型的民办非企业单位，本来就是极其错误的。因为合伙型和个人型意味着什么？意味着设立人要承担无限的连带责任。大家想想，假设我作为民办非企业单位的出资人，享受不到任何利润的回报，却要承担无限的连带责任。更重要的是，我明明知道要承担无限的连带责任，但还要去选择个人型和合伙型——要么是设立人的脑子有问题，要么是他图谋不轨。从法律权利义务平衡的角度来讲，将民办非企业单位改成民办非企业法人，是很好的选择。至于社会组织是否采取非营利法人这个概念，我认为也不是最重要的。尤其是这种约定俗成的概念，颠覆它的社会成本非常高。正如我们土地承包经营权的概念，十分本土化，如果要换成传统法律体系中对应的地上权或者其他概念，完全没有必要。所以说不能为了概念而概念，但是民办非企业单位一定要改成民办非企业法人，这个我认为是必须的。

此外，就是这些组织不管是叫社会组织也好，还是叫非营利法人也好，它最重要的特征是一定要限制利润分配请求权。我觉得这是它的核心、它的规矩。同样，比如说民办学校，可以分成两种途径啊，第一是营利性的学校，例如办个驾校，我就可以挣钱了。第二是办个非营利的学校，不具有利润回报分配请求权，不能靠学校去为自己挣钱。两种途径，可以让你自由选择，而不简单地以所有制类型来划分成公办和民办。公办的可以是营利性的也可以是非营利性的；同样，民办可以是营利性的，也可以是非营利性的。这样的法律概念非常清楚。

第三个关键词就是登记，登记也是核心概念。三个条例有十六个字的特点：归口登记、双重管理、分级管理、限制竞争。很多人反对这种模式。我个人认为，三个条例的核心问题不是归口登记和双重管理的问题。双重管理只是一种表象，不能简单地把它看成一个社团管理制度的问题根源。我觉得十六个字里真正最可怕的是限制竞争。

根据世界各国的经验，我们可以看出，不管是 NPO 还是公司，它的设立有两个大的体系，一个是准则主义，一个是许可主义。就非营利法人而言，大陆法系更多的是许可主义，普通法法系更多的是准则主义。现在，这个区分已经不太清晰了，谁来登记并不重要，登记的门槛很重要。如果展开来讲，许可主义最典型的是日本，准则主义最典型的是德国。德国《民法典》对无权利、行为能力的社团采取了严格的许可主义的原则，而对一般的社团采取了准则主义的原则，这有特定的历史背景。但是不管怎么样，从许可主义过渡到准则主义应该是一个进步。那么，中国的社会组织基本法应该如何规定呢？我建议采取区分原则。首先，对基金会我认为应该采取严格的许可主义原则。基金会作为财团法人，更容易成为利益输送的工具。其次，对于互益性质的一些社团，应该采取准则主义的原则。当然，在现行法的框架之下，考虑到政策背景，也可以对一些特别类型的宗教、政治、法律等团体采取许可主义的原则。最后，对大量的互益性社团以及民办非企业单位，我个人认为应该尽可能采取准则主义原则。对于特殊类型的社团以及基金会采取许可主义原则，既符合世界各国的立法趋势，也是尊重中国国情的体现。总之，我认为在登记问题上，登记机关不是关键，登记的门槛和要件才重要。

第四个关键词是运行。我觉得这是未来社会组织基本法的灵魂，我们一定要将这种对组织体的信任转化为对法律制度的信任。那怎么产生信任感呢？未来的社会组织基本法应该包括三个类型的规范：

首先，强制性规范。但这种强制性规范坚决不能简单等同于现行的压制性规范。例如，《基金会条例》总共48条，其中有44个条文都属于强制性规范，大概有23个条文有"应当"的表述，22个条文有"必须"的表述。但这些强制性规范又没落到实处。强制性规范应该包括哪些呢？我觉得首先要确定信义义务规范。这其中包括社团董事和基金会董事的忠实义务和遵从义务。例如，公司的董事可以越权，基金会的董事绝对不可以越权。那么，在当前中国社会环境下，非营利组织的商业化程度过强，例如，探索频道里将"少林方丈"这个词翻译成少林寺CEO。对于社团董事和基金会理事，一定要严格限制他们的行为。其次，信息披露规范也极为重要。我们特别应该好好学习国外成熟的做法。例如，加拿大规定，社会组织每年必须填写公共信息知情表，对公众公开，便于公众查询。同时，建立起异地查询和备案登记制度。互联网这么发达，不但是一个财务报告的问题。最后，我强烈呼吁要建立一个强制审计制度。在特定情况下，如果发现非营利组织有可能成为个人利益输送工具时，一定要建立起强制审计制度。美国公司法没有强制审计制度，但是在安然公司案之后，国会通过了专门法案，对特定公司在特定情况下实行强制审计。美国的商业公司都要强制审计，为什么中国对自己的非营利组织在特别情况下却不实行强制审计呢？我觉得更应该强制审计。原因在于严重的信息不对称。商业公司里有股权作为制衡；社会组织尤其是基金会，内部没有股权做平衡，外部没有清晰的绩效考核制度，不像商业公司，股价上升还是下降，利润如何，都十分清晰。在这种情况下，为了弥补严重的信息不对称，在特定情况之下要对社会组织进行强制审计。

除了强制性规范，还需要有禁止性规范。包括禁止个人图利的规则，以及禁止自我交易的规则。由于时间关系，这两条规则我就不多讲了。

在中国法上，除了强制性和禁止性规范外，我觉得还应该尽可能增加诱致性规范。我所主张的诱致性规范，就是政府通过税收优惠、合作契约等方式，变倡导为激励，通过利益机制诱导社会组织主动接受公众监督、主动完善治理结构。在具体规范形式上，第一个方面是让投资人用钱包来投票，第二个方面是加强社会的评价，变外部压力为内部激励。就像美国法一样，一个社会组织成为 NGO 很容易，但是你要享受 IRC 的税收优惠①，就必须遵守很严格的规范约束。社会组织是否选择登记，是它的权利和自由；但是社会组织要想享受税收减免，要想获得合作契约，那就对不起，你必须得符合严格的法律条件。这样一来，政府既是市场的监管者，同时又是市场资源的分配者，可以运用市场的力量促进社会组织的发展。

最后一个关键词是救济。我觉得未来的社会组织基本法一定不能过分依赖行政监管，要变管理为治理，必须要赋予利益相关者很多救济性的权利。公司法赋予股东直接诉讼、派生诉讼（代位诉讼、代表诉讼）等救济途径，社会组织法也应该结合第三部门的特点予以效仿。比如说公众向红十字会捐了款，在款项用途不明确时有司法途径予以保护公众的知情权。在出现信任危机时，既要有行政监管，又要有司法审查的渠道。公司股东都有知情权，在非营利组织里面公众的知情权更为重要。2005 年《公司法》颁布实行以后，股东知情权纠纷案件直线上升，但在两年之后迅速下降，原因是什么？就是因为大家都懂规矩了，都知道要保护股东的知情权。从法经济学的角度看，一个判决意味着一个激励，每个人都会因为受到法律判决的影响而改变自己的行为。

---

① 即《美国国内税法》(*the Internal Revenue Code*) 第 501 (c) (3) 条。

利益相关者的诉权极为重要。我不是主张照搬照抄公司法上的股东直接诉讼、代表诉讼等制度,而是强调一定要给利益相关者司法救济的通道。没有诉权的保障,社会组织基本法最终只能是一部"无牙"的法律,看上去很美,却不小心沦为一部行政处罚法。在这个意义上,现行《基金会条例》其实最多只能叫"基金会行政管理处罚条例"。

最后我想说的就是,社会组织基本法立法,应该开门立法,绝对不能够由一群行政官员关起门来自娱自乐,应该鼓励各个部门法的学者积极参与,鼓励各个学科的学者积极参与。闭门立法,除了受到部门利益的局限性,还会受到知识背景的局限性,以及思想观念的局限性。我们必须要开门立法,只有这样才能建立一部洞察中国社会、前瞻社会发展的社会组织基本法。谢谢。

**马剑银**:谢谢税兵教授。我发现他和培峰教授正好形成了一个相互呼应的关系,而且还有一个有趣的现象,刘培峰作为一名公法研究者,他主张社会组织基本法倾向于私法规范,而税兵教授作为私法学者却不太同意社会组织法的纯粹私法性,我觉得这挺有意思。下面请我们的非法律学者,但是长期对社会组织治理有深入研究的邓国胜教授讨论一下社会组织基本法的制定思路问题。

## 社会组织基本法立法必要性与可行性

**邓国胜**:让我来参加今天这个会真是勉为其难。首先谢谢剑银和李勇的邀请。前面两位发言都很精彩,他们不愧为学法律的博士。我也是法学博士,但是我对法律一窍不通。

**马剑银**:我们一般称您这种法学博士为"大法学博士"。[①]

**邓国胜**:对,大法学。所以我只能从宏大的视角谈谈我的一些看法。关于社会组织基本法的立法问题,主要争论焦点在于两个方面:一个是要不要立,一个是怎么立。

---

[①] 这是特指我国法学学科设置的一种民间通俗称呼,"小法学"指学一级学科,而大法学指法学学科门类,包括法学、政治学、社会学、民族学、马克思主义理论、公安学六个一级学科。

我想先谈第一个问题——要不要立。目前，学界对这个问题有不同看法。有的学者觉得现在没必要立。目前国家正在修改三个条例，将来在三个条例基础上升格就可以了。还有一部分学者，以培峰为代表，积极主张要尽快推动社会组织法立法的进程。我觉得立与不立都有道理，但是从长远来看立法还是非常有必要的，主要理由如下。首先，是现实的需要。现实的需要，一是尽管现在已经有三个条例，但我们在调研过程中确实也发现很多地方民政部门在实践、执法过程之中，觉得这三个条例位阶确实太低，约束力不够。包括刚才税兵老师讲到的，你看打了这么多官司没有一个依据这个条例，因为它确实位阶不够。实践者希望在条例之上有上位法。二是现有的三个条例，无论是对捐赠人的权益，对会员的权益，对受助人的权益，还是对社会组织本身的权益的保障都不够。毕竟这只是三个行政法规，权益保障的力度不够。例如，上级下发一个红头文件，社会组织募集的资金就得上缴。因此，社会组织也希望能够有一部法律来保障这些基本权益，法律保障的效果肯定比行政法规更强。三是目前中国存在大量未登记注册的社会组织和境外社会组织。如果按照2000年《取缔非法民间组织暂行办法》，这些组织大多属于"非法组织"，然而，现实中这些"非法组织"大量存在，处于有法不依，或者无法可依的状况。没有登记注册的社会组织，按《取缔非法民间组织暂行办法》应该取缔，但实际操作中只是选择性执行，对于大量未登记的境外社会组织，则处于无法可依的状况。对这一混乱的局面，迫切需要一部基本法来解决，仅靠现有的这三个条例很难彻底解决这些问题。所以，从现实需求的角度来看，国家还是非常有必要制定一部社会组织的基本法。

其次，从理论角度看，也有必要尽快推动社会组织基本法的出台。其一，宪法和现有的三个行政法规之间有一个很大的空当。条例上面没有一个上位法，然后直接就对应宪法。所以从这个角度来看，它还是需要有一个社会组织基本法作为衔接。其二，学界普遍认为，目前中国关于社会组织方面的条例和一些特别法比较碎片化，缺乏所谓的顶层设计。现实情况是，遇到一个什么具体问题，解决不了，国家就出台一个特别法，比如说民办教育方面，就出台一个民办教育促进法。那问题是，如果每一个领域遇到问题，都立一个特别法，将来就会有很多很多的特别法。比如行业协会、商会需要专门立一个特别法，民办医院需要专门立一个特别法等。如果每个领域都立一个特别法，其实成本更高，管理也未必便捷有效，所以从理论上来看，如果有一个基本法，可能有助于解决立法碎片化的问题，能够更好地有效管理，同时保障权益。

再次，从另外一个理论角度看，大陆法系的国家，由于其法律体系的建构与英美法系不一样，对基本法的需求更迫切，因此，大陆法系的国家往往更可能制定社会组织的基本法。中国也大体属于大陆法系的国家，所以推动社会组织基本法的出台显得更为合理。

接下来，我想谈的第二个问题是，如果要立该怎么立？刚才培峰和税兵都谈得非常好，立法的出发点是立法的目的，我们为什么要立社会组织基本法？社会组织的基本法想解决什么根本问题？刚才剑银也说了，最重要的是立法的价值诉求、价值倾向，即体现这部基本法的价值。立法的目的往往与立法者的认识水平有关，社会组织基本法的立法目的，也立足于立法者对社会组织的认识，特别是与其对社会组织在社会经济发展之中的作用认识、对国家和社会关系的认识密切相关。所以，立法者应该深刻领会十八大的精神，建立政社分开、权责明确、依法自治的现代社会组织体制。所以，我们应该基于这样一种价值取向，去推动社会组织基本法的制定，从而更好地保障公民结社的基本权利等。

第二个立法目的，就是要有助于社会组织的健康发展，让社会组织能够在法律框架下茁壮成长。依据社会组织基本法，能够使社会组织在社会经济发展过程之中发挥更重要的积极作用。所以基本法对此要做出回应，由于有了这样一部法律，能够更好地推动社会组织健康、蓬勃发展，社会组织能够真正对社会经济的发展产生积极的作用，使其更加公开透明、高效。

另外一个问题是社会组织基本法如何与民法的衔接问题。现在的《民法通则》其实只规定了四大法人：机关法人、事业单位法人、社会团体法人、企业法人。也就是说，事实上，根据《民法通则》，现有的民办非企业单位、基金会，在主体问题上都没有法律依据，没有上位法的支撑。所以，社会组织基本法的制定可以为民法未来的修改提供一个基本的参考或思路。比如说，培峰他们的观点就是在社会组织基本法中分成两大法人，当然税兵不太同意这种观点，建议沿用现在的分类方法。这个可以继续讨论，但是至少我觉得培峰提到的在社会组织基本法中，将社会组织分成社团法人和财团法人的思路，将来也可能为民法的修改提供依据。

关于基本法的内容，我同意刚才培峰的观点。主要应包括以下一些。第一是社会组织的设立、变更等方面的规定，这个内容应该有。至于怎么去分类设定，包括非法人的社团这样一些规定，境外社会组织的设立，基本法都应该做出规定。特别是现在存在大量所谓"非法社团""非法社会组织"，等有了社会组织基本法以后，这种组织类型到底怎么去界定？它到底是合法还是非法？如果是合法的，那我们对它的基本定位、判断是什么？这个基本法对这样一些关键问题都应该予以规定，否则，我们还是会陷入管理的困境。比如说境外社会组织问题，现有三个条例，不管你怎么修改，现实的情况就是难以解决。比如说基金会，根据2004年的《基金会条例》，境外的基金会如果没有在民政部门登记注册，理论上就是非法的，就应该被取缔。可是现实生活中，大量的境外基金会没有登记，我们也没有采取什么措施，所以导致了有法不依，或者无法可依的局面。我想，有了基本法以后，这些问题都应该得到较好的解决。

第二，作为组织法很重要的一点是规定组织机构如何完善它的治理结构，这是大力培育、发展社会组织的一个基础，也是社会组织自治的基础。现有三个条例在这方面的规定还有很多局限，那么对治理结构，对会员的权利以及义务，对民非、基金会的理事会、监事会的权利义务及其与执行机构的关系，即社会组织决策、执行和监督这三方面的权利与责任的边界划分，可能都要通过社会组织基本法做出详尽的规定。

社会组织基本法必须考虑的第三个问题，刚才税兵、培峰也提到，就是财产权益的保障问题。现有这些条例对相关利益群体的权益保障是不够的，救济的权利根本没有，在基本法中应该补充完善。无论是社团、民非还是基金会，对其财产权益、救济权益的保障，都应该在基本法中加以完善。

第四个内容可能就是对社会组织的监管。我同意刚才税兵说的,基本法不仅是一个程序法,因为现有的条例主要还是一个关于行政的程序条例,那么未来基本法还要加强对社会组织的监督管理内容。要促进社会组织的健康发展,监管必须加强。现有三个条例在这方面可能还有很多的局限,包括透明度、问责、信息披露、公众的知情权、公众参与等方面,规定都还有很多不足之处。所有这些都有待于更高位阶的立法来加以明确和规定,特别是公众的监督权利。所以其实我对这部基本法还是有很高的期待,毕竟我们现在只是依靠三个条例,很多问题不能从根本上解决。而且即使它现在正在修改,其实在修改过程之中,现在有些问题条例本身是解决不了的,还是要通过立法来解决。比如说基金会分成公募基金会、非公募基金会,那好,现在很多地方只要是慈善机构,不管它是社团还是民非都可以进行公开募款,反而非公募基金会不能募款,这都有很多不合理的地方。所以条例的修订到底在多大程度上能解决这些根本性的问题,还有待商榷。有些问题可能还要通过基本法做一个顶层的设计,然后才是特别法、条例各自解决各自的问题,相互配合、衔接,这样我们的法律体系才能更加完整,才能形成一个比较系统、完善的法律体系,才能更好地去保障社会组织的权益,发挥社会组织的作用,能够更有助于社会经济的健康有序发展。谢谢,一个外行,班门弄斧。

**马剑银：** 好,谢谢邓老师。

邓老师刚才讲到,我们上次沙龙讨论三大条例修改的时候也讨论到这样一些问题,就是说三大条例的修改,实际上仍然是由各自监管的部门来主导修改过程的。具体到《社团条例》《基金会条例》和《民非条例》,修改的主体都是民政部或国家民间组织管理局,但事实上仍然是由他们具体负责的某一个处室来组织修改的。在这种修改模式中,三大条例之间的衔接根本就没法做好。民政部和国务院法制办也没有动力和意识去统一对三大条例进行所谓协调性修改。从这个意义上来说,作为一个社会组织基本法的立法设计,就显得格外重要。因为对于三大条例,我们所能看到的修改仍然是分割条块,条块分割,没有协调,没有配合。

好,接下来有请马长山老师。

## 社会组织基本法怎么能制定

**马长山**：刚才听了几位老师的发言，我感觉受益良多。因为在座的几位老师都是研究民间组织、研究 NGO 多年的专家，都是在 NGO 领域非常活跃的学者。我倒有个想法，就是这个"社会组织基本法怎么制定"的标题，是否加个"能"字，变成"社会组织基本法怎么能制定"，这会不会更好些？我觉得"怎么能制定"这个问题似乎更为关键。要解决这个问题，我们就要有个理想、有个蓝图，但这个蓝图怎么变成现实，则是非常复杂的。我这里有几个想法，提出来与大家共同分享和探讨：

第一个问题，就是社会组织基本法、结社法、三大条例之间到底是什么关系。这个关系要搞不清楚的话，将来的立法就会出现交叉、重叠甚至冲突的情况。在 20 世纪 90 年代初，我大学毕业后的第一份工作就是社团管理工作，在我的印象当中，陈金罗老师是当时民政部社团司的副司长，他带队到哈尔滨去调研时，就有不同的立法主张。即结社立法是要搞两部法律还是搞一部法律？如果说只搞一部结社法，那么它如何涵摄和规制政治结社？如果是搞两部法律的话，那么，政治结社与非政治结社如何区分？按照什么原则和精神看来分别立法？有的西方国家通过政党法的方式来解决，这种做法在我国似乎还不太现实，寻找一个什么样的妥善立法方案，则是首先要面对的问题。而对于非政治结社，有的国家是采取"社会组织法"方式，有的采取"结社法"方式，但如果我们采取既有"社会组织法"也有"结社法"的方式，那就需要立法者进行审慎设计和考量。刚才税兵教授也认为社会组织基本法不应该是"组织法"定位，而应该是"行为法"定位。那么，结社法就更不能是"组织法"，更应该是"行为法"。如果二者都是"行为法"，那我们该怎么把"组织"和"结社"两个"行为"掰开呢？不然的话就会很麻烦，特别是在规范体系、监管制度、法律责任、权利义务关系等方面都会出现交叉和冲突，这样不仅会在立法上遇到困境，也会在执法、司法上产生障碍。如果我们对二者无法分割清楚的话，还不如就搞一部法律，至于它叫《社会组织法》《结社法》还是《民间组织法》等，则是个名称恰当与否的问题。

第二个问题，就是调整范围怎么界定。我们刚才构架了一个非常理想的蓝图，这个调整范围，在国外我认为没有太大问题，但中国不一样。西方国家的 NGO 发展都有很长的历史，而且无论是大陆法系国家还是英美法系国家，都是从民间动议出发来推进民主法治进程的，并在漫长的历史进程中形成了多元斗争、妥协与博弈的格局，NGO 的发展空间广阔，作用也很巨大。而中国则不同，中国历史上一直是国家管控社会，而且一直在要么是无政府要么是专制的"两极"格局中徘徊，而这个"两极"之间的转换又全都靠暴力革命来完成，所有的暴力革命又都是农民革命。为什么会出现这种状况呢？很重要的一个原因，就是在国家和个人（家庭）之间没有缓冲与平衡的中介力量，缺少横亘在公权力与私权利之间的民间组织，"两极"之间的恶性循环和周期性的革命动荡就在所难免了。在我们共产党即将取得革命胜利之际，毛泽东同志与黄炎培分别在延安窑洞和双清别墅进行了两次谈话，针对黄炎培提出的如何走出这个历史"周期律"的问题，毛泽东的回答都是"民主"。但由于受极"左"思潮和封建意识的影响，新中国成立后我们依然对民间组织采取了遏制的思路和做法，NGO 的发展空间随之被挤压殆尽，为数不多的群团组织也皆被高度行政化、政治化，不具有民主管理的功能，而"一统即死、一放即乱"则是"两极"循环的当代翻版。

中国民间组织的真正繁荣与发展是在 1978 年之后，但它也并不是民间自发生成的，而更多的是机构改革过程中的机关分流或者职能转化的产物。比如说中国纺织总会、中国轻工总会就是从原纺织工业部、轻工业部整体转化而来，它们本身带着很多行政性级别和职能的烙印。事实上，这些组织还好说一点，我们可以把它们作为一个社团，规范到社会组织基本法里面，不管它们高兴不高兴。但有的就很难规范到社会组织基本法里面了。比如说共青团，它并不是政党，但却有着很强的政治功能和色彩，社会组织基本法能把它纳入调整和规制范围吗？还有工会、妇联、青联、科协等二十多个"免予登记"的组织，都在寻求"特权"和"豁免"。你说这是不是"法外特权"？我们现在确定这个社会组织基本法的调整范围，培峰，你说这些组织是包括在内还是不包括在内？如果包括，团中央干不干？团中央干，党中央干不干？如果说他们都不干的话，对别的组织你怎么给个正当的理由？这可能是比较麻烦的问题。我们都想推进这部法律，但有很多无法回避的现实问题需要考虑。我们心中固然有一个理想的蓝图，但这个蓝图变成现实还有很多沟坎需要跨越。

第三个问题，就是三大条例的修改。国务院之所以颁布三大条例，并且立足修改条例而不是结社立法，可能有更复杂的体制甚至政治背景。但我们有这个情怀，特别是王老师，这么多年一直心怀民主发展的使命和责任，一直想推进结社立法，但国家并不一定想这样做，或者国家的偏好与民间的偏好不尽一致。像培峰你刚才讲，我们搞这个法，就是给国家权力造个笼子、划个边界，这是对的。只有把权力关进笼子里，我们才能有一个自主的空间，才能够自己管理自己，这是现代社会的一个基本格局和走向。但是，现在公权力也在造笼子，它是意在管你老百姓。或者说，我们在造笼子，它们在拆笼子。在这样一个大的体制机制背景下，结社立法能不能进入正式的立法规划，这个立法我们能参与到什么程度，或者说这个立法将来出台之后到底是什么样，现在真是还不太好说。当然我也不是悲观主义者，因为我印象当中，20世纪90年代初，陈金罗司长就非常有激情地主张要制定一部结社法，并指出当时的条例是"千疮百孔"，这是他的原话，当时是我做的记录，我印象非常深，现在我那个笔记还有呢。

**刘培峰**：那个结社法草案我看过。

**马长山**：是啊，到现在这个条例还是"千疮百孔"吧？

**刘培峰**：没准还更大了！

**马长山**：对，现在的"窟窿"也许比原来还大。但是我觉得我们还是要呼吁。现在我也在想，怎样才能不停留在对三大条例的修修补补，而是致力于推进结社的基本立法，也就是我们应通过什么办法才能说服决策层的领导人，让他们真的能高瞻远瞩，把结社立法作为一个重大立法提上日程，这确实是件很麻烦的事。

另外，正像刚才剑银所讲，现在所有立法都是一种"部门立法"，各个主持立法任务的部门就带着各自的偏好进行立法。这个立法偏好，其实就是"屁股决定脑袋"，他们坐在什么位置上，想到的就是什么范围、什么立场的事情。比如咱们都知道的《律师法》，《律师法》是司法部主持的立法，它规定了很多律师权利，但最高检主持的《刑诉法》，就对一些律师权利进行了限制甚至取消，因而与《律师法》有很多冲突，此时检察院办案也不执行《律师法》，只执行《刑诉法》，这是中国的"立法毛病"。也就是说，中国的立法很容易带有立法偏好的问题。那我们的社会组织立法，如果像刚才剑银所说都是各个职能处来立法，那就更麻烦了。因此，结社立法的关键，就是能够把立法参与扩展到更大范围，以便让更多的人在立法过程中进行多元博弈，让更多人的声音能够表达出来，特别是那些草根组织、那些公益基金会或者民非的代表能参与进来。

上述这些问题可能都是零零碎碎的，但是一个基本的思路就是：这个事是好事，我们要干，不管遇到多大的困难都要干。然而从另一个角度讲，我们又要现实，就是要把那些困难、那些问题考虑充分，然后我们再想怎么去应对它。至于更多问题的讨论，在明天上午还有时间，到时候再向大家请教，谢谢大家！

**马剑银**：好，谢谢马老师。现在请王名老师做一个总结，因为刚才马老师提到的问题，王老师可能会有不少话要说。

**王名**：我觉得马老师刚才讲得非常好。刚才讲的第一个问题，实际上是我们现在讨论基本法要面对的首要问题。我们讨论三大条例、基本法，以及明天讨论结社法，这三种不同法律制度的关系是什么，有什么共同点，有什么不同点？这个问题不解决，我们讨论基本法，很大程度上可能讨论的是条例问题，讨论的可能是结社法的问题。

刚才听下来以后，有些观点我赞同，有些观点我不完全赞同，但是我很受启发。培峰讲到理清国家与社会的关系，我觉得这点是我们现在提这个基本法一个非常重要的出发点。十八大报告和《国务院机构改革和职能转变方案》（以下简称机构改革方案）中，明确提出了政社分开原则，要重建政府和社会的关系，这非常重要。这是第一次在我们的政治文件中明确提到理清政府和社会的关系、重建政府和社会的关系。我觉得这是我们讨论社会组织基本法律制度建构非常重要的前提。当然这个法律是公法还是私法，是管理法还是促进法，是组织法还是行为法，我觉得其实边界不是很清楚。我个人理解，我们现在之所以要讨论基本法的问题,是因为至少到目前为止,十八大报告和机构改革方案给我们展示了推进社会建设和社会改革的制度性需要。这个制度性需要可能能为推进我们多少年来一直在呼吁的社会组织相关立法提供一种自上而下的推动力。所以现在我的提法首先是三个"着眼于"。

第一,着眼于社会组织管理制度改革。这在机构改革方案中非常明确地提出来了。社会组织管理制度的改革有三个重要方面:(1)发展社会组织;(2)发挥社会组织的作用;(3)规范社会组织的发展。这三个方面都需要从整个国家的角度来进行制度重构,这个制度重构为我们现在有关基本法及其制度框架的探讨提供了很好的机会。不是从部门的角度而是从国家的角度出台基本法,我前段时间调研的所有地方都有这样强烈的呼声。现行条例的部门色彩太重,部门局限性太强,有的时候出现有法不依的现象,很重要的原因是因为部门的局限性。所以突破部门的局限性,从顶层设计推进,建构新的制度,我觉得现在是很好的机会。

第二,着眼于社会体制改革。我觉得到目前为止我们看到的十八大报告和机构改革方案里面非常强调社会体制改革。我的理解是,现在的话语体系正在转化,我们从2011年10月开始强调的社会管理创新或者加强和创新社会管理的概念,正在被新的概念——社会体制改革——所替代。我个人比较十八大报告与机构改革方案中的话语体系后认为,加快推进社会体制改革是重点。在机构改革方案中,社会管理创新的概念已经降位到了购买服务这个层面,与购买服务并列。

回过来说,社会体制改革面对的是什么问题?这里面涉及的不仅仅是我们现在提到的民间组织,除了民间组织之外,还有很重要的另外两个部分:事业单位与人民团体。现在对事业单位的改革力度非常大,中编办对机构改革方案里提到的社会体制改革的积极性非常高,他们对这个问题十分重视。推动事业单位的改革涉及一个核心问题:跨越私法的边界。所以培峰讲到了我们的局限在私法,立法就有可能碰到一个边界。我觉得不能局限在私法,我们现在有机会把私法和公法都囊括进来,我们不能局限在私法中来讨论这个问题,这样就把我们自己的手脚捆住了。事业单位改革我觉得实际上已经跨越了私法和公法的界限。

如果按我的理解,以社会体制改革这个思路而言,再往前延伸一定是人民团体的改革，人民团体的改革涉及什么问题？不仅仅是私法和公法了，还涉及政治体制的问题。也就是说，我们现在谈到的社会组织基本法不仅仅是社会组织、社会领域的立法，可能还要延伸到政治体制中。这个使命更高，所以说着眼于未来，我觉得非常对。未来不仅仅是社会组织自身的未来、社会体制改革的未来，还要包括到政治体制改革。

第三，着眼于现代社会组织体制的建构和现代国家的建设。十八大报告和机构改革方案使用了一个非常值得关注的概念，叫现代社会组织体制。这个提法实际上与公民社会对接，现在我正在找这两个概念之间的关联性，我们想想现代社会组织体制中用了以前没有用过的现代，而且前面又加了三个限制词："政社分开""权责明确"，还有"依法自治"。这三个限制词实际上就是指公民社会。

当然我的理解也可能是一厢情愿，我是把它理解成什么呢？国家责任、社会空间和公民权利。国家责任，指的是什么？政社分开，强调了国家要保障社会的独立性，这非常重要。社会空间呢？权责明确强调的是社会权利和社会责任。公民权利呢？依法自治。这里面还有什么内涵呢？实际上，我们现在可以将社会组织基本法与现代国家建设以及中国梦结合起来讨论。当然这是我的一厢情愿，中国梦的真实含义是现代国家建设，不是说简单的富国强兵的问题，富国强兵只属于政治这一个系统，现代国家建设不只是政治系统，还包括经济或市场系统，以及社会系统。所以说现代国家建设是我们现在讲中国梦未来的一个整体。这里面自然也包括公民社会，就是现代社会体制。

那么回过来说，现在问题再往前延伸，社会组织基本法的走向，其制度框架应该是走向现代国家建设重要的治理结构。所以我的理解，着眼于未来，着眼于社会组织，着眼于社会体制改革，也着眼于现代国家建设。这是周期性的，如果从立法目的上来讲，从这三个方面去展开，那么我们这个立法的战略意义就更加宏大。当然回到马老师说的，也可能我们现在提到的这些东西呢，都是我们的一厢情愿，不过我个人理解，有这样一个机会，我们为何不积极地去利用它、去推动它？从战略的意义上讲，我们推进的这样一个过程，可能撬动一个时代，一个全新的时代。这是我的一点补充。

**马剑银**：好，谢谢王老师。最后我们请几位老师用几句简短的话总结一下今天的讨论，如果有更多的话想说也可以，我们还是从刘老师开始。

**刘培峰**：谢谢，我同意各位老师的观点，尽管有好多时候看起来我们的主张并不一样，我想在立法的细节方面，税兵可能比我讲得更充分、透彻，因为我是法理学背景，他研究民法，他对具体法律的理解比我更好。即使在坚持公私法划分问题上，我和他也没有根本分歧，因为我更现实，我对这种公权力介入私权有更深的感触。如果我们不把这个界限稍微搞得清楚一点，我担心这个过程又变成另外一次化私为公的过程，这是我最担心的。所以我个人认为其实无论是事业单位改革还是人民团体的改革，方向不是社会团体变成人民团体，而是人民团体变成社会团体。如果中国的社会团体还变成人民团体，或者说我们还在讨论社会团体进入政协，比如说要在政协里面设立界别，这样实际上跟社会团体变成人民团体从本质上讲是一个思路。这样一种思路我认为其实不是中国最好的发展思路，庇护式、效忠式的参与，并不是公共参与的一种有效形式，我们必须要过渡到竞争式参与，这是一个基本想法。其他我觉得观点上并没有差异，我更同意税兵对法律动态的分析。

**王名**：我稍微补充下，我现在不知道税兵提出的框架能否实现。比如我们现在讨论的是基本法，在基本法的制度框架下分成公法和私法，一部分社会组织是公法人，一部分社会组织是私法人。公法人行使的是公权力，当然受到的约束更多一些。私法人行使的是社会的权利，这种制度有没有可能形成？

**马长山**：如果是这样的话，社会组织基本法的性质就会发生改变，就是定位啊，因为我们现在定位呢，是把它定位成一种私法，属于民间的法，如果是有公法人行使公权力的话就变成公法，如果一旦变成公法，一个是它跟公法之间的适用范围并行，还有一个是我们这样的制度设计上层会不会接受，可能会有这样的问题。因为你一旦有公法人就有公权力，公权力应该由公法来调解，公法都是比较敏感的。

**王名**：你看，在讨论红十字会改革的时候，有人提出来"法定机构"的概念，这实际上是从香港、从英国借鉴过来的。其实在日本还有一种特殊法人，叫公法人；像德国工商会也属于特定的公法人，特定法规定的公法人。这个系列与社会组织是什么关系？如果可能，能否作为一种分类改革的思路？我们现在讨论的事业单位改革中一个非常重要的思路是分类改革。分类改革就是在事业单位中间保留一部分公益类的，这类事业单位行使公权力。那么这种类型我们能不能把它叫做公法社会组织？然后保留它在社会组织中的特殊地位，甚至可以以特殊法人的形式规范它。比如像日本，会给每一个特殊法人规定一部法律，就是一个法人一部法律规定。日本的所有特殊法人都是一个组织一部法律，这种法律的出台和制度设计是非常独特的，没有重复的，但其立法难度非常大，因为要议会通过，就会非常有限。我们现在提的这个法定机构出现了一个很不好的倾向，你知道吗？广东省的改革都称法定机构，没有法怎么称法定机构？没出台法大家都说自己是法定机构。顺德也搞法定机构，我说你搞法定机构可以，但必须单独立法，所以我建议就在社会组织基本法的框架里面给出一个平台，以单独立法的形式将其划出去，叫公法社会组织。

实际上，就是不搞另类，我们现在之所以要提出基本法的问题，是因为社会组织只规范了同类社会组织中间的很小一部分，法外社会组织占绝大部分，相当一部分不需要登记注册，也就是说现在的事业单位和人民团体中的绝大部分都在"法外"。如果我们拿出一个更规范的法律，能把相当一部分规范进来，然后以单独立法的方式来规范我们称之为公法人的社会组织，其他社会组织都进入所谓的私法序列中，有没有这种可能性？

**税兵**：我是这样思考的：首先，公法人和私法人的区分，这点我非常赞同，因为二者的法律性质并不相同。比如说证监会，它还有行政权力的行使问题。那么，社会组织基本法如何处理公法人和私法人的关系呢？可能有三种模式。第一种模式是最小范围模式。明确地说，社会组织基本法只针对私法人，团中央归党中央管，不归我们管，这是最省事的方法。我想这种最省事的方法也是培峰他们拟定草案的基本思路，很容易被接受，这是一种方案。第二种方案我就称之为"订单外包"，就是在社会组织基本法里面规定一个授权条款或引致条款，把公法人的规则问题授权其他法律来完成。像日本法一样，最初是两种类型的社团法人，一个是公益法人，一个是社团法人，它实际排除了互益法人。后来日本法专门制定了《中间法人法》，把社会组织增补为三种法人类型，逻辑上就圆满了。日本法有大量的特别法人，就是采用这种订单外包的方式处理公法人与私法人的定位问题。第三种方案是一种折中方案。对公法人来讲不是简单的"订单外包"，而是给公法人开扇门。对于公法人涉及公权力的部分，社会组织法不要去调整。比如公法人的产生，肯定和私法人不一样，不需要按照既有的登记制度去规范。但是公法人的运行，和其他私法人一样，要受到社会组织基本法的约束。比如说财产分配、信息公开、强制性的信息披露、成员之间忠实义务和信任义务，就要按照社会组织基本法来调整。就好像北京市政府是公法人，但要买汽车、买房子、买办公家电，同样受民法的约束。第三种方案是一个半开放式的模式。这三种方案各有它的好处，很难简单说谁优于谁。培峰搞公法，主张"私法说"；我搞私法，反倒主张"公法说"。这说明我们两个人都不是本位主义。原因可能在于，我们都各自认识到自己所研究领域的不足之处。我还想强调的是，社会组织基本法应该是一个混合型的法律，实际上是指它不能简单地作为民法的特别法，仅仅是要在民事主体地位这一块对应民法。

这是对培峰第一个问题的回应，我还想尝试回应一下长山老师的问题，就是关于社会组织法怎么制定和能怎么制定的问题。这是两个层次的问题，事实上，今天我们的讨论是在能制定的前提下进行的。总的说来，社会组织基本法的制定需要满足三个条件：一个是社会的共识，一个是政治的决策，另一个就是理论的储备，三者缺一不可。就理论准备而言，我个人感到非营利组织法律研究近几年没有大的突破，尤其是对组织规则的研究还很不够。具体而言，社会组织基本法涉及两个类型的规范：一种是政治性色彩很强的规范，比如公法人是不是放到社会组织基本法里面来的问题；此外，还有政治性色彩不强的规范，比如如何防止社会组织成为个人利益输送工具的规则。理论研究停滞的原因或许就是学界把力气全用到批判三个条例上去了。其实我主张三大条例根本不要着急改，最多做一个框架性或者现实性的解释，等到社会组织基本法颁布之后再来修改才是最合适的。否则，三个条例改了之后，又得为下次修改做准备。

**马长山**：改了就不想搞基本法了。

**税兵**：对，改了反而授人以柄。而且，社会组织的问题我认为不是出在三大条例上，根源是出在组织信誉上，没有一整套建立和完善社会组织信誉的法律规范。例如，《民办教育促进法》规定民办学校只能收取合理回报，那我收学费不挣钱，食堂挣钱、宿舍挣钱总可以吧？暗渡陈仓才是最可怕的现象。所以说，我觉得现在整个非营利组织社会环境问题不只是出现在"权力"这块，在"权利"上同样出了问题，例如不能防止社会组织成为为私人牟利的工具。总之，三大条例需要改，但不是现在。

**王名**：回过头来看，虽然三大条例的修改这次被提到议事日程上来，但实际上这个机构改革方案形成的整体思路，已经超越了条例，使得修改条例的必要性已经不存在。我们现在修改条例的必要性来源于体制问题，体制的问题是什么呢？方案的出台就是为了解决体制的问题，所以现在来看，到目前为止，原来修改条例的必要性在于体制的障碍，这已经由以立法的形式通过的机构改革方案解决了，所以现在从制度建构上来讲最合理的一个选择是什么呢？就是制定社会组织基本法。但从民政部看来，今年的工作重点是修改条例。但是我有一个很大的担心，和你们一样，就是条例的修改很可能为下一步基本法的起草设定了障碍。条例既然已经修改了，那就没有必要再讨论基本法的问题了，或者直接把条例升格不就行了。这可能是操作层面的一个悖论：我们已经通过一种形式扫清了修改条例的体制障碍，但扫清障碍又很可能为推进基本法设定障碍。

**税兵**：我顺着王老师的思路讲，就是如何突破这个障碍。我觉得突破这个障碍关键点，就是在于要强调社会组织基本法是个行为法。社会组织的问题不只在管理上出了问题，而且还在组织行为上出了问题。另外，我刚才有感而发，认为非营利组织立法没有很大突破，至少法律理论上的准备还不是很充足。事实上，很多部门法的经验值得我们学习。例如，我们可以学习激励商业组织的法律规范。美国《非营利法人法》在1987年的修改，就是由美国律师协会公司法委员会来完成的。《公司法》的很多管理规范，可能只在商业组织领域适用，但也有可能在社会组织领域同样管用，就应该大胆拿过来。社会组织法律需要四个轮子——行为法、责任法、促进法加上管理法，这样才能有效运转起来。

**邓国胜**：我没什么要讲的，就稍微补充一句。不管条例修改是不是有利于这个基本法的出台，我觉得学界有责任和义务先去做研究，这个方向是对的就好，机遇可遇不可求。

**马长山**：给王老师提个建议，赶紧组织力量阻止民政部修改条例，让它先别出。

**王名**：我还真有先放慢条例修订的想法。今天的讨论也很有意思，上次我们讨论条例怎么修改的问题，然后今天讨论社会组织基本法，得出的结论是最好不要修改条例。

**马长山**：这是部分人的结论，不是所有人的结论。

**马剑银**：其实我们设计这个系列沙龙，分为三次进行，第一次谈三大条例修改，第二次谈社会组织基本法立法，第三次谈结社权法律化，也有类似的考虑，那就是在三大条例的修改已经成为一个现实中已经正在进行的选择时，社会组织基本法或结社法还应不应该同时也提出来进行通盘考虑。刚才各位老师都说了，理论准备总是需要的，而且理论准备越充足，尤其是我们法学界对社会组织法立法的理论准备越充足，这个法律出台的可能性其实就越大，其实确确实实有很多细节问题，我们还没有进行很好的研究，无论是社会组织基本法的立法细节，还是明天要讨论的结社权法律化的现实路径，都有待法学界持续不断地讨论与研究。好，我们明天上午继续探讨"结社法的制定"或"结社权的法律化"。今天的沙龙结束，谢谢各位参与。

# The Thinking behind the Creation of a Basic Law on Social Organizations

【Abstract】 This paper is the second from the "Salon Series on the Creation of Legislation on Rights of Association and Social Organizations". This was a series of salons jointly hosted by Tsinghua University's NGO Research Center, the Philanthropy and NGO Support Center, and the editorial office of the *China Non-Profit Review*. The formulation of a basic law on social organizations is an important issue for China's social sector, and particularly for the social organization sector. It is also one of the conditions necessary for a transformation in the way social organizations are managed, from the current form of governance, which is based on administrative regulations, to management by "rule of law" in the truest sense. Recently, in academic circles, many different lines of thought have developed about the formulation of a basic law on social organizations, including the argument for "governance through administrative law" which adopts a public law perspective, the argument for "special civil laws" which approaches the question from the perspective of private law, and the argument for a "combination of legal forms". This paper explores the content of a basic law, as well as the objectives, nature of and skills involved in formulating such a law. It examines the necessity and feasibility of creating such legislation, and the key concepts that need to be transformed during the legislative process. At the same time, the paper considers the differences between this and the thinking behind other legislation such as the *Charity Law*.

【Key Words】 Basic Law on Social Organizations; Non-profit Organization Law; Social Organization Management; Governance of Social Organizations; Modern Social System

(责任编辑: 马剑银)

# 结社权法律化的现实路径[*]

报告人　马长山　刘培峰　贾西津　王名

主持人　马剑银

【摘要】本文是"结社权法律化和社会组织立法系列沙龙"之三，由清华大学NGO研究所、明德公益研究中心和《中国非营利评论》编辑部联合举办。关于结社立法，我国在20世纪80年代就已经开始讨论，并且起草了法案，但由于种种政治或社会原因，一直没有出台。本文讨论了结社权的基本性质、结社立法在当代中国的可能性与必要性，也讨论了分散立法和集中立法的关于结社权法律化的不同形式，同时探讨了社会组织基本法制定与结社立法之间的关系。与会专家一致认为，结社立法是中国法治化的重要标志，也是实现宪治、推进宪法实施的必要条件。

【关键词】社会组织与结社　结社自由　结社权法律化　宪政与宪治

---

[*] 本文是2013年6月4日由清华大学NGO研究所、明德公益研究中心和《中国非营利评论》编辑部共同举办的"结社权法律化和社会组织立法系列沙龙"之三"结社权法律化的现实路径"的文字整理稿，文稿经报告人修订，并授权本刊发表，特此感谢。王名，清华大学公共管理学院教授，NGO研究所所长；马长山，华东政法大学教授，公民社会与法治发展比较研究中心主任；刘培峰，北京师范大学法学院教授，宪政法学教研中心主任，北京大学法学院非营利组织法研究中心副主任；贾西津，清华大学公共管理学院副教授；马剑银，北京师范大学法学院讲师，本刊执行主编。

**马剑银**：各位嘉宾、各位同学、各位老师，大家好。

这里是《中国非营利评论》编辑部举办的"结社权法律化与社会组织立法系列沙龙"第三次活动，也是第209期清华NGO学术沙龙暨第七期明德公益论坛。我们今天讨论的话题是"结社法如何制定"，或者是我今天来之前刚想到的另一个名称："结社权法律化的现实路径"。

昨天我们讨论社会组织基本法立法思路时，谈到社会组织的外延和类型。我们国家存在一些特殊的结社组织，这些结社组织在社会组织基本法制定过程中，可能会遇到障碍，它们包括人民团体，包括国务院有关政策免予登记的结社组织。这些组织到底能不能在我们所讨论的社会组织外延之中呢？对这个问题的讨论在现实中是有意义的。如果按照"结社"的理念而不是从社会组织、非营利组织的视角去讨论，那么这些组织显然属于社团，但从我们现实行政管理的角度来讲，这些又不在国家社会组织行政管理范围之内，所以将这些组织纳入到我们今天的话题可能更加合适一些。

从历史上看，20世纪80年代我国已经提出《结社法》的制定任务，草案也几易其稿，但最终由于众所周知的原因没有出台。之后的二十多年，学界对结社立法的呼吁此起彼伏，但实践部门并未向前推进。我们在社会组织立法的背景中讨论结社法或结社权的法律化，就2013年这样的时节而言，可能很有意思。

今天我们也邀请了四位嘉宾：王名教授、刘培峰教授、马长山教授和贾西津教授。先有请培峰教授。

## 结社立法的四大问题

**刘培峰**：我来抛砖引玉。

我们讨论结社法，有两个进路。第一个进路是前一阵子我们先讨论正在修改的三个条例，然后过渡到讨论非营利组织法，最后讨论结社法，层层递进；第二个进路是直接从宪法上讨论结社自由，从而讨论结社权的法律化。我自己过去研究结社自由，是从宪法、法理的角度讨论这个问题的。当然，走这个进路马长山老师的研究应该是最早的，马老师在1993年就开始写有关结社的文章。[①] 但直到今天，结社自由问题的研究依然很不充分。

我下面有四个相关问题向大家汇报一下：第一是结社法和非营利组织法究竟有哪些不同；第二是从国际比较的角度来看结社法的形式问题；第三是讲中国的结社问题；第四是讨论结社法的基本内涵。

首先来看第一个问题。结社法与非营利组织法或社团条例相比是一个非常不同的东西，非营利组织法的核心是组织，尽管我们说法律混合的趋向已经很严重了，行为法和组织法在好多部门法领域中已经很难区分，但非营利组织法，或社会组织基本法，它的核心是规范组织的，而结社法它毫无疑问规范的是行为。而且社会组织法是通过对组织的形成过程、运行过程，组织中内在的权利义务关系、法律责任进行规范而形成的，而结社法毫无疑问应以个人视角为出发点。结社是以个人联合成立一个组织，由兴趣组织到倡导组织到公共参与组织形成一个链条。它还要解决组织和个人之间的关系问题，需要规定当个人的权利受到组织限制时，应该怎么办。所以这是第一个不同。而且从大的法律部门来看，非营利组织法应属于私法范畴。而结社法有一部分是不是应该属于宪法范畴，我们可以讨论，但结社法所衍生的具体法律，比如说政党法，它毫无疑问应该属于宪法性法律。我个人认为，要注意这个不同。

此外，我个人认为理解结社法要放在现代社会的背景中。反观人类的长期历史，我们会发现结社问题在人类社会中经常存在，它可能伴随整个人类演进过程。但是结社自由问题肯定是一个现代问题。为什么这样讲？因为恰好是高度组织化的现代社会，个人才更加需要通过组织化的途径来化解人生困境。高度组织化的现代社会需要组织来完成现代社会的公共参与和公共治理问题，如果没有结社，现代社会可能很难有效运转起来。所以在现代社会中，结社问题要比在传统社会中更加重要。另外我们会发现在传统社会中，结社可能会带来社会的不安定感，因为结会带来人群的大规模聚集。在一个封闭社会

---

① 参见马长山、刘文义《论我国的结社权利》，《政治与法律》1993年第5期。

里，社会动员机制不发达，人的聚集就会带来许多社会问题，而在现代社会里，大家都会发现，人本身就是高度聚集的，如果没有组织化的社会活动，公共治理问题就很难完成。同时，结社也是一个发现和解决现代社会矛盾的机制。我们想象一下，现在到广东经商和打工的有50万非洲人，他们一旦发生问题，如果没有一个组织代表他们，我们去找谁解决问题？所以现实中我们要充分利用结社。这是我要想讲的第一个问题。两种法律性质不同，要放在现代高度组织化的社会中来理解结社。

第二个问题，既然有了结社，那么结社法应该怎么制定？我们看到从1831年比利时宪法确立了结社自由以后，各个国家基本上都把结社自由作为宪法的一个基本内容规定下来，有的国家规定是两条，有的国家规定是一条，两条和一条有什么不同？早期的国家都规定一条，或者说有结社自由，或者说不能够禁止结社自由，但是从晚近的立法实践来看，有这一条规定以后，还会有另一条，说国家承认社团在公共生活和公共参与的地位，国家应该通过各种各样的途径来促进社团的公共参与，以促进一个和谐社会的形成。这两条，尤其是后面一条非常重要，如果只允许你结社，而不给社团在公共生活中的地位，那么结社权可能变得空空荡荡，因为现代社会里，人除了私域以外，大量是在公共领域中进行活动。因此我们会发现，各个国家在宪法中有了这样基本的规定，我国宪法第35条也规定了，它实际上是一种宪法委托，也就是意味着，要通过具体的法律来落实宪法的这一条规定。有了这种宪法委托，如果立法机关不制定具体的法律来保护这个宪法基本权利，就是立法的不作为，各个国家法在应对宪法委托时，总体来看有两种模式。第一种模式是分散立法。也就是说把结社问题分散到不同的法律中进行规定，比如政党问题、公共政治参与问题，放到政党法中；利益集团问题，放到有关游说和公共生活的法律规定中；兴趣组织，放到非营利组织中；非法组织放到刑法中。当然分散立法并不能解决许多具体的问题，大量有关结社的问题可通过司法审查途径来解决，来实现。比如美国宪法第一修正案，它只有表达自由没有结社自由，当时他们认为结社也是一种表达形式。

但是20世纪50年代的案件中,① 他们发现结社自由是一种独立的形式,像表达自由一样,此后就慢慢有所扩展。我们还会看到欧盟、日本的一系列判例,也在扩展结社自由,这是一种分散模式。

第二种模式是集中立法。制定一个结社法,从目前我自己的有限的资源来看,制定《结社法》的国家很少,只有德国、法国。法国1901年制定了一部结社法,还有德国在20世纪60年代制定了一部结社法,但德国这个结社法实际上是一个行政法规,是规定在解散社团过程中的程序问题和其他问题的。而法国为什么要有结社法?大家都知道,法国有好长时间限制自由结社。在法国大革命之后,法国颁布的一系列法规中规定,一旦结社,就要罚款,延续了很长一段时间。这里要讨论一个问题是,我们国家将来的结社立法究竟采取分散立法还是集中立法,这也是我下面要讲的一个问题。

第三个问题,中国要不要制定一个结社法,或者说结社法怎么制定?任何法律制度都是回应现实问题的,尽管法律背后是理性因素居多。我们看中国的结社,如果放到中国的历史背景来看,可以发现基本是有结社而无结社自由。因为有大量的结社在政府的无能和不能之间存在,而且在公共生活中发挥作用。我们还会看到在中国历史上形成的一种惯性,就是结社不是引起公共问题的根源,但是往往会成为解决公共问题的手段,当政府不能解决问题的时候,它从解散某一个团体开始,而不考虑问题本身是什么。

新中国成立的历史伴随着解散社会组织的历史,为什么会是这样?因为纵向的行政权力要下移的时候,它会遇到横向的社会组织的制约。为了行政的有效性或者意识形态考量,解散传统的社会组织就是当时制度下的一个必然选择。我们会看到过去有影响的组织的解散,大概有三种途径:一种途径是感觉到没有必要存在了,自行解散了;第二种途径是把它们转化为党的外围组织;第三种途径是组织跟当局的理念不一致,干脆强行解散,比如说大量的外国组织,就不让存在了。有一些虽然是做好事的,但是理念和当局不一致,比如说香山慈幼院,20世纪50年代

---

① *NAACP v. Alabama* (357 U. S. 449 [1958])。

也解散了。从此以后，我们看到，在法律制度上实行的基本就是限制结社。直到今天，我个人认为社会仍然存在这个问题。我经常说，我们政府某些部门对 NGO 组织的态度大概可用三个比喻来说明：第一个就是叶公好龙，这个我就不用讲得太多了，大家都知道；第二个叫杯弓蛇影；第三个就是 Tom 和 Jerry 的一个游戏（猫和老鼠的游戏）。这是我在一篇文章里讲的，今天大概依然存在这种格局，也就是说历史心结并没有打开，原来存在的问题，依然没有解决。大家会看到 20 世纪 80～90 年代，其实是有过结社法起草的，但由于种种原因一直没有制定。所以今天我们依然需要思考这个问题。政府目前的基本政策是限制结社路径的延续，现在的做法是分类控制，政府给了政治上比较不敏感的组织一个地位，敏感的组织依然没有给。随着政府行政能力的加强，分类控制的范围在缩小，但实际上对某些领域，它的控制力度其实在加强。政府由过去的清理整顿形式变成选择性执法形式。清理整顿是一批一批处理，现在技术水平高了，选择性执法，一个一个来处理，它带来的问题是执法不规范，同时也造成 NGO 组织自身的机会主义。

　　第二个特点是某些特定社会组织垄断结社。在中国，一方面公民没有充分的结社自由，另一方面有些组织结社却非常自由，成立了大量的社会组织，比如说青少年有少先队，青年人有共青团，妇女有妇联，残疾人有残联，文学艺术界有文联，然后社科界有社科联，自然科学界有科协。这些社会组织以中国共产党为核心组成外围。比如说工商联，工商联原来和民建合署，随着新的社会变化开始分化。垄断结社的结果是在社会中形成了大量的特权组织，特权组织侵占了社会有机的生存空间和珍贵的组织资源。昨天我们讨论时说到社会领域的国进民退问题，实际上主要还是这些特权组织策动的。通过这种垄断结社，形成了一个同心圆形式的统治格局，核心是中国共产党，各种各样的人民团体是第二层，第三层是民主党派，第四层是普通群众，第五层才是社团。大家都知道普通群众是不能自由结社的，有一个信访条例规定，五个人上访就是群体性事件，四个人当然可以。这是机械性的做法。就像我们过去机械性地理解经典，大家都知道我们之前有个体工商户和私营企业的分类，规定个体工商户最多能雇七个人，为什么要这样规定呢？因为马克思有一句话说，他自己可以有二三人加上帮工三四人，二三人加三四人，加起来就七个人，超过第八个人就存在剥削了，那就是私营企业了，只要七个人就不存在剥削，就这样机械地理解。在这样限制和垄断的背景下，我个人感觉到中国恐怕还是需要结社法这样的东西，因为我们对结社问题的认知不明晰，结社权被限制和垄断有一个长期的历史。我们可能需要一个独立的结社法把公民的结社权还给公民，把社团自主性交给社会，也就是说，如果没有这样的背景，我个人认为不需要结社法。分散立法现在中国做得不好，这是第三个问题，也就是中国需要结社法。

第四个问题是，如果我们要制定结社法，那么这个法律包含哪些内容呢？我个人感觉，结社法的大部分内容在国际结社法的发展史上已经都有了，比如说国际劳工组织的87号和98号公约，① 各国的司法实践都给我们一个相当明确的范围，大概有下面几个基本的内涵：第一个就是结社权的确认，也就说谁可以结社的问题。毫无疑问大部分人都可以，但是两类人不可以：军人和警察不能结社。大家看到俄罗斯在前几年已经把警察的结社权给取消了，最近我们看到越南改革的时候也这么做了，为什么呢？因为现代社会警察是拥有合法暴力的，现代社会的一个基本路向是把合法拥有暴力的权力给国家了。所有其他的人都有结社权。还有结社的自我选择权、自主决定权、结社加入国际联盟的权利，这些都应该是结社权的基本内涵。这是结社权应该解决的第一个层次，个人结社和自主结社的问题，社团的自我治理的问题。第二个结社权要解决的问题，实际上是社员和社团的关系问题，也就是说，社团怎么来成立，社员如何加入社团，如何退出社团，社团能不能对社员采取处罚措施。这些问题其实都非常重要，特别是社团处罚的问题，20世纪60年代之前我们会发现，这基本上不进入司法审查的范畴，但是在20世纪60年代以后都要进行司法审查。因为大家知道，有些组织的内部惩罚比法律的惩罚还要严厉，有些时候给个人的生活带来更为实质性的影响，这是第二个问题，主要就是社团和社员的关系问题。第三个问题其实是需要讲社团和国家的关系，也就是说要解决社团有没有公共参与权，以及社团参

---

① 国际劳工组织第87号公约即《结社自由和保护组织权公约》（1948），第98号公约即《组织权利和集体谈判权利原则的实施公约》（1949）。

与的方式是什么的问题。当然这里面就涉及对非法社团的限制问题。首先我们要明确哪些社团是非法社团，政府采取预防制还是追究制来解决非法社团的问题，对于非法问题怎样来界定。这个在各国都有一个成功的做法，各个国家的刑法里面都有一个清单，例举哪些是非法组织，它是不能够成立的，这是第三个层面的问题。最后一个结社法应该解决的问题，就是结社自由的司法保护问题，也就是说当结社的权利受到损害，社员的权利受到损害，社团组织的权利受到损害，或者说社团侵害到了其他人的权利和自由的时候，如何来解决。这就需要司法的保护。大家都知道没有司法保护的权利是一个空的权利。

我想在我心目中的《结社法》大概是这么一个框架。谢谢。

马剑银：谢谢刘教授，刘教授给我们展示了关于结社法问题的一个基本框架，用很简练的语言讲了我们现实当中一些结社问题。结社在现代社会中有很重要的功能，尤其是对社会稳定起到重要的促进作用。关于结社与社会稳定之间的关系，有两种截然相反的观点，第一种观点是认为结社实际上可以促进社会稳定，而另一种观点是结社有可能妨碍社会稳定。那我们怎么来看待这个问题呢？我国近代第一部《结社法》是清末的《结社集会律》。

刘培峰：1908年颁布的。

马剑银：对，这就是我国最早的结社立法，实际上是一种集中式的立法。刚才刘教授已经说了，其他国家会采取分散立法，是因为结社权本来是一个先法律的权利。因为它是先法律的权利，是不是需要集中立法，实际上可以在法理上进行探讨。那么我们说我们国家情况特殊，所以才会讨论到那些集中的《结社法》制定问题，所以说我更强调一下，就像我们今天的主题，并不是说《结社法》怎么制定，而是说结社权的法律化，是如何来选择一种方式的问题，所以说我觉得那个表述可能更好一些。接下来请马长山老师来看看结社法的问题。

## 结社法的中国意义

马长山：我们这个系列沙龙总共三次，是从条例到基本法再到结社法，感觉整个进路乃是一个从细腻、具体走向宏观、务虚的过程。说它是越来越务虚的，其实也就是说它越来越触及根本。因为这个"根本"面临的一些障碍，目前尚无法超越，我们就得通过务虚进行必要的理论准备。所以，今天我谈的一些看法可能也是从务虚的角度着眼。我想谈两个问题：一个是结社法在中国有什么特殊的意义；第二个就是结社立法应该有哪些原则。

第一个问题，结社法的"中国意义"。这个特殊的"中国意义"主要体现在两个大的方面。

出台结社法的第一个"中国意义"，是提高中国社会健康指数的需要。中国的传统社会就有大量不健康的遗传基因，而现在遭遇的一些情况依然很严重，因此，我们亟须提高社会的健康指数。

党的十八大刚刚提出"五位一体"的总体布局，已把"社会建设"作为总体布局的重要一环。按我的理解，这个"社会建设"的目标，就是从臣民社会向公民社会的转型。尽管十八大并没有明确提出来，但如果我们建设的社会不是公民社会，那又是个什么社会呢？我们很难从反面来解答。社会建设不能与中国改革开放的方向背道而驰，必须与改革方向和民主法治进程相契合，那它就是公民社会。

依我观察，当下出现的一些社会状况，恰恰是我们这个社会建设不成熟、社会健康指数没达标所导致的。我们可以对目前状况做一个基本判断，那就是国家权力无处不在，而国家权力又疲于应付。所谓"无处不在"，是指它非常庞大，高度管控着这个社会；说它"疲于应付"，是指它对社会的管控很多时候是失效的。这样，尽管国家权力仍是一个庞然大物，但它又是一个心有余而力不足的大物。于是地方各自为政，腐败现象丛生，滋生了所谓"三船怪象"。

第一个是"弃船下海"。所说的"弃船下海"，就是有些人对中国的未来失去信心，而其主要表现就是大量地移民海外。我看到一个移民数据报告显示，有钱的人、没钱的人也想移民，当官的也移民，即便他们自己移不出去或者不方便移出去，也要把老婆孩子全移出去，于是出现了所谓"裸官"现象。有意思的是，他们所移民的那些国家，全都是我们经常批判的那些西方国家，而我们所称道的那些国家，则很少有人移民去那里。那么，这反映出一种内在的价值分裂、一种人格上的分裂、一种虚假的说教逻辑。其实，他们表面上在捍卫"政治原则"，大喊高调，"唱红打黑"，但暗地里不是正在"弃船"，准备"退路"吗？为此，有学者就称：一些人纷纷移民海外去寻找安全感，寻找"希望"。

第二个是"推船过河"。目前在一些地方或部门的领导干部中存在一种"轮班"思维，也即上届领导交班给下一届，现在这一班交到我手里了，该我值班了。值班期间，大家想的是别"出事"，平稳交给下一班。这种"轮班"思维的最大问题，就是施政上的短期行为，不思进取、创新，成为改革的一大阻力。我们说政客和政治家是有区别的，政客旨在通过某种行政身份来获取自身的利益、荣誉、地位；而政治家则不考虑太多这样的问题，而是胸怀民族大义，肩负国家使命，有雄韬伟略、有胆识有魄力有担当，那是一种境界、精神和人格。政客是"推船过河"、明哲保身、谋求一己之私的好手，而政治家则志在改革创新，哪怕面临巨大风险和危难，依然赴汤蹈火、致力于民族复兴。我认为邓小平就是这样一位政治家。

从某种意义上讲，邓小平可以称为中国历史上最伟大的改革家之一，从李悝、商鞅、王安石，一直到后来的戊戌变法的领导者，他们的改革都没有超出东方专制主义和农业文明的范围，而邓小平倡导的改革，则使中国从农业文明转向了商业文明，从东方专制主义迈向了民主法治。因此，邓小平的贡献非常大，尽管他自己当初也背上了很多骂名，但他抛弃了个人的一些利益追求，或者说一些恩怨，一些个人的利害关系。他在推进中国市场经济发展和民主法治进展的过程中，是怀着中华民族子孙的深厚情感的，他说自己是"中国人民的儿子"，值得我们学习和敬重。我们可以看，这么多年来，我们的改革开放，小平开创的这个道路，到现在还有多大的进展？目前改革已经到了"深水区"，我们是不是还在岸边摸石头？

"推船过河"，就是我不管其他，只要我把这个船推过去，只要我在任期间不出事就 OK 了，和"击鼓传花"一样。这种情绪和心结一直蔓延到基层，有些地方政府就是这样，短期行为也是这么来的，上有政策下有对策，搞变通搞潜规则，目前这个逻辑之所以在某些地方或部门能通行无阻，其很重要的原因是公权力没有制约，公民社会力量不足，"推船政治"就可以堂而皇之地运行。

第三个是"凿船自保"。一些人只求眼前利益、金钱至上的短期行为，导致道德底线的丧失，在攫取利益的时候，根本就不考虑后果，比如说各种毒食品、各种环境污染等。地沟油、死猪肉都能形成庞大的产业链，其实你说卖地沟油、卖死猪的人他不知道那意味着什么吗？他一定知道的，但为了搞点钱，就丧失了道德底线。前段时间，上海漂来12000头死猪，其实还不止12000头，据说有30000多头死猪。你说扔死猪的人不知道那些死猪是有危害的吗？他心里很清楚。这个事情后来调查清楚了，是因为浙江刚刚打掉了一个贩卖死猪肉的地下产业链，这死猪卖不出去了，就被顺手扔了。据说这还是一个"进步"，有30000头死猪在黄浦江上漂是一个社会的"进步"，那"进步"之前该是什么状况？真是哭笑不得，很无奈。我为什么非常赞成王老师不吃肉，道理也在这儿。现在你说不准了，什么羊肉啊，牛肉啊，包括大米，都可能有毒或者被掺杂使假，但我们总不能绝食吧？现在专家也告诫我们，不能总吃一种大米，要常换换样，防止重金属在身体内累积致病。你看，我们天天是这样的处心积虑，吃什么东西都得常换换样，跟特工一样。但吃的样数太多会不会让身体有毒的品种增加呢？会不会五毒俱全？

为了"自保"，人们就可以不惜相互坑害、相互"凿船"，公民性品格和公共精神严重缺失，而"凿船自保"的结果，是形成了一种坑蒙拐骗、伪劣泛滥、弱肉强食的"丛林秩序"。

目前这种"弃船下海""推船过河"和"凿船自保"的"三船"怪象，都是在攫取短期的利益来让自己暂时能活得好一点。但实际上，这恰是我们缺少公民社会、缺少健康的治理结构所致。昨天晚上我也讲了几句，如果我们从历时性的维度来看，中国历史上几千年的变化很多，但唯一不变的就是专制和无政府的"两极"转换。在这种不健康的社会传统中，老百姓的国民性格也是分裂的。也即一方面是奴性，另一方面则是暴力。奴性和暴力兼具，没有理性、没有规则。能忍就一直忍，忍到底线了，活不下去了，就开始走向暴力，社会突变的能量在瞬间喷发出来，形成"大乱"；之后再重新建立起专制政权，恢复秩序，实现"大治"。这个循环是很麻烦的，具有极大的破坏性和灾难性。因为社会诉求和变革没有日常的、建制性的对流渠道，没有多元平衡的治理结构和公民性品格，自然也就难以理性地尊重规则，难以形成民主自治精神。

改革开放30多年来，我国"一统就死，一放就乱"的局面也时常作祟，结果是，一方面政府什么事都想管，但又管不过来，累得呼哧带喘；另一方面，民间自治机制并没有形成，正统的价值体系失效，社会秩序发生溃败。在这种状况下，我们在意识形态上捍卫正统价值观和信仰，但它与生活中实际运行的价值观却往往背离，这不仅导致意识形态难以有效地吸纳社会涌动出来的时代追求，也使得社会中萌生的价值观难以合法化而以潜在的方式运行，很容易造成主流意识形态的空虚化和社会价值的撕裂，各种思潮发生碰撞和冲突，国家的规则秩序也随之失去了公信力和权威性，而民间组织又存在功能乏力、公民精神缺位的现象，民间自律秩序也尚未形成，整个社会的健康指数基本上不达标。

应当说，改革开放以来的民主法治进程取得了很大进步，这是事实；但是，30多年来改革能量已经释放完毕，现在已经进入改革"深水区"，中国又到了一个十字路口，左右纷争目前也很激烈，而在国家控制的层面上似乎有"回头"的迹象，致使网络，尤其是微博成了唯一的一块"飞地"、一个难得的表达和宣泄的出口。在微博上，一些"意见领袖"在讨论一个非常重要的问题——革命还是变革。也就是说，当人们开始讨论革命还是变革的时候，那么，中国就又到了一个新的节点、一个新的关口。"推船过河"的策略很难再奏效了，推不下去了。

事实表明，要想走出当下危机，就必须放弃"极左"式的"死扛"和"推船过河"的做法，大力加快社会转型，建立多元平衡的社会治理结构。也就是说，公权力必须退出它本不应该存在的社会领域，不再对社会进行高度的统摄和管控，恢复社会应有的自由空间和发展机会。在公权力撤出社会的同时，为了防止出现"无政府"，就必须有效地培育公民社会，促进民间组织的兴起并发挥其自治管理的重要作用，使之成为横亘在集权与无政府之间的一个缓冲平台和平衡力量，成为一个抵御公权力扩张和抑制私权利滥用的堤坝，成为一个公民精神孕育成长的家园。

从西方国家几百年的发展历史看来，近代民主法治的生成与发展就建立在这一坚实的基础之上，发挥着重要作用。

所以，我们要通过结社立法来促进、保障正在崛起的民间组织尽快地进入国家体制，获得必要的正当性、合法性。目前，在国家管理体系中，公权力机关是绝对的老大，官办民间组织是老二，民间发起的各种组织是小三，草根组织是小四，而且就是老二、小三，也没有多少参与公共管理平台的机会和空间，整体上还是一种高强度的行政控制。因此，要实现社会转型，首先就要努力去除官办民间组织的行政化，大力鼓励民间组织的发展，充分保障公众的自由权和自治权，塑造民主参与、理性自律的公民精神与品格，从而使公权力与私权利之间的缓冲平台和平衡机制建立起来，以大大提升我们的社会健康指数，促进民主与法治进程。我觉得这就是结社立法在中国的第一个特殊意义，也是十八大提出"五位一体"总体布局中"社会建设"的一个非常重要的内容。

出台结社法的第二个"中国意义"，是建设法治国家的需要。十八大提出要加快法治国家建设，要用法治思维、法治方式来管理社会，而习近平总书记在现行宪法实施30周年的纪念会议上也提出"宪法的生命在于实施"。这就是要厉行法治、厉行宪政，因而也就要促进分权制约、保障结社自由。习近平总书记还提出来要"把权力关进制度的笼子里"，这句传诵已久的话一旦从总书记的嘴里说出来，那么它的意义就不一样了，它代表了一种治国方略和执政走向。

要把权力关进制度的笼子里，那就要把老百姓从笼子放出来。任志强曾发了一条微博称："宪政就是把权力关进制度的笼子里，把钥匙交给民众。"我觉得他讲得也比较有道理。但从法律人的视角来看，可能还要涉及制度设计等一些比较复杂的问题。我觉得还是要贯彻十八大的精神和习近平总书记的讲话精神，一定要推进宪政和法治，绝不能走"极左"的回头路。这样，首当其冲的就是保障结社自由的权利，它是一项基本的宪法权利，也是宪政与法治的底线。

有了这样一项基本权利，百姓就可以成立各种社会组织。而有了各种社会组织，才能进行有效的分权制约，也才能更好地把权力关进制度的笼子里。为什么这样讲呢？我们知道，宪政与法治是需要制度支撑的，但光设个制度是没用的，关键是要让权力大化小、集中变分散。那么，又如何让权力变小、变分散？我觉得主要是横纵两条线。

横的那条线就是权力自身的分立制衡。我们现在不搞三权分立，但分权制衡这个原则还是要有的。因为绝对的权力会导致绝对的腐败，为了防止腐败，为了长治久安，就必须要分权制衡，建立立法、行政和司法的分工制约机制。

纵向的那条线，就是社会分权，是权力外部的分权。横向分权固然重要，但远远不够。因为如果国家权力占到了社会总权力的大多数，那无论你怎么三分，都仍然存在大于社会剩余权力的一部分。因此说，光横向分权不行，最主要的还是要纵向分权。纵向分权有两个基本向度：一是个人权利对公权力的同步分割与分解，即在国家权力增长的同时，必须加强对个人权利的可靠保障与同步增长，包括生命权、财产权、言论自由权、迁徙自由权、各种诉权等。不必每个人天天都去监督国家权力，但每个人时刻都在捍卫自己的这些私权利，其本身就是对国家权力非常有效的制约，它划定了公权力必须止步的边界，设定了私权利抵抗的正当理由。二是组织化权利对公权力的同步分割分解，这就是结社自由形成各种民间组织，要让民间组织的自治管理权利获得同步增长和保障。个人的分权有时候力度不够，也没足够的手段和有效的平台。但组织的分权则不一样，无论是对所属成员的维权、所属群体的诉求表达，还是行业的自我管理与自治，都是以较为强大的组织形式来完成的，因而它们对公权力的制约就更有力量，也更有条件，同时，民间组织的自治管理，会抵御公权力在某个行业、某个领域中的不当干预和权力滥用，设定自我管理的"飞地"，其本身就形成了对国家权力的有力限制。这样，通过这种横纵两个向度的分权，才能有效地把权力关进制度的笼子里，法治国家才能建设起来。从这个角度讲，结社立法无疑非常重要，对中国的意义尤其重大。

## 结社立法的原则

第二个问题是结社立法的原则。我认为，结社立法应有四个原则：

第一，自由和责任平衡的原则。其实，说白了也就是既要放也要控，放控要平衡。在具体的制度设计上，首先要保证结社自由，这既是宪法的赋权，也是国际的通行做法。马克思和毛泽东都曾批判过专制政权的惯用手法，即一方面通过宪法设定公民的自由与权利，另一方面又通过具体的法律法规对这些自由权利予以限制和取消。我们是社会主义的民主法治国家，当然不能这样做，所以要充分保障结社自由。但是，我们也要考虑另一方面，也即如果完全放开而没有一个控制的话，社会秩序可能也会面临挑战。比如昨晚那个同学提出的关于有些公益组织一个机构挂两块牌子的情况，其实用法律的术语来讲，就是以合法形式掩盖非法目的。它的本意并不是想促进什么公益事业，而是想套取优惠的免税政策，谋取私利。当然，我并不否认公益组织良好的主流发展趋向。但如果对这种规避法律的做法不加防范，就会瓦解整体的社会信任，造成严重的社会问题。因此，放与控是需要平衡的。

从理论上讲，对自由与责任、权利与义务进行设定的时候，需要考量"整体交换"与"有限交换"等不同的模式。"有限交换"是什么意思呢？就是对权利与义务进行设定时，赋予一项权利，同时必须附带一项义务，它是一对一对等的。就像我们买东西一手交钱，一手交货一样，差一点都不行。你要让我承担一项义务，必须同时给我一项权利；给我一项权利，同时也要承担一项义务。这就是"有限交换"的模式。另外一种叫"整体交换"模式，也就是说，赋予你这项权利了，并不一定同时让承担一项严格对应的义务；让你承担一项义务，也并不一定一对一地享有相应的一项权利。比方说社会慈善，捐款人履行了承诺捐款的义务，但并不意味着捐款人同时会获得相应的某种权利。再如，服兵役也是如此，它并不是一对一的对应关系。当然，也有介于"整体交换"和"有限交换"之间的中间模式，这就是自由与责任，权利与义务的平衡设定。举例来说，美国属于"有限交换"模式，朝鲜属于"整体交换"模式，而北欧国家则属于中间模式。

对中国而言，无疑更接近"整体交换"模式。因此，我们在结社立法的过程中，特别是在自由与权利进行平衡的时候，要充分考虑"整体交换"模式的传统，但也要兼顾"有限交换"的发展趋向。就是说，要充分保障公民的结社自由，但同时也需要以公共利益、公共秩序来对结社权进行必要的限制。当然，这个限制不能变成变相的剥夺。这就是自由和责任相平衡的艺术。

第二，平权的原则。刚才培峰也讲了，还有王老师昨晚的那个思路，我觉得都很棒。结社法中的"结社"到底指的是什么？是包括政治结社，还是只限于一般结社？如果包括政治结社的话，我们是否需要设立一个政党法和结社法？是把二者分开，还是把二者统于一法？如何实现立法上的平权？

目前看来，二合一不太容易，在西方国家很多都是分开的。分开之后，就可以回避一些敏感问题，那我们搞这个结社法，就是一般意义上的结社。但它会出现在政党和民间组织的中间状态，这就是我们通常所说的"人民团体"，这是"中国特色"，如共青团、妇联、工会、青联、工商联，还有文联、作协等二十多个享有"特免权"的"特殊社团"。昨晚王老师提出一个很好的思路，即按照公益、非公益的目的去分类。但这里也会有一个难题，就是根据什么标准来界定它是公益目的还是私人目的？什么时候是政治团体，什么时候是非政治团体？很多官办民间组织都尽量往"人民团体"上贴，似乎贴上官办就成为体制内的了，就可以官方自居。目前这些享有"特免权"的"特殊社团"，你让谁出局变成纯民间的，谁都不太高兴。这可能还不仅仅是一个组织的问题，它后面还跟着一个庞大的利益群体。比如说妇联，你要让它完全变成民间的，就会说"我是半边天"，我现在都是部级单位，没有这半边天，中国的一半都黑了，那你怎么弄？那科协也会说，没有我们，国家的科技怎么发展？等等，有很多这样的问题。

但我觉得这个问题还必须得解决，不能让这么多的"特殊社团"享有"特免权"，游离在法律的规制之外。目前我们只有条例，有些事情还好办一点，但如果搞结社法了，这些问题就必须要面对。像共青团，我们可以说它是我们党的后备力量，具有政治性质，在苏区的时候，共青团就有这个性质。那你妇联呢？青联呢？侨联呢？还有残联呢？都这样游离在法律之外肯定是不行的。因此，结社立法就要进行平权处理，让这些"人民团体"去行政化，回归"民间"本色，这是必须解决的问题。

尽管它可能会涉及政治体制改革，但必须按照平权原则进行权利义务的设定和平等规制。

第三，社会治理的原则。一方面，结社法要按照社会组织的"民间"属性来加以规范，但另一方面，也要着力加强对民间组织的公信力建设。在中国几千年历史中形成的传统，是国家至上的观念，一切都由国家来包办，认为国家才是"可靠"的，尽管目前国家的公信力已经失去很多。但大家还是觉得国家要比个人、比民间更靠谱一点。这就是说，我们并没有一个相信民间的传统，民间组织公信力的天然基础就比较薄弱。而在美国这样的国家，你要说是政府做的事情，人们并不一定有多高的信赖；但如果说是民间组织做的，那大家信赖度就很高，参与热情也高，这也是在历史中形成的。在当下这个社会转型期，我们要加强民间组织的公信力建设，并发挥其治理功能，就一方面要让民间组织去行政化，另一方面也需要政府的积极扶持，动用它的特有资源来帮助民间组织，来加强它们的公信力建设。那就是看得见的手和看不见的手需要握在一起，要扶上马、送一程。也就是说，这个时候需要合作治理。

在西方理论家那里，比如说吉登斯，他提出了"第三条道路"，其实也就是 from government to governance，这需要政府、民间组织、各种社会利益相关方、企业、雇主等多元主体的协商合作与社会治理信念，这也是一个世界发展趋势。我觉得结社法就应按照这样的理念和原则来进行赋权，来进行一系列的制度框架设计，包括权利义务的设定、管理模式、行为规范、参政议政权能等。比如，我国的人大和政协这两个参政议政渠道中还都没有民间组织的界别，没有这样一个民间的代表机制，致使公共决策缺少足够的民间力量参与，社会中一些真实的利益主张和诉求就容易被边缘化、被漠视，进而引发社会问题。因此，结社法应该有这样一个民主化、治理性的制度设计。

第四个原则，也是最后一个原则，就是法治原则。从性质上讲，结社法应该是"假公济私"的。所说的"假公济私"，就是指它虽然带有某种"公法"色彩，但实际上则是以保护"私权"为主旨的。这就要求我们按照法治的精神与原则，立足宪法设定的基本人权，充分保护结社自由权，这也是宪法权利的具体化、制度化，而不能与宪法相悖、与法治精神和原则相悖。

　　与此同时，结社法也要和一些国际法准则、国际公约、国际惯例、国际条约等相协调，特别是要与《公民权利和政治权利国际公约》相吻合。这个《公约》是1960年生效的，到2010年11月，联合国193个成员国已经有167个加入了，没加入的已经微乎其微了。我们国家在1998年也签署了这个《公约》，但一直没有经过全国人大批准，到现在已经15年了。当时，我们是信心满满，时至今日，只签署未批准，这就意味着它在中国尚未生效。

　　既然签署了《公约》，那为何不批准呢？我们做了一个初步统计，官方的表态最少在五次以上，说我们要创造条件，很快就要批准了，但一直未能列入人大议程。目前，越来越多的民间力量在积极倡议、推动批准该《公约》，我刚刚在网上还看到又有很多以公民身份进行联名签署的建议书，要求人大尽快启动批准该《公约》的程序。如果说我们要为批准这个《公约》创造条件，那么，结社法就要考虑到这个因素。

　　按照这个《公约》第22条的规定，人人享有结社自由；该条第二项又规定"此项权利不得加以限制"。这就意味着，我们一旦批准了该《公约》，就不能限制结社权。当然，我们可以根据本国的具体情况予以"克减"和"保留"，但"克减"和"保留"不能影响公约的主旨精神。尤其是不能因为"克减"了，就在实质上把它取消了，而只能是从公共秩序、国家安全、对他人权利的影响等视角出发，来对结社自由进行某种必要的限制。

　　目前，我国规范结社活动的主要是三大条例，尤其是《社会团体登记管理条例》，它似乎是个"怪物"，但本事很大。因为它仅仅是一个《条例》，却兼具程序性与实体性规范；它的法律位阶并不高，却能对宪法设定的结社自由权加以限制；它仅仅是一个行政法规，但却能对《公约》的条款予以"克减保留"。正常来讲，一个《条例》就是为了实现管理和具体操作而设计的，它的程序性条款应该是占主导的，而不该有太多的实体内容，但现在的《条例》甚至都涉及宪法权利，限制了宪法权利，限制了《公约》，那就有点太牛了。这些都是不太恰当的，既违背法治原则，也与《公约》精神不符。当然，我们现在可以有理由说，我们只是签署《公约》，但还没批准呢！然而，我们在这之后签署的《公约》都已经批准了，但这个一直拖着不批准，这里是不是有什么问题？

由此看来，我们要按照法治原则来立法，那就必须协调好结社法、社会组织基本法，还有《条例》这几方面的关系，应该遵循国际公约、符合宪法精神的原则，来进行结社的赋权，之后才能对它进行必要的限制。而这个限制，也应该是保障自由和权利的需要。关于《公约》，美国也有"克减""保留"十多条，我们同样可以根据国情进行必要的"克减""保留"，但不能违反《公约》的主旨精神。

总之，我们的结社立法不应该是个花瓶，这个立法应该为中国的社会转型、为中国度过这个风险期，发挥其应有的重要作用。当然，今天我们在这里进行的是一个务虚的讨论，有这样的务虚过程，大家就能逐渐形成一种意识、一种共识，也许为以后更加务实的分析与研究，包括制度框架、权利义务设置、管理机制等奠定良好基础，那些都是后话。我们要先把基本思路、指导思想搞清楚，要制定一个什么样的结社法？怎么制定才能更符合中国社会发展的需要，才能对中国民主法治进程承担起它应有的使命和责任？这些都是至关重要的。

我就谈这些不太成熟的看法，请各位老师、各位同学批评指正。谢谢大家！

**马剑银：**谢谢马老师的高见。马老师说他谈务虚，其实务虚同样重要。三大条例现在正在修改，我们举办沙龙紧跟国情，显得很务实，但结社法和社会组织法，并没有进入立法日程，我们讨论当然有些务虚。但是，三大条例的修改恰恰缺乏一种所谓务虚的精神，他们缺乏整体的理论考量，修改条例仍然是一种刺激反应型的应对，根据现实具体的工作，把它修改一下，上面让它年底出台，那就年底出台，和我国很多立法一样，不是按照法律自身的规律制定，而是按照行政命令自上而下制定。这就恰恰说明，务虚非常必要，如果没有务虚，根本做不到具体。所以就我们对结社法的讨论而言，理论准备非常重要，很多理论性的问题，还没有达成共识。好，接下来我们有请贾西津教授谈一谈结社立法的问题。

# 结社权法律化的两个问题

**贾西津**：谢谢。其实我还是比较喜欢剑银没有列出来的这个题目，就是结社权利的法律化。我觉得这个题目对我们今天讨论的问题而言可能更为精确，与其讨论结社法怎么制定，不如深入探讨结社权的法律化问题，换言之就是讨论宪法权利的法律化问题。所以我就分别从这两个方面讲。第一个是结社，我们怎么样理解结社，或者结社作为一个宪法权利意味着什么。第二个是这样一个宪法权利，如果它法律化的话，会涉及哪些层次，或者是有哪些问题。

第一个问题，结社是什么？

首先，结社作为权利，是一项宪法基本权。但是这个宪法基本权的来源是什么呢？我们知道宪法的权利，它一定有一个"自然权利"的来源。所谓自然权利，是在法或者实体法存在之前，人所本应有的一些自由。所以，它一定是一项自由权。那么我们为什么享有这种自由权呢？如果追溯到法哲学的起点，它其实就是现代社会对于人格平等认知的体现。现代社会有一种基本的人的平等性认知，尽管我们看到现实中各种各样的不平等，如经济不平等、地位不平等、能力不平等，等等，但是在人格上，在人对他自己的拥有权上，现代社会趋向于平等化的假设。这种平等的生命拥有权包含了对生命最终实现结果的不平等的接受，即每个人有权拥有以及最大限度发展他的天赋、能力、偏好、潜质，等等；人去发挥他这些自由的唯一限制是不能压制或剥夺他人同样的基本权利。假如说我们承认现代性之人格平等的前提的话，那么，人拥有自己的权利，他就有自由去发展自己，包括自身人格延伸出的各种各样的行为，如表达、追求自己的幸福、发展自己的生命等权利。任何一个个人拥有某种权利，他就有权利自愿和别人结合，大家一起来做，这就是结社权的一个最基本的出发点。再说清晰些，如果人对自己拥有自主性，那么，他们就可以自愿地和其他人联合起来做不违法的行为——这个法根本指的是自然法——来行使他的任何自由权利。

所以在这个意义上，结社权首先还不是组织治理的问题，它首先是个人自由权利的问题。这个权利的定位，如果我们从伯林区分的消极权利和积极权利来看，它肯定首先是消极权利，也就是说当我们说到结社权的时候，不是说别人应该保障我什么，或者说一定要实现什么结果；而是说，什么是不能限制的、不能被强制的，是公民的行为自由。所以我认为讨论结社权的第一个问题，是我们必须要明确什么是不能限制的。这种不能限制就是不能侵犯到个人对自身人格的拥有权、对他自己的消极自由权利。在这个意义上，如果我们把它还原到法上，就是说，没有正当理由不能限制结社自由。这一点就是公共权力的边界。限制公权力，就是说这种政治性的公权力需要有一个边界，有一个法的限定。不限制公权力，就不存在公民权利。所以结社自由权是指最基本的消极自由权利，这也是宪法基本权最根本的内涵。结社权的基本含义是：基于人对自身人格平等拥有权而推演出来的一种消极自由权利。没有正当理由，消极自由权利不得受到限制，包括个人的暴力侵犯，以及公权力的限制，后者即指公权力的边界。这是讨论结社的第一个层次。

第二个层次，结社作为实体法的权利概念，即结社权的法律化问题。结社权的法律化，就是在实体法的层次上面，如何规定结社权利。我认为包括两个方面：一方面是落实消极自由权利不受侵犯或任何限制的原则，另一方面是结社而成的组织本身的权责界定。当人结成组织以后，他们除了有可还原为个人自由的权利，还发生了一些变化，因为他们形成了内在的契约，这种契约会再演化出一些法律权责，比如组织对内部和外部的不同关系。组织面对社会时和一个自然人一样，可以去承担法律权利责任，即构成法人体，也就是法律对它的法人形式应有各种规定。

首先，对于内部而言这个组织意味着什么？比如说我们一万个人形成一个组织，那么，这个组织与这一万个人是什么关系？其次，这个组织与社会——这一万个人之外的其他人，是什么关系？这二者显然不太一样。所以它就会涉及结社的内部治理结构和治理责任，以及社团的法人权利责任，即它作为法人和社会其他的个人和法人主体发生关系时，一系列的法律界定，这个时候就是组织权层面的问题。所以，当体现到实体法层次上的时候，结社权的法律化问题就是：第一，对自由权利的体现；第二，对组织权利的规定。

再说结社权法律化的形式。当说到结社权法律化，必然要问：法是什么？法有两种概念，一个概念是指一切写下来的去执行的这种社会规则，它是一个律法的概念。所以在这个意义上，各个社会都有律法，秦律也是非常严明的，中国历史上也有各种各样的律法。而这种律法盛行和严厉的时候，并不一定是一个法治时代，它可能恰恰是相反的。所以这个律法的法是一种非常狭义的法条的概念。

而在现代社会呢，我想当我们说到法的时候，不应该简单去指这种律法，或者"法制"。而必须要理解"法治"的精神，就是以规则作为社会运行的一个基本原则，而规则必须针对所有主体平等有效，并且是具有自治自主的人来共同制定和认可的规则，而不是任何外部所强加的规则。所以对法治国家而言，它的立法精神和过程是非常核心的。

那么，什么是法治社会的实体法？就是说，假如人是一种平等、自治、具有自主性的主体，那么人们怎么组织社会？我们要认可一些共同规则，这是我们要去制定的，或者是要去确立的法原则。只有依据符合这种法原则的法来运行，每个人跟法发生关联，这样才避免了人和人之间的相互压迫、剥削、暴力等，所以这才是一个法治社会，法治就是一种平等自治社会的规则。我们肯定要在法治这个"法"的含义上来谈结社权的法律化。所以就不能简单把它看成是有关结社的种种规定，怎么把它落实为法条，而必须要谈法精神的问题。那么，从法精神的视角来谈结社，我大体把它分成三个层次（如果细说的话，应该说四个层次）。第一个层次就是结社的合法性，就是我们在什么意义上结社是合法的，什么意义上可以有对结社的限制。第二个层次就是我刚才说到的组织的法律形式，涉及组织的契约法人资格。第三个层次涉及政府的政策促进在结社法之中的地位。

下面我分别从这三个层次稍微谈一下。第一个层次是结社的合法性问题。我想结社的合法性，就是还原到，像刚才说到的，它作为一项自由权利，其实是体现社会的自由开放性。如果我们不能认可这种法精神，刚才马教授说得很多了，如果我们不建立在对自由权利认知的法精神之上，所确立的结社法条，可能很多都会违背结社权利。所以结社法的落脚点，应该要体现公民自由权利的法精神。

那么，这一点如何具体体现于立法原则之上？它取决于社会上认为我们的权利到底是法授予公民，公民才有呢，还是只要法不禁止，则公民就享有这种权利。对于自由权利而言，显然应该是后者，也就是说，假如我们的法什么都没有说，那就意味着公民的自由是无限的。那么，法其实是在梳理、落实这种自由权利，逐渐制定各种各样的规则、限制与保障的条件。

所以，如果我们不顾这个法精神的话，结社法也很难讨论，但在中国，这一点恰恰是存在争议的。现在往往有人会认为，法律许可公民做什么，公民才有权利做什么。这种想法会体现在现行法，包括现行三个条例里面，我们会用列举的方式来说出哪些是可以结社的。它的含义就是如果没有列举出来的，那么就不可以。这一点，我觉得不能通过立法来解决。而它体现在我们的政体，或者是社会对法律理解的精神里面。如果我们沿用一个权利许可的思路，那我想不管法律怎么立，这种结社权利都很难得到保障。

在这个意义上讲，结社立法首先不是立法的问题，是我们怎么认识法在社会中地位的问题，是怎么认识这种法治原则的问题。我觉得在这一点上，中国现在还不具备条件，"法不禁止则为公民权利"这一个原则目前法律体系并没有体现出来。同样，对于政府而言，它恰恰应该遵循"法律没有授权的，无公权力"。所以自由权利又叫做公民的"保留权利"。法律只是界定出来各种各样的行为边界，而法律没有说的领域，它应该假设留归个人所有，而不应由社会所有，也不应由公权力所有。这其实是在结社法条之外更重要的一个结社的合法性问题。

那么，通过什么形式来体现结社的合法性呢？如果我们承认法精神和公民保留权利原则，那么，结社的合法性并不必要。因为结社权在法律没有说的时候，公民自然就享有了。从国际上看，你会看到并不是所有的国家都有结社法，而且结社法和结社自由权利的实现之间不存在这种关联。换言之，有结社法的国家，可能是侵犯结社权的地方，没有结社法的国家，也可能是结社权利实现得很好的地方。所以在这二者之间，最关键的结社合法性问题上，不取决于我们有什么样的法条，而取决于法精神，取决于社会的法治框架，也就是我们的一个政体的基本框架。

所以，体现为宪法序言也好，像美国体现为宪法修正案、权利法案也好，还是像有些国家有专门制定结社法也好，形式其实不重要，如何实现结社权最关键的是立法的方向和原则。当然，在很多国家对于特定形式的结社，往往是会有专门的法律的。比如说，刚才大家说到像工会、政党等一些特定的社团，往往是有特殊法的。但是要不要立一个普遍意义上名为《结社法》的基本层次的法律，需要通过讨论法精神，讨论社会开放性来解决。所以这个是第一个层次，就是最重要的结社的合法性层次，是对于法精神理解的问题。

第二个层次就是与上面相关联的、结社权的法律保障或规制问题。我们总说自由有边界，但在法治国家，对于什么是自由边界，对于自由限制的限制规定最多。也就是说，在什么意义上能限制自由？自由只能以自由为边界，这是一个基本原则。比如说，具体涉及什么人不能结社、非法社团的概念，刚才培峰也提到了，有些群体不可以结社，比如说军人不能结社，警察不能结社。其实，我认为，它不是对人的限制，而是对身份的限制。比如说不可以自由结成军队，那就是禁止军人以军人的身份来结社，否则就变成军队了。我们社会不可以自由成立军队，恐怕各个国家都是不允许的，我们的军队一定是国家的，我们没有自由结军权。但它限制的其实不是军人，换言之，就是如果军人不是以军人身份的结社，比如说军人可不可以参加老乡会？军人可不可以参加同学会？军人可不可以参加公益组织？军人可不可以建立一个环保组织？军人可不可以在退役以后建立养狗组织、书法组织？这其实在很多国家都是没有问题的。所以它限制的不是特定人的结社权，而是他的职业身份。你不能以军人的身份来结成军队，你不能以警察的身份自由结成一个政府、自我宣称成为一个警察部队等，这些是可以限制的。即便对于政治身份本身的结社，各个国家的宽严程度也非常不一样。比如在英国，这种限制就宽松得多。英国的结社，其身份宽泛性几乎可以达到任何人都可以结社，包括在议会里面，有专门的议员抛开党派限制、自愿因议题或主张结成的非党派性政治团体，它们在议会之中具有合法地位，聚散比较灵活，体现的就是议员的自由结社，也就是议员可以在政党组织外自由形成政治组织。这种非政党性团体，在议会之中发挥很重要的议题倡导和游说作用。这种影响呢，它恰恰打破了议会政治氛围之中的政党边界。如果不允许议员自由结社，那么每个议员就必然有一个政党性的隶属，就会是政党利益在议会之中强大的控制力的体现；而如果议员有自由结社，它往往形成以议题为核心的结社，这种议题结社的好处就在于自由加入、自由退出，是相对变动的。这种形式不仅是合法的，而且成为正式制度结构的一个很重要组成部分。包括像英国的退伍军人，还有警察，他们所形成的社团，其实都是有的。所以，我觉得在这个社会足够多元化的时候，可能对于什么人不能结社的答案似乎是开放性的。最多说它的限制是限制在它的一些结社身份上，比如说以军人结成的军队是不可以的，以警察身份自己结成的一个警察队伍是不可以的，所以它就变成了这种职责性的限定。

此外，对于"非法社团"概念也是一样的，在自由结社的概念之下，也不存在非法社团的概念，我们现在有人专门研究"黑社会"，研究"非法社团"，但是你看到在自由结社国家，帮派、内部结社等也是一个很有意思的现象，作为组织形式它们是可以存在的，关键规制的是行为上的问题。"黑社会"之所以被警察密切关注，是因为它和违法行为的关联太密切了，之所以被称为"黑社会"是因为它经常发生非法行为。所以，在这个意义上，我们的这种公权力限制，其实还是变成了一个行为限制，只不过对这种行为的危险体，或者说易感群体，可能会有更密切的关注。但是法律出手的边界，一定是它出现了行为上的问题，而不能仅仅以它的组织名称、结社形式，甚至说它的潜在风险、危险易感性为由来做任何法律裁决。在这个意义上，对结社自由的限制，边界实际上是开放的，唯一自由的边界，就是其他人同等的自由。当然，如果这个组织的宗旨就是暴力性的，就是去侵犯他人自由的，那么这个结社还是会受到法律禁止的。而其他所有法律的规制都是在保障自愿结社，而不是任何其他目的。法律对于结社行为的规制，应该局限在以保障每个人的平等结社自由为目的这样一个限制条件上，因而它所产生的所有规制责任，其实都是自愿的。

刚才马教授也谈到责任的问题，我觉得责任是附带性的。为什么会有责任？是因为享受了权利。没有权利，所对应的责任是不存在的。也就是说责任必须来源于权利，而这种来源于权利的责任，一定是一种自愿性的责任，因为这是你的选择。比如说像英国，它对于慈善组织的规制非常强，有很多要求，有很多限制。那为什么这些组织会接受呢？因为你想要做慈善组织，因为你想要税收优惠，你想享受这些特定的权利，那你就要做出承诺。假如说这些组织不愿意做这些承诺，你在合法性上没有问题，但是你不能享受特定的权利。所以，规制和合法性之间的关系是，合法性是天然的，不需要法律赋权，而规制责任来源于你所要享受某些特定的权利，自愿做出承诺，从而自愿负担规制责任，这就构成了一个逻辑上自洽的法律关系。

除了结社合法性、组织规制问题，第三个层面是关于组织契约的问题，主要涉及组织的内部契约和组织对外的社会契约。我刚才没有想到这个问题，听到培峰说了以后，我想这里面还有一个公民参与身份的问题，就是组织的契约，它其实一方面保障组织与内部人员之间的关系，这个通过组织法来实现。另一方面是组织对社会之间的一个契约关系，也就是关于组织在什么情况下，它可以以法人身份来代表它所有的会员，来作为一个实体去面对社会。那么，社会要不要给这种组织一些特定的公共参与身份？我们看到有些国家是有的，特别是以法、德等合作主义导向的国家为代表，在很多情况下，尤其是利益集团的结社，会被赋予一些特定的公共身份，比如说律师团体、工会，还有一些行业协会。它在公共政策参与、公共生活之中，有特定的法律身份，有法来赋予它一定的参与权。那么，这种身份需不需要去给予，我觉得这应基于每个国家具体的国情。它体现的是社会权。

在公共领域和私权领域似乎有一个中间地带。私指的是个人性的，公共指的是全社会性的。但是，有很多时候它还存在一个共性的。比如说，这些组织成员和其他组织成员之间关系，现在往往被认为属于私法领域，但是也有观点提出来这种公共性的权利可能是一种新型的、第三层次的权利，而且这种层次现在似乎正在越来越壮大。那么，可能这个社会就有必要在公权和私权，或者公法与私法中间有一个中间地带。这个中间权怎么来界定？包括要不要赋予它一些公共权利身份？我觉得这完全是一个需要依据社会情况的不同来讨论的问题。

第四个问题就是政府促进的问题,即政府要不要在结社的过程之中,给予一定的政策的促进、政策的优惠,包括像免税啊,财政资源的支持等。我想这个问题,应该放在最低的一个层次。它其实是一个我们怎么建设好社会的问题,但前面我们说的是怎么建立一个必要社会的问题。这个就不多说了。

最后,我想回到中国,回到中国结社权法律化的问题。我想关于中国的结社权,我们要回答的第一个问题是:要不要结社法?在中国要不要结社法,取决于我们对于法精神、法治原则在中国的理解。在现代的情况之下,尤其最近这段时间,在社会基本观念大讨论、大争论的时期,我们对于像宪政、公民社会、权利等这样一些基本观念,如果没有基本认知,我认为不适于去立结社法。因为立出来一个结社法,肯定就是一个结社限制法。

就像我刚才说到的,结社法的基本原则是关于权利为什么不能受到限制,而不是怎么限制权利。规制应旨在保障结社权,而不是去限制结社权。那么,假如这种结社权利的基本精神没有在社会上达成一致认知,或基本共识,那么,把它体现为法条落实下来,就会对社会造成一种阻碍。当然,假如有了这样一个基本共识,如果我们的立法理念已经可以接受结社权利,社会有了这种宽容度,我们的政体结构可以接纳结社权这样一个宪法权利时,我觉得可以再去讨论以集中的形式还是分散形式来实现结社权法律化的问题。

所以如果我们不能够认可或承认宪法结社权利的基本精神,立结社法的时机可能尚不成熟,而且它一定也不符合真正的宪政精神。所以立法的条件同样非常重要。这就像我们说有的国家没有宪法有宪政,有的国家有宪法没宪政,这是宪法学研究得很多的一个问题,它取决于宪法精神的形成过程。当习惯法体现的宪法精神足够充分的时候,社会不需要一个写出来的法条,也可以实行宪政。而如果社会没有这种宪法精神,写出来什么样的法条,都不能够真正实现这种法治宪政的理念。

我们看到中国宪法,有人说它是最好的宪法,因为它写入了很多权利,有的人说这是最坏的宪法,因为我们发现这里面什么限制条件都有。为什么观念差距如此之大呢?就是因为这个宪法过程,它并没有真正反映我们社会公认的理念，这个宪法在社会中没有运行。就是现在网上很流行的一个说法，叫做当宪法TXT文本（就是文档文本）变成EXE可执行文本的时候，宪法就变成了宪政。

所以我们这个宪法，当它是一个TXT文本的时候，其实并没有起到宪法在社会上应起到的真正作用。所以是不是有这样一个基本法，并不能真正影响我们的生活。结社法作为一个宪法基本权利的法律化，我想它跟立宪过程是一样的，第一需要宪法权利精神，第二需要宪法立法过程，以及充分的社会共识和讨论，这样制定出来的体现结社自由权利精神的法律，才有可能对社会起促进作用。这是要回答的第一个问题。

然后，要回答的第二个问题是结社权怎么法律化。

我觉得我们要按照刚才所说的几个层次去讨论。第一个层次要问开放性的问题，就是结社权利本身，是不是法不禁止则拥有的一种消极自由的权利。第二个层次是问规制的问题，即我们在这个法里面如何体现这种规制。这个规制的原则应该是：它的唯一目的是保障私有权利，它的唯一立法方向是禁止公共权力和个人暴力对自由结社权利的侵犯。然后，第三个层次要问在中国立结社法，需不需要有一些社团的公共权利，就是我们说到的公共参与的身份，需不需要有社团和社会之间的契约。第四个层次就是问国家采取什么措施促进结社，也就是执政者的倡导性问题，即我们要倡导一个美好社会，是不是要去考虑政策倡导。但是这种政策促进，一定不能够违反自由权利，同时不能够超乎国家权限。最后一个层次就是考虑中国现行状况的转化问题，因为我们现在的国情非常复杂多元，它不仅仅是公民结社，还包括有国家的结社，既有个人契约，又有社会契约，还有国家契约，还可能有非契约，存在着权利的演化过程。

所以我觉得如果问结社法怎么制定，或者说结社法要不要制定，最基本的应该要问，自由观念、权利观念、法精神在中国获得了什么样的认知？我们的这种基本观念认知是否能够支持我们结社法的立法？如果还不足以支持，那么不要结社法，如果这种观念已经足以支持，那么我们可以讨论结社权如何法律化。谢谢。

**马剑银：** 贾老师以其一贯的自由主义法学的立场谈了结社权法律化的问题，非常清晰。贾老师讨论了现代社会对"法"或"法治"的理解，有时候这在中国会遇到误解，因为汉字的法，或汉语的法 zhì，无论是制度的制（法制），还是治理的治（法治），实际上都不足以表达我们所说的 rule of law 这样一种含义。因为当你写出"法治"这个词的时候，我们传统社会的基因或历史记忆，就会直接将你切换到法家"用法律来管理国家治理社会"这样的意向当中。但法治（rule of law）的内涵则远远超过"用法律来治理"。它不应该只理解为"以法而治"或"依法而治"这样的表述，汉语其实很难简单表达它的核心思想，rule of law 之所以有别于 rule by law，因为它多了一个非常重要的内涵，也就是当法律制定出来的时候，即使是立法者，无论这个立法者是君主还是人民，或者是法律的具体操作者，他都应在这个法律之下，不能在这个法律之外"例外行事"，没有任何一个人、一个机构在已制定的法律之上，哪怕这个法律是它自己制定的。再用一句俗语可能更好地表达这层意思，即如果法治是 rule of law，那么法律就是国王，但如果法治是 rule by law，那么国王仍然是法律。

所以，汉语的"法治"一词不足以表达这两种法治观念的内在区别。所以说，虽然法治这个词在中国已经成为铺天盖地的舆论、广告、文献、政策中的口号，但是我们甚至并没有理解这个词，在使用"依法治＊"这种排比词和衍生词时，缺乏很多理论准备。法治观念的普及，跟我们结社立法，或者是社会组织法的制定，实际上有密切的关系。

好，接下来由王老师为这个沙龙做一些总结。

**王名**：我先做一点说明，这三次沙龙，也是这学期博士生"公民社会法治前沿"课程的延伸。今天到场的有很多博士班的同学。我们把三大条例、社会组织基本法和结社法的讨论作为这门课的主要实践内容，也是主要学习内容。

我个人觉得，这次关于结社法的讨论意义非常重大。所以我首先想表达一种情怀，我觉得我们应该对 20 世纪 80 年代参与过结社法起草的前辈表达一种感谢。从现在看来，他们远远走在时代的前面。尽管结社法最终没有出台，当时所讨论的结社法内容也需要完善，但他们做了一个开创性的事业。我们现在要做的，无非是在他们的基础上来完成对中国社会而言必须经历的这样一种制度建构的过程。

刚才三位老师的很多观点，我都非常认同。目前，我们正在经历一个社会重建的过程，而结社法在一定意义上是重建社会秩序过程中的制度建构。我们从一个传统的全能国家走向一种新的社会过程，马老师把它叫做公民社会，我也把它看成公民社会。

但是，在今年的《国务院机构改革和职能转变方案》中，还有一个概念是现代社会。我觉得现代社会也是一个很好的概念，因为现代社会的建构过程中，社会秩序也需要重建。旧的社会秩序已经被打碎，原子化、碎片化，而新的社会秩序还没有建成。马老师刚才讲的几个方面，我觉得非常有意思：弃船、推船与凿船。我觉得我们旧的社会秩序已经土崩瓦解，新的社会秩序还没有形成，现在正处于这种转型期。

但是，我觉得新的社会秩序一定会形成，这是我们对未来的基本自信。那么，这个自信很重要的方面就是要参与、推动这个秩序，这是我们这几次讨论，以及接下来可能要不断进行的相关研讨的重要环节。我更愿意把结社法立法理解成一个学习的过程，从思想上、理论上、技术上为未来社会秩序的建构做准备的过程。

所以，我要重温一下托克维尔在《论美国的民主》中的一段话："在民主国家，结社的学问是一门主要学问。其余一切学问的进展，都取于这门学问的进展……在规制人类社会的一切法则中，有一条法则似乎是最正确和最明晰的，要是人类打算文明下去或走向文明，那就要使结社的艺术随着身份平等的扩大而成正比地发展和完善。"①

这段话对我们非常有启发，我们要想形成一个新的秩序，首先要研究它，它是一门学问。刚才马老师讲，贾老师也重申过，我们要务虚。如果我们现在讨论的是三大条例，可以务实不务虚，甚至讨论社会组织基本法也可以务实，但目前的情况下，讨论结社法一定要务虚，没有这个务虚的过程，根本没有办法找到出路。贾老师说"没有共识的形成，没有基本的认识以及对法精神的理解和把握，那这个法一定不是积极的"的观点，我非常认同。我觉得这个过程需要我们，包括我们在座的每位同学都做好理论准备。这是一门学问，而且是一切学问中最重要的一门

---

① 〔法〕托克维尔：《论美国的民主》下卷，董果良译，商务印书馆，2003，第640页。

学问。我姑且称其为结社学,我觉得非常值得从思想上、理论上进行储备。我们要感谢我们的前辈们,他们在当初就已经做了一些基本的功课。但是我们不能重复这个过程,虽然我们现在不知道什么时候能开启这个过程,但我们要有充分的思想理论准备,包括工具、艺术等。真是这样。对现代社会、现代政治、现代政党而言,掌握和利用结社,其实真的是一门高超的艺术。

我们下一步改革的重要环节是共产党自身的改革和完善,从党的自身改革和完善的角度来说,掌握、利用、驾驭结社这样一门艺术,是一个很高的要求。所以我们也需要在这方面做一些更深入的研讨,包括从思想上、理论上的研讨以及进行国际比较。

所以,我觉得不能简单地把结社法问题理解成立法的问题,要把它放到一个更深层面来讨论。当然回过来说,其实社会组织基本法也好,三大条例也好,都需要有一个务虚的过程。我们在准备非常不充分的时候,匆匆进行制度建设,那会带来很大的问题。所以,我非常强调这个过程,这也是为下一步我们讲的社会建设进行制度准备的过程,而且随着社会体制改革以及政府自身的改革,很多条件正在逐步显现。现在,诸如基本制度构建等正在逐步推进的一些改革措施,为我们对结社法的学习、积累、准备提供了一些条件。

关于结社法的内容,我想到一个什么问题呢?会员制管理。这是结社法的核心环节,刚才贾老师与刘培峰都有所提及。最近在我们的职业大典①的修订中,开始出现一个新的职业,叫会员管理师。这非常重要,我觉得这是一种制度突破,虽然这个名称接受起来有一定难度,但是这是一个很有意思的制度框架,它提供了很多可以挖掘的制度空间。正因为有这样的基本职业序列形成,它会在制度层面上提出一些相应的要求。这些制度层面上的要求,虽然现在并没有明确化,但我们可以为其做出一些主要的贡献。我们现在讨论结社法的问题,或者结社权法律化的问题,都需要一些制度性的平台。这些制度性的平台在推进政府机构改革以及职能转变过程中都是可以利用的工具,我刚刚讲的会员管理师就是

---

① 即《中华人民共和国职业分类大典》,1999 年颁布,目前正在修订。

一个例子。未来不只是职业序列化，可能还有其他的很多制度工具可以利用，比如说从思想层面、理论层面、技术层面，甚至艺术层面等。通过我们的积极参与、推进，未来我们能够走向一个相对比较成熟、健康的构建结社法的过程，这也是一个非常积极的过程。

**马剑银**：看看几位老师还有什么补充？

**马长山**：我插两句，刚才听了王老师的精彩点评，我也有点感触，因为记性不好，怕忘掉，所以就抢着说。刚才王老师说，不要把结社立法当成一个简单的立法，执政党要善于利用结社这门艺术来进行社会管理，我觉得这个理念是非常深刻的，我非常赞成。我在大学刚毕业时就下过乡，那时候就遇到一件事情，现在回想起来，发现这么多年来"历史的故事"在不断地重演。

当时，我是负责基层政权建设工作的，也就是村委会的换届民主选举。虽然有立法，村委会可以直选了，但候选人基本还都是事先"安排"好的，并确保"万无一失"。当时我负责的是某县某乡的一个村，结果"出事了"。出了什么事呢？就是其他村预先"安排"的候选人都顺利当选了，只有我这个村事先"安排"的候选人没选上，选上了一个"计划外"、但民众呼声很高的村长。这主要是因为我按民主理念去操作，放手让老百姓选自己喜欢的村长。"出事"后，乡党委书记和乡长都来了，对我说："小马啊，你是省里来的干部，咱们全乡这么多地方，就你这个试点失败了。"我听后就顺口回了一句："书记、乡长，我觉得全乡所有的试点，就我这个是成功的。官方安排候选人没选上，最后老百姓把自己喜欢的干部选上了，这才是民主选举的本义。"

那么在今天，与此相似的是什么呢？我看就是当下群体性事件中的民间组织的角色。我们在对群体性事件（西方称"社会运动"）的考察中发现，它与西方有非常大的差别，也即中国的群体性事件都是即兴的、无组织的，参与者都是乌合之众。而每次群体性事件突然爆发之后，我们的公安警察、防暴大队就开始上，在使用强力平息了事件之后，还要彻查群体性事件过程中是否有什么"组织"的痕迹，如果没有"敌对势力"的"组织"，而完全是自发行为，那官员们就很开心。但我说，这恰恰是中国的悲哀。因为，如果社会运动中真有某种"组织"出现的话，群体性事件就不会是当前这种突发性、暴戾性的乌合之众的行为，而应是理性的、平和的、有秩序的，它会通过有组织的行为来反映呼声和利益主张，并跟政府进行讨价还价和谈判。它一方面能够防止国家肆意地使用暴力，另一方面也能让老百姓通过恰当的方式和机制来表达诉求。由此看来，有"组织"不仅不是坏事，反而是好事，它应该是社会运动的民主本义所在，这跟前面讲的对村委会民主选举的心态很相似。

目前，我国每年发生群体性事件已多达十余万起，面对这么大量的群体性事件，光凭防暴警察是无法实现社会控制的，我们现在维稳成本已经非常之高，这不是个好信号。如果民间组织能够发达起来，能够真正代表不同的利益群体来表达诉求、组织抗争活动，就能很好地化解民众和政府之间的对立和冲突，建立起沟通、协商和民主的桥梁，法治秩序也才能建立起来。我觉得这恰恰是我们应该考虑的问题。我就这么一个想法。

**王名**：我再回应一下。2011年起我们开始做社会管理创新的调研，至今已经跑了很多地方，我发现我们的很多官员其实都很有智慧。他们在学习怎样应对一些突发事件，我们在其中也学到了很多东西。我有一个很重要的体会和认识：我们的政治体系中存在着很多智慧，而结社对智慧的要求很高，这不是一般的智慧，而是很高的智慧。

我们前后几次去乌坎进行过深入调研，现在也仍继续关注，我很重要的体会是，在乌坎事件处理的过程中，很重要的转机就是政府发现并较好地驾驭了结社。这个结社倒向了民众的一面，倒向了民意，民意是以组织化的形式表达出来的。这种组织化又是什么呢？它实现了一种与决策者有效的博弈、有效的沟通和有效的对接。我觉得这是普遍存在的，不只是乌坎，还有其他很多地方，包括巫溪、肃宁等也有类似的做法。所以在社会体制改革的过程中间，可以清晰地看到这种景象，这也是我们现在为什么要讨论相关制度建构问题的重要改革背景。正是有这样的景象存在的，所以要及时解读、推进、展开这一过程，并在推进中国深化改革的过程中，积极地把政府或体制内的正能量有效地动员起来。

**马剑银**：谢谢王老师。有关结社权法律化和社会组织立法的三次沙龙马上就要全部结束了，我就在最后说两句对本次系列沙龙的一点点感想。

就结社权法律化这个话题的讨论来讲，刚才几位老师都有所提及，实际上这是社会重建过程中，人与人之间如何重新联合的问题。如果说结社权的法律化是在法治（rule of law）的视角下讨论人与人如何联合，那么实际上结社的一个重要方面就是成立组织，成立组织之后进行公共参与，开展社会运动，这是我们说的一般路径。那么人的结合也可以涵摄到财产结合的领域，所以说结社理论的框架可以用于基金会或者财团法人之上，因为这些财产本身没有任何意义，没有价值取向。但它一旦成立财团法人进行联合以后，它就有了价值的取向，这种价值取向使得并非人与人之间联合的财产结合也可以被赋予社会公益的目的。

这样看来，以结社为核心，将其作为一种看待社会组织的视角，是有可能去构建社会组织基本法律体系的，而这样一种思路与我们昨天晚上所讨论的基本思路很不一样，但它也说明了一种可能性。当然它是以行为而非完全是以组织为核心的一种法律体系。在我们看来，这种法律体系构建的方式更务虚一点。

通过整个系列的三次沙龙，我们讨论了很多问题，但有些问题我们还没讨论，有的是因为时间来不及，有的是因为太敏感，例如政治结社的话题。我们本该继续讨论结社法和社会组织基本法之间是否应该有所分工，或者直接整合成一种立法方式，那么怎么整合，如何选择。我们讨论了条例升格和社会组织基本法立法为什么不一样，但这样的讨论也只是个开始，我们还没来得及讨论社会组织基本法立法和慈善法等法律之间的关系。现在也有人提出来社会组织基本法立法可以暂缓，应该先讨论慈善法这样的立法，因为可能性大一些。真的是这样吗？如果以慈善法代替，或者先于社会组织基本法制定的话，就能解决社会组织的一些根本性问题吗？或者它和三大条例的升格一样，反而会阻碍社会组织基本法的出台呢？这些问题也许都应该进一步讨论。我们说关于社会组织立法和结社权法律化这样的话题还有许多理论需要梳理，需要很多的理论准备。路还很漫长，这三次沙龙，也只是一个开始。

感谢大家参与本次由清华大学 NGO 研究所、明德公益研究中心和

《中国非营利评论》编辑部共同举办的沙龙，让我们继续在思考中前行，在前行中行动。谢谢大家。

# Legislating on the Right to Associate: A Realistic Way Forward[①]

【Abstract】This paper is the third from the "Salon Series on the Creation of Legislation on Rights of Association and Social Organizations". This was a series of salons jointly hosted by Tsinghua University's NGO Research Center, the Philanthropy and NGO Support Center, and the editorial office of the *China Non-Profit Review*. Discussion about the creation of legislation on the right to associate began in China during the 1980s, at which time a bill was drawn up, but for various reasons, both political and social, the bill

---

① This paper is the third from a collection of transcripts of the speeches and subsequent discussion from the "Salon Series on the Creation of Legislation on Rights of Association and Social Organizations", jointly hosted by Tsinghua University's NGO Research Center, the Philanthropy and NGO Support Center, and the editorial board of the *China Non-Profit Review*. The session upon which this paper is based took place on 4 June 2013; its theme was "Legislating on the Right to Associate: a Realistic Way Forward". The speakers undertook to make revisions to the paper and agreed to its publication within this journal. For this we would like to express our gratitude.
The following is a list of speakers: Wang Ming, professor at the School of Public Policy and Management, and director of the NGO Research Center, Tsinghua University; Ma Changshan, professor and director of the Center for Civil Society and Rule of Law, East China University of Politics and Law; Liu Peifeng, professor at the Law School, director of the Research and Teaching Center for Constitutional Law, Beijing Normal University, vice director of the Center for NPO Law, Peking University; Jia Xijin, professor at the School of Public Policy and Management, Tsinghua University; Ma Jianyin, lecturer within the Law School, Beijing Normal University, and the managing editor of this journal.

was never passed. This paper discusses the fundamental nature of the right to associate and the feasibility and necessity of establishing legislation on the right to associate in today's China. It ponders the different ways in which the right to associate may be enshrined in law by looking at the legal provisions scattered throughout numerous pieces of legislation (in a multi-legislative model) in contrast with the method of spelling out of the right to associate in one or more centralized laws (in a centralized legislative model). The paper also explores the relationship between the formulation of a basic social organization law and legislating on the right to associate. It was unanimous amongst the experts speaking at the salon upon which this paper is based that establishing a law on the right to associate would be an important hallmark of China's process of developing a stronger rule of law, and that it is a sine qua non for achieving constitutional rule and advancing the implementation of the Constitution.

【Key Words】Social Organizations and Associating; Freedom of Association; The Process of Enshrining the Right to Associate in Law; Constitutionalism and Rule by Constitution

（责任编辑：马剑银）

# 社会组织管理体制
# 改革势在必行[*]

孙伟林[**]

**【摘要】** 社会组织双重管理体制有其历史进步意义，但是随着社会的不断发展，社会组织的双重管理体制的症结日益凸显，因此，改革社会组织管理，建立健全统一登记、各司其职、协调配合、分级负责、依法监管的社会组织管理体制势在必行。管理体制改革需要完善退出机制，以组织的具体运作情况为标准，而不能以官办或民办为标准。社会组织是把双刃剑，需要各方协同努力，充分发挥社会组织的积极作用。

**【关键词】** 社会组织管理　行政管理体制　政府职能　登记管理制度

## 一　社会组织双重管理体制的发展历程与症结

### （一）发展历程

什么是社会组织管理体制？该体制有何利弊？现行的社会组织登记

---

[*] 本文是时任局长孙伟林在 2012 年 3 月 22 日清华大学公共管理学院 NGO 研究所第 200 期主题为"社会组织登记管理体制改革"的学术沙龙上的发言，NGO 研究所博士后侯豫新对发言进行了整理。

[**] 孙伟林，原民政部民间组织管理局局长，现为民政部民间组织管理局巡视员，中国社会组织促进会会长。

管理体制简称双重管理体制，即要成立一个社会组织，首先要找到业务主管部门，经过业务主管部门同意，进行前置性审查后，再到民政部门登记。其实质是一种双重许可性制度。

这个体制应当说在一定的历史阶段中是有进步意义的。我们国家的各种社会组织在"文革"期间基本上被摧毁，三中全会之前只有4000多个社团，而且很多是官办社团，真正在民间产生并允许存在的基本没有。改革开放以后，经济、社会生活逐渐多元化，在这种情况下，政府和社会也在互动，社会有需求，那政府当如何应对？所以，首先确立了双重管理体制。我国第一个社会团体管理条例是1988年10月25日公布的，这个条例确定了双重管理体制的雏形。当时这种体制尚不健全，但其初衷是好的。1998年这个体制又进一步得以规范化，发展为当下的双重管理体制。

这个体制的好处在于防止对于党和政府有威胁或者有潜在威胁的一些群体结社登记，即把一些对国家安全、国家稳定构成威胁，违反社会道德风尚，违反民族基本政策的组织全都挡在"门外"。截至目前，这个体制的运行在这一点上是成功的。现在注册的组织，凡坚持四项基本原则、保持国家的稳定，在政治上都是可靠的，基本上没有出现过什么问题。有些由于没有通过登记这一关，最后被查处、打击、取缔的都是非法组织，所以双重管理体制还是起到了很好的作用。另一个积极的作用，那就是双重管理体制下，这类组织都有业务主管部门，这些业务主管部门对这些组织开放了自己的一部分行政资源，对社会组织的发展是有利的。主管部门会给予社会组织以不同程度的支持，从客观上来讲，这对非营利性组织的成长与发展是有益的。

## （二）症结

实际上，现在倡导的转移职能、购买服务是在双重管理体制下实现的。换言之，就是部分政府机构做不了的事项转由社团来做，或多或少都实现了政府职能转移，但却没能形成一种完整的制度安排。因此双重管理体制随着实践的发展，问题也日渐突出。

第一个问题就是把很多社会需要、群众渴望，而且有利于社会发展的结社需求挡在了合法登记的门外。为什么？因为业务主管单位常常以自己的熟悉、认知、信任等作为是否充当业务主管单位的前置性条件，这些都成为业务主管单位考虑问题的前提。那些完全在民间发起的组织，尽管要求很正当，条件也大致符合，但是经常被挡在登记的大门之外，于是该登记的与不该登记的都被挡在"门外"。

第二个问题是政社不分。在双重管理体制下合法注册的社团，由于它们有了业务主管单位，行政化的色彩相对较浓，官社不分，所以常被叫做"二政府"。它行使了一些本来应该由政府行使的权力，而且滥用了这些权力，导致这些社团组织滥用权力、到处敛钱、缺乏活力。比如，从人员结构来看，这些组织的负责人大多是由一些本部门退下来的老同志担任，并利用部门的一些余威和权力开展活动，使组织发展步履维艰。

在双重管理体制下的查处难度很大，要查处一个社会组织，该组织主管部门的领导会介入或干预，这给执法带来很大困难。倘若这个体制得以改变，实行新体制之后，独立查处即为可能。此外，这种体制带来的最大问题就是导致民意不畅达，老百姓真正的呼声很难让党和政府知悉。

## 二 改革、创新与完善

### （一）由双重走向统一

应当说随着社会的发展、时代的进步，这种体制的弊端日趋严重，这就体现出了改革的紧迫性。事实上，党中央、国务院对这个事情大体是清楚的，而且对社会组织管理体制改革也给予了高度重视。实际上，双重管理体制改革的酝酿过程很长。前年，国务院有关领导召集相关部门认真地分析和论证了该体制的利与弊，而且提出了改革的主要框架，这个精神得到了中央一些主要领导同志的重视和支持，当时就形成了五句话的改革方案。而这五句话也都见诸报端，并在十二五规划里面被正式明确，即"改革社会组织管理，建立健全统一登记、各司其职、协调配合、分级负责、依法监管的社会组织管理体制"。这一思路在前年下半年就已基本形成,年底被中央正式认可。根据这个精神,我们做了一系列的工作。之后,锦涛同志在中央党校省部级主要领导干部社会管理及其创新研讨班的讲话上正式认可了这五句话。同时,周永康同志在讲话中也对这个新的体制做了具体的阐述。之后,我们就一直按照这个精神在做工作。

新的管理体制可以概括为五句话、二十个字。第一句话为"统一登记",相对于原来的双重管理体制来说,统一登记就是统一直接到民政部门注册登记,是相对于原有旧体制而言的,统一登记即为直接登记。

温总理召集座谈会,又进一步明确了精神。在各地介绍经验之后,总理发表了重要讲话,在这个讲话中,总理对社会组织的改革做了非常明确、清晰的勾画。温总理提到"要加快推进社会组织登记管理改革,促进社会组织依法规范健康发展。简化登记程序,实行民政部门直接登记,政府部门要与社会组织脱钩",明确指出改革双重管理体制,政府要同社会组织脱钩。

### (二) 三大管理部门的各司其职与协同配合

新的管理体制的五句话、二十个字中的第二句话是"各司其职"。其意指按照下一步改革的思路,大体将跟社会组织相关的管理部门划分成三种类型。第一种叫业务主管单位,就是民政部门;第二种叫行业主管单位。比如,文化类的社团,它的行业主管部门就是文化部,教育类的组织,教育部就是它的行业主管部门;第三种叫有关职能部门,实际上就是综合职能部门,如财政部、税务局、公安局等赋有综合监管职能的部门。下一步社会组织管理的格局大体上就是这三种部门互相衔接、互相配合。民政部门负责登记,按照处罚规则对违规的社会组织进行处罚。行业主管部门要像管企业一样制定本行业社会组织开展活动的规则并建立活动指引。例如,教育部有职责对教育类社团提出规则,但是,不同于以往的是,减少微观管理,其职责主要是制定本行业相关社会组织的活动规则,检查这些规则的落实情况。例如,文化部对文化类的社会组织应该制定规范性的管理方式和办法,把社会组织也纳入这些行业主管部门管理的范围之内,但现在并没有完全纳入进去。当下,社会上有很多文化类社会组织没有登记但却在活动,文化部对此少有管理,今后这就是文化部的职责。第三类就是有关职能部门(综合监管部门),如公安、税务、财政、卫生等部门。社会组织开展活动应当依法纳税,如果从事了违规活动公安部就当介入,卫生不合格,就应由卫生部门依法管理。要把社会组织纳入到综合监管部门的管理范围内。

### (三) 转移政府职能

温家宝总理讲话的另一个意思是,"要把规范发展社会组织与深化行政管理体制改革结合起来,政府的事务性管理工作以及适合通过市场和社会提供的公共服务,可以适当的方式转交给社会组织、中介机构以及社区等基层组织承担。"转移职能也得以明确提出,因为下一步要建立有效能的小政府,要实行大部门制,很多公共服务的职能要转移给社会组织来承担。此外,他在提到行业自律时指出"要充分发挥行业组织的行业管理、监督、约束和职业道德建设作用,把政府依法监管和行业自律很好结合起来",其实质是要加强社会组织自身的建设。

### (四) 鼓励慈善事业的发展

温家宝总理还讲到"要积极支持和发展社会互助团体和组织,鼓励企业、团体、家庭及个人开展互助和慈善活动",同时又提到要"完善并落实支持慈善事业发展的税收减免政策"。下一步要继续与财政部和税务局沟通,要扩大对社会组织税收的优惠幅度和优惠范围。现在优惠幅度不大,面还较窄,有一些手续、形式还很繁杂,不到位,这也是下一步亟待解决的问题。在鼓励公益事业发展时,总理提出"要简化成立公益性基金组织和慈善机构的审批程序,鼓励有条件的企业和个人、基金组织、慈善机构和其他社会团体举办医院、学校等公益事业"。此外,他还讲到了志愿服务以及规范、引导社会慈善事业的发展问题。总理在这个篇幅不长的讲话里对社会组织的发展,甚至对某一类型社会组织的发展都做了非常明确清晰并且全面的勾画,有些问题已经讲到位了。所以,推动温总理讲话精神的落实,就能够推进社会组织管理体制改革。

## （五）广东的经验与创新

民政的工作种类很多，这一次在全国民政会议上介绍了六个经验，其中广东省介绍了社会组织体制改革的经验。这个改革是在省委、省政府的领导下进行的，推进得非常顺利。广东是我们社会组织改革的一个观察点，我们已经观察了几年，原来担心的问题并没有出现，改革比我们想象的还要顺利。到目前为止，新的体制已经基本建立起来，而且顺畅运行，所以大家如果有机会多到广东去看看，也多报道一下广东的经验。这一次会议上介绍的广东经验，博得了与会有关部门和各省领导的好评，广东的改革给我们提供了一些经验。

第一，尽管业务指导单位已经脱离了社团具体事务的管理，但是，它仍然赋有指导所在领域的社会团体开展活动的职责。所以广东的经验证明这些政府部门跟脱离了业务主管单位的社团仍然保持着畅通的联系。

第二，社会组织在离开政府部门之后，会不会只代表行业的利益，进而成为政府的对立面？广东的改革到现在已经四年了，基本上这些社团都是作为政府的帮手出现的，到目前为止还没有出现这个问题。当然，也不能完全排除这种潜在的可能性。我认为，这个矛盾的主要方面在于政府怎么引导这些行业协会开展活动。因为从更高层面的意义来讲，政府应该代表广大人民群众的利益，也应该代表各行各业的利益，如果政府的意见跟行业的意见发生严重的不对应、不一致，那么政府也应该思考自己的决策是否正确，是否需要做一些调整。广东的经验从两方面都提供了很好的参照。

## （六）扫除法律的盲点

按照国务院的精神，我们加班加点做了各方面的准备工作。首先就是修订现行的三个条例：《社团登记管理条例》《基金会管理条例》和《民办非企业单位管理条例》，修订的速度很快，因为已经积累了多年的经验。实际上自1999年开始，我们就已经发现了这些条例的不适应性而开始进行修订，修订主要针对的还是境外社团。

从计划经济体制到市场经济体制的转变需要大量的准备工作，在社会组织管理领域里，社会组织体制改革实际上就相当于从计划体制向市场经济体制的转变，同样需要大量准备工作。国务院分配给我们很多任务，目前都在逐步落实中。

新的管理体制的五句话、二十个字中的最后一句话是"依法监管"。首先要有法可依，通过出台法律法规对社会组织依法进行监管。上报到国务院法制办的条例修订稿对社会组织的违法违规情形表述得非常具体，今后新成立的社会组织就依照这个法律进行活动，如果依据条例其活动是违法违规的，就要按照条例设定的处罚种类进行处罚。由于我们国家的法律是成文法，不可能涉及所有违纪违规的情形，也还有兜底的条款，届时可以具体问题具体分析。当然，登记管理机关的自由裁量权也并不是很大。今后社会组织不用担心不知道自己是否违法，因为条例规定很清晰，根据条例依法进行活动即可。

现行条例特别是社团条例，是针对中国公民结社制定的条例，而外国公民在华结社就无法涵盖其中。因此，政府对之管理就无法可据。随着我们国家对外交往的增多，外国人在华的组织越来越多，如果我们的法律不及时跟上，将是一个很大的政策空当。所以抓紧修订，特别是制订对境外非政府组织管理的一些重要规则，并将其纳入到我国登记管理范围内非常重要。

现行体制存在的一个更大的问题是，由于双重管理体制造成了业务部门只登记自己放心的组织，大量本来应该成立的社会组织无法登记，而尽管这些组织没有登记，但是仍然在活动。所以现在这种没有登记、没有取得合法身份，但是仍然在进行活动的社会组织，专家有若干个统计的版本，一百万、三百万，最大的统计数字是八百万。一言以蔽之，由于双重管理体制门槛过高，所以大量应该进来的组织进不来，但是还在开展活动。这次修订条例，指导思想是放宽、降低准入门槛，只要符合法定的条件直接到民政部门登记，目的是把它们纳入进来进行规范的管理，而不是现在我们的鸵鸟政策，只管理登记的那些社会组织，其他没有登记但是还在活动的组织就被政府忽视了。以往没有针对这些组织的管理法则，造成现在境外组织的离岸社团比较多。

没有登记的在社会上开展活动的组织情况很复杂,一方面有一些社团,登记不了就自行开展活动,这些活动是符合我们现行的政策法规的;还有一部分社团专门钻政策的空子,内地登记不了,于是到香港去登记,主要在中国内地活动,其人员也是中国内地的人,其活动全部都在中国境内,而且行为不受政府约束。这样的组织大概有 280 个,大部分都是以敛财为目的,搞各种各样的评比、表彰、达标、入会收费、开会活动,核心目的就是敛钱。有相当一批这样的组织,但是,依照现在的法规监管不了这些离岸社团,造成管理的真空。倘若没有条例的约束,这个数量还会不断增加,因为在香港注册成本非常低。例如,在中国内地注册了一个中国饭店协会,而在香港也注册了一个中国饭店业协会,这样就会出现问题与争端。

这些组织破坏了现行社团的名声,当要对他们进行查处的时候会遇到无法可依的困境。从这个意义上讲,条例的早日出台意义重大,不仅可以净化整个领域的秩序,而且能够降低行政成本。十二年前开始修订这个条例的时候,在香港注册的"李鬼"很少,但是后来逐渐增多,而只能通过教育的方式进行训诫。所以修订稿一出台,就有规可依了。如果不按规章活动,就当受到处罚,香港社团在内地的活动也必须按照内地的规章办事,这个规则在新的条例中规定得非常详细,由此,可以依法进行监管。

大体的思路如下:首先是修订条例,修订稿不出台,就无法改革现行体制。修订稿出台后,会针对这些条例制定配套的细则与法规。实际上配套的法规已经研究、制定了有二十多个了,包括登记的法则、年检的法则、处罚的法则、名称的厘定,非常细。这些细则实际上按照条例的基本精神都已经制定出来了,一旦修订稿出台,这个就会相应颁布。在不违反上位法规的前提下会进一步细化这些执法和监察的具体程序、具体情形和处罚的方式。

条例修订稿去年 3 月就已经上报到国务院法制办,法制办也很重视,征求了很多部门的意见,绝大多数的部门都支持这一体制,都赞成新体制改革。所以,目前应当说万事俱备,只欠东风。希望修订稿尽快出台,只要修订稿一出台,各项措施便可跟上。

## 三　社会组织分类的再思考

　　依个人看法，我不赞成用官办社团、草根组织来概括现在的这两类组织。一个社会组织大体上有业务主管单位、负责人、发起人这三方要素。把一个社团界定为官办社团还是民间社团是不是主要靠这三个要素？界定某一个社团是官办社团，可能因为是它的发起人是原来体制内的老同志。这个判断不准确。如大家曾经热炒过的李连杰壹基金，大家就把它界定为一个草根组织，这不准确，壹基金在深圳市登记成立，深圳市民间组织管理局局长加入其中，成为壹基金的监事长。如果用上述标准来衡量，是否意味着壹基金就演变成官办社团？非也。判断官办还是草根组织的标准是什么？衡量维度是什么？需要深入思考。

　　体制改革之后，现有行政化色彩比较浓的组织有一个去行政化的过程，基金会也好，公益性组织也好，会在一个平台上进行竞争。在体制改革之前，行政化色彩是不一样的，有的可能10%，有的可能20%，有的可能30%。然而，体制改革之后，都要回归社会。回归有一个过程，回归以后要通过自己的努力到社会上募集资金。我非常赞成汪洋同志谈到的一个观点：在这个过程当中，会有一种阵痛。实际上，组织如果利用好了这个机会，会逐步地成长起来。同时，可能会有一些组织逐渐被淘汰，因为新条例的退出机制也是很健全的。这在国外是司空见惯的。因为进入方便，退出自然就没有太多的阻力，倘若完善后还可以重新申请注册。至于淘汰的对象，不会以官办还是民办作为标准，而是以组织的具体运作情况为标准。

　　我最近看到一篇报道，叫"官办和民办各有短板"，就是分析二者各自的优缺点，官办未必就不好，民办也未必就那么好，这都不是绝对化的，所以我不太赞成以官办和民办为标准去判断组织的好坏。

　　汶川地震之后，我到四川去参加表彰四川省在汶川地震当中表现突出的社会组织。其实有很多可歌可泣的事迹没有做公开的报道，当然，因为被表彰的这些组织基本上都是我们媒体意义上的官办组织，而媒体大量报道的草根组织也做了很多事情；但是，就工作的量以及发挥的作用而言，应该说草根组织远远比不上四川省表彰的这些组织。我在现场翻阅每一个组织的事迹、做的工作，都各有特色。所以官办未必不好，相反可能在某些领域发挥主导性作用，这些组织的角色和功能是草根组织所不能够替代的。

## 四　社会组织是把双刃剑

全国第十三次民政工作会议受到了党中央、国务院的重视，胡锦涛、温家宝、习近平、李克强四位同志接见了全体与会代表。温总理召集座谈会，又进一步明确了精神。总理讲完之后，李副总理次日又做了一个很详尽的报告，在报告里对社会组织讲得更为具体。这次会议是社会组织管理体制改革的又一重大机遇。

当然，社会组织较为复杂，各种类型都有。历来社会组织都是一把双刃剑，引导得好，是我们国家和谐、社会发展、文明进步的一种积极的力量；如果引导不当，就可能异化为一种异己的力量，成为社会和谐的一种障碍，甚至成为社会不安定的诱因。社会组织能否发挥正向作用关键是看党和政府能否进行正面引导。社会组织管理体制的完善任重而道远，这需要从上至下以及从下至上的同心协力。

# Reform within the Social Organization Management System is Imperative

【Abstract】Although within in its historical context the dual management system for social organizations was, in a certain sense progressive, as society continues to develop, the central problem with this system becomes increasingly evident. Thus reform to the management of social organizations is imperative. This should involve the establishment of a sound, integrated system of registration, and a system of social organization management within which each relevant department fulfills its specific duties; within which work is coordinated between departments; social organizations are managed by the departments responsible at the appropriate level of authority according to a systematic division of labor; and supervision is achieved on the basis of relevant legislation. As part of the reforms to the management system, an improved mechanism is needed for organizations to be phased out when they have failed to be competitive enough. This mechanism should be based on the specific circumstances surrounding the operations of the social organization in question as opposed to being based on whether the organization is deemed "governmental" or "non-governmental". Social organizations can be a double-edged sword. We need to coordinate our efforts to make sure that the positive roles of social organizations are fully brought into play.

【Key Words】Social Organization Management; Administrative Management System; Government Functions; Registration and Management System

（责任编辑：朱晓红）

# 国家与社会关系重构下的社会组织管理体制创新

——学习孙伟林讲话有感

丁晶晶[*]

**【摘要】** 社会组织管理体制创新直接反映了国家与社会关系的重构,同时国家与社会关系调整的方向直接决定了政府会采取何种方式对社会组织进行管理,社会组织管理体制创新已成为各国政府重构国家与社会关系的重要指针。我国社会组织管理体制基本上沿着从分散管理到归口管理,再从归口管理和双重管理到分类管理的路线演进,现正处在由双重管理走向分类管理的关键时期。由于其层级繁多、种类复杂,社会组织的发展受到严重制约;同时由于管理体制的部分缺失,对某些类型社会组织的活动缺乏必要的法律规制。我国社会组织管理体制创新,由社会组织自下而上推动的作用非常有限,而执政党和政府自上而下的制度安排则主导了社会组织管理体制的创新路径。同时,地方政府开展社会组织管理体制创新试验,通过各种形式重构国家与社会的关系,进而推动社会组织管理体制的创新。

**【关键词】** 国家与社会关系　社会组织管理体制创新　双重管理体制　分类管理

---

[*] 丁晶晶,清华大学公共管理学院 NGO 研究所博士后。

随着"结社革命"在世界范围内的迅速发展，社会组织的管理问题已成为世界各国所共同面对的社会问题。社会组织既是社会管理的对象之一，亦是社会管理的重要参与者，甚至还会成为权力机构的一部分。可以说，社会组织管理体制的创新直接反映了国家与社会关系的重构，同样，国家与社会关系调整的方向直接决定了政府会采取何种方式对社会组织进行管理。

## 一 社会组织管理体制创新的背景

国家与社会的关系在几千年的历史变迁进程中，往往是以国家为中心和以社会为中心交替呈现，但是不管以谁为中心，都会或多或少存在政府失灵或社会失灵的现象，甚至二者同时失灵。因此，国家与社会关系的重构不能简单地适用国家中心论或社会中心论。从欧美发达国家的发展趋势可以参见，国家与社会之间的边界日益模糊，而逐渐采用分工、合作、互动、制衡与监督的方式对二者之间的关系进行重构。在此重构过程中，各国政府还特别强调发挥社会组织的作用，不仅使其承接一些原本由政府承担的公共服务职能从而为社会大众提供更加全面、高效的公共服务，还担负着调整不同阶层间社会关系的重任，甚至还会发挥某些倡导功能。可以说，社会组织已经成为一支重要的公共力量。因此，对社会组织管理体制进行创新已成为各国政府重构国家与社会关系的重要指针。

同时，从社会组织在世界范围的发展历程来看，社会组织亦是一把双刃剑，因此，如何对社会组织的发展进行规范、引导是各国政府正在探索的一个重要方向。各国政府都在根据社会组织发展的实际状况和现实需要，对社会组织管理体制进行不断创新以引导社会组织的正向发展。

可见，世界各国社会组织管理体制创新的趋势大致包括以下四点。其一，政府逐步与社会组织之间达成合作伙伴关系，将社会组织纳入到公共治理中，使其发挥重要作用。1998年英国政府与非营利组织签署的《英国政府和志愿及社区组织关系的协议》（COMPACT）确立了英国政府与志愿及社区组织之间合作伙伴关系,以及 2001 年加拿大政府与非营利组织签署的《加拿大政府与志愿部门协议》、2010 年澳大利亚联邦政府与非营利组织签署《全国性协议》等,均致力于扩展政府与社会组织之间全面合作关系的广度和深度。其二,采取准则主义①并交叉使用核准主义②登记管理模式,降低登记注册的门槛。在美国和英国,社会组织的成立不需要经过特别的批准程序,但是在美国如果组织想获得免税资格,则必须通过相关部门履行一定的登记程序,而在英国,如果要注册为慈善法人,则必须向慈善委员会申请,通过严格的审查。其三,对社会组织进行分类管理。通过将社会组织进行科学分类,建立相应的法律制度和社会组织的管理机构,以合理划分权限、分工配合。在德国,不同法律形式的社会组织向不同的登记机关进行登记,由不同的机关对其进行管理。在日本,不管何种类型的社会组织都必须到法院进行登记,进行司法确认,而对社会组织的管理职责则由不同部门根据日本《民法》和诸多特别法的规定,对社会组织进行批准设立以及日常管理。其四,设立对社会组织进行监管的社会中介组织,以弥补行政监管的不足。在英国,英国慈善委员会作为独立于政府机构和议会的中介机构,负责对苏格兰和威尔士地区的慈善组织进行登记和监管。因而,我国的社会组织管理体制创新亦顺应了这一趋势,并结合我国国情进行了更具创新性的实践探索。

在我国,强调和加强社会管理创新业已成为我国政治体制改革和行政管理体制改革的重要内容,其中对社会组织管理体制进行创新是当前亟须贯彻落实的一项非常重要的工作。胡锦涛将推动社会组织健康、有序发展列入了当前要重点抓好工作的八点意见之中。温家宝强调要把社会组织的发展与政府职能转变结合,政府的事务性管理工作、适合通过市场和社会提供的公共服务可以适当的方式交给社会组织、中介机构等承担。习近平指出,任何组织或者个人都必须在宪法和法律范围内活动,

---

① 准则主义即登记主义。社会组织设立的准则是指法律规定设立社会组织的要件,只要满足其条件,社会组织即可成立,无须行政机关或立法机关的事先批准。
② 核准主义也称行政许可主义或核准登记主义,指社会组织的设立须首先经过政府行政机关的审批许可,然后再经政府登记机关登记注册方可设立。

任何公民、社会组织和国家机关都要以宪法和法律为行为准则，依照宪法和法律行使权利或权力、履行义务或职责。李克强亦提出要依法规范社会组织行为。可见，规范、引导社会组织健康、有序发展，使其逐步、适当承担政府的部分公共服务职能已成为我国党和政府的共识。因而，创建于20世纪80年代后期的双重管理体制，按照我国《十二五规划纲要》对社会管理创新做出的系统的战略部署，开始进行全面改革，相关的三个行政法规已纳入立法程序。

可以说，我国的社会组织管理体制始终伴随着政治、经济、文化体制的转型而不断变迁，并根据社会组织的发展状况而逐步建构，它是国家关于社会组织管理的一系列制度规范和政策措施，体现了党和政府对待社会组织的基本态度和指导思想。三十多年来，我国社会组织管理体制基本上沿着从分散管理到归口管理，再从归口管理和双重管理到分类管理的路线演进，（王名、孙伟林，2011）现在正处在由双重管理走向分类管理的关键时期。现阶段，我国社会组织管理体制的创新实践正在按类别、按组织特性及功能进行分类管理的积极探索之中。这是为了进一步规范社会组织发展而逐步构建的社会组织管理体制的又一次重大的体制创新。社会组织管理体制的新形式、新手段在现有管理体制的基础上正逐渐探索成熟，这预示着将对现行管理体制的多个方面进行重大调整。为此，原民政部民间组织管理局局长孙伟林着眼于社会组织安全、稳定、有序、繁荣的发展，提出了加快推进社会组织管理体制创新的倡议。

## 二 双重管理体制的生成路径

双重管理体制创生于20世纪80年代后期，此时政府对于国家与社会之间的关系往往采取一种零和博弈的思维，社会与国家之间则被视为一种此消彼长的关系。虽然国家逐渐缩小了管控的范围和领域，但同时也不断探索规范发展社会组织的路径。因此，我国政府对于社会组织的基本态度还是以规范管理为主而非以协作发展为主，采用双重管理体制对社会组织加以管理正是这种政治策略的集中反映。但从当时的社会历史背景而言，双重管理体制顺应了改革开放的发展趋势，在一定时期内鼓励了社会组织的产生与发展，并在一定程度上规范了社会组织的发展，这在特定的历史阶段具有重大意义。

"文革"期间，我国的社会组织几乎被摧毁殆尽，十一届三中全会之前，全国亦只有4000多个社团，其中大部分是所谓的官办社团，真正意义上的社会组织基本不存在。改革开放之初，尽管由于体制的束缚，由民间自发组成社会组织并非易事，但是从1978年开始，还是出现了社会组织爆炸性增长的发展浪潮。其后数年间，各类学会、研究会和分科学会等每年新增社会组织的数量都在300家以上；（王名，2008：13）群众性的农村专业技术研究会和农民合作组织，到1992年分别达12万家和2万家。（王名、孙伟林，2010）可见，从改革开放初期至1989年，党和政府一直在大力推动社会组织的复兴发展，此时，国家与社会的关系开始由对立走向对话。当时虽然没有颁布成文的法律法规或建立统一的管理体制，但一些部门也尝试建立起相应的体制和规范。（王名、孙伟林，2011）虽没有相应的专门法律法规，但政府对于社会组织往往以身份管理[①]为主，一方面对一些不符合政治要求的社会组织禁止成立或清理整顿，另一方面则采取依附式的身份管理。因而，这并不意味着社会组织在此时脱离了政府管理。

自20世纪80年代后期以来，我国对于社会组织的管理转入了以规范管理为主的国家制约社会的阶段。经历这一变化历程的原因可部分归结于当时缺乏相应的制度约束，社会组织在发展过程中良莠不齐，甚至出现了一些问题，这导致我国政府对于社会组织的发展又采取了谨慎态度，于是此时特别需要确立一个社会组织管理体制去进一步规范社会组织的产生和发展。于是，1987年根据党的十三大报告提出的关于起草结社法等法律的要求，国务院委托民政部开展结社法的起草工作，虽经中断，但一直在徘徊中前进。1988年7月，国务院在民政部设立社会团体管理司，负责对社会组织进行统一的登记管理。我国的第一个《社会团体登

---

[①] 这种管理仍然是一种基于身份的非正式、非制度化管理，社会组织的成立仍然需要依附于某一政府机构或准政府机构。管理的主体和权限分散于各个不同的党政部门及相关人民团体，社会组织的审批主要靠各级党政部门领导人的批件、批文、批示等。

记管理条例》于1989年10月25日公布,以此为起点,我国的社会组织管理很快结束了以放任发展为特征的分散管理阶段,一个以限制发展为特征的"归口管理"①的新体制取而代之,(王名、孙伟林,2011)从而确定了双重管理体制的一个雏形。1996年,原来归口管理的"民办事业单位"被统一归口到各级民政部门进行登记为"民办非企业单位",此时,民政部设立了社会团体和民办非企业单位管理司。1998年,民政部设立了民间组织管理局,取代了社会团体和民办非企业单位管理司。2006年,则加挂了国家民间组织管理局的牌子。

在限制发展和归口管理的基础上,我国社会组织管理的基本制度亦即双重管理体制逐步确立,双重管理的目的是一方面保留已有行政归口部门的部分权限,同时达成统一登记管理的目标。(王名、孙伟林,2011)所谓双重管理体制,即我国的社会组织实行的是"双重管理"审批登记制度。在我国,要成立社会组织必须先后经过业务主管单位同意和登记管理机关批准。我国《社会团体登记管理条例》(1988年、1998年修订)《民办非企业单位登记管理暂行条例》(1998年)以及《基金会管理条例》(2004年)对社会组织的业务主管单位和登记管理机关有明确的界定,分别由不同层级(包括县级、省级和国务院)的民政部门作为登记管理机关,同时由对应的政府其他有关部门作为业务主管单位。

可以说,双重管理体制是在计划经济体制下国家在对社会团体归口管理的实践中形成的一种制度安排,政府管理民间组织的首要目标是限制其发展并规避可能的政治风险,其手段则表现为通过双重审批进行准入限制。双重管理体制因此实际简化成为一种政治把关和共担责任的分权机制。无论登记管理机关还是业务主管单位,首要的目标都是减低政治风险和规避责任。(王名,2007)

在双重管理体制确立之后,随着一系列规范管理制度的建立、各项法律法规的颁布以及相关政策的陆续出台,对由公民个人在民间发起的社会组织的限制性规定增多,门槛提高,难度加大。但是,从社会组织

---

① 归口管理是一种形象的说法,指的是将社会组织管理权限统一归口到特定的管理机关,通过赋予其相应的法定权力及行政职能,形成在法律上和行政上统一管理的体制。

的数量增长来看，其数量增长显著加速；从社会组织的活动领域来看，其组织形式、活动领域、结构特征、空间分布等方面日益多元化、个性化、复杂化。（王名、孙伟林，2010）可见，尽管由公民个人发起社会组织的难度加大，但是这并没有阻碍社会组织的多元化发展，我国的社会组织发展逐渐又转向一个新的发展高潮，即制度规范下的主体多元化发展路径。

因此，双重管理体制的生成路径可以概括为三个阶段：第一阶段，从1978年起，基于改革开放初期党和政府对于社会组织复兴发展自上而下的大力推动，社会组织在缺乏制度约束的条件下达到了结社高潮，此时没有颁布任何关于社会组织管理的法律、法规或规章制度，但是一些部门也尝试建立起相应的体制和规范以对社会组织进行身份管理；第二阶段，到了20世纪80年代后期，社会组织在发展过程中产生了一系列问题，促使我国政府对于社会组织的发展又采取了谨慎态度，于是产生了确立一个社会组织管理体制去进一步规范社会组织的产生和发展的需要，形成了一个以限制发展为特征的"归口管理"的新体制，构成了双重管理的雏形；第三阶段，在限制发展和归口管理的基础上，最终确立了双重管理体制。

## 三　双重管理体制的负面效应：甄别及选择

在双重管理体制背后的国家与社会关系的权力格局中，居于主导地位的仍然是国家，它在控制着各种公共资源的同时，对各种社会组织进行甄别与选择，允许它们进行有限的结社，此时的社会组织一部分会被排斥，而另一部分则会被吸纳，作为政府机构部分管理职能的实施者来提供一些公共物品。

可以说，双重管理体制在建立之初，对规范我国的社会组织发展的确起到了很好的制度规范作用，不仅将一些威胁国家安全、社会稳定的非法组织加以查处、打击、取缔，也对社会组织的规范发展起到了一定的甄别作用，并且可以使得业务主管单位通过向其主管的社会组织开放其部分行政资源，为其提供各种各样的支持，从而吸纳了一部分社会组织来共享资源，在一定程度上扶持了社会组织的发展。但是，由于其层级繁多，种类复杂，社会组织的发展受到严重制约；同时由于管理体制的部分缺失，对某些类型的社会组织的活动缺乏必要的法律规制。这主要表现在以下五个方面：

第一，将业务主管单位的门槛作为选择社会组织的制度设置，但是其甄别的技术与能力并不与之相匹配。这会阻碍一部分有利于社会发展的社会组织获取合法身份，使得它们游离于管理体制之外。这种通过双重的准入门槛限制社会组织获得合法身份，从而限制其活动和发展的制度，使社会组织陷入"合法性困境"。（谢海定，2004）"双重管理"审批登记制度，在社会组织正式登记之前，设置了业务主管单位的审批门槛，这往往成为一些社会需要、群众渴望的社会组织获得合法身份的障碍。双重负责使社会团体的合法登记演变为一个由两个部门前后相继、共同管理的过程；对任何一个等待登记的社会团体而言，它的正式成立是一个完全可能中途夭折的过程。（吴玉章，2008）

没有登记的社会组织由于没有获取法律认可，不仅无法得到法律的保护，还会因为缺少合法身份而无法开展活动。这使得一些社会组织，虽然从事的是非营利的公益慈善活动，但却不得不转而通过工商登记取得法人身份，进而导致它们无法获得减免税待遇。

第二，体制内吸纳的社会组织行政化色彩日趋严重，阻碍了其进一步发展。一些在双重管理体制下得到合法注册的社团，由于有了业务主管单位，行政化的色彩就比较浓，政社不分，所以常被叫做二政府。同时，社会组织自身受到政府相关职能部门的直接控制而不能独立自主地开展活动，导致其没有活力，发展困难。

第三，由于缺少对外国社会组织进行规制的法律法规，因而不能对其进行有效甄别。外国在华社会组织日益增多，活动范围日益增多，但对其活动的监控却缺少法律依据。

第四，由于离岸社团[①]的活动不在现行社会组织管理体制的监管范围之内，无法对其不法行为进行有效约束，亦不能对其进行甄别与选择。

---

[①] "离岸社团"是指那些在境外注册、在境内活动的社团组织。

第五，管理部门的责权不统一，难以对社会组织进行有效甄别与管理。按照相关规定，登记管理机关对社会组织具有监督、检查、查处违法行为、给予警告、责令改正、撤销登记或取缔等权力，但实际上却缺乏有效的管理手段和足够的管理力量。业务主管单位虽然有很大的管理权力，也有相应的管理手段，但却没有相应的责任要求。（白景坤，2010）这种责权不一致的现象削减了对社会组织的规范力度，也削弱了社会组织的独立性。

## 四 社会组织管理体制的创新路径

社会组织管理体制创新路径从根本上来说是国家与社会关系的重新建构。国家与社会关系从非此即彼的对立关系走向共赢的合作伙伴关系，是社会组织管理体制创新的前提条件。因此，国家与社会关系的重构应当采取沟通、协调、分工、合作的风险共担机制以取代二者之间的严格边界。

我国的社会组织管理体制创新，从一开始就致力于政社关系的调整，一直以来得到党中央、国务院的高度重视。2010 年，国务院有关领导召集相关部门认真地分析和论证了这个体制的利与弊，提出了体制创新的基本路径，形成了五句话的改革方案，即"改革社会组织管理，建立健全统一登记、各司其职、协调配合、分级负责、依法监管的社会组织管理体制"，在《中国国民经济和社会发展十二五规划纲要》第三十九章里得到正式明确。因此，关于社会组织双重管理体制的改革思路在 2010 年下半年就已基本确立。2010 年底，胡锦涛在省部级干部落实科学发展观研讨班上的重要讲话中正式认可了这五句话，周永康在讲话当中也对这个新的体制做了具体的阐述。

2012 年 3 月 19 日，第十三次全国民政会议在北京人民大会堂举行。党中央、国务院对这次会议高度重视，胡锦涛等党和国家领导人亲切接见了与会代表，温家宝亲自参加座谈会并发表了重要讲话，回良玉在大会上作了重要讲话。温家宝明确提出："要加快推进社会组织登记管理改革，促进社会组织依法规范健康发展……简化登记程序，实行民政部门直接登记，政府部门要与社会组织脱钩。"这一指示为下一步推进社会组织管理体制创新指明了方向，即我国社会组织管理体制的创新应逐步从双重管理走向直接登记、分类发展。

十八大报告明确指出：要加快形成党委领导、政府负责、社会协同、公众参与、法治保障的社会管理体制，加快形成政社分开、权责明确、依法自治的现代社会组织体制。2013年3月出台的《国务院机构改革和职能转变方案》提出：建立健全统一登记、各司其职、协调配合、分级负责、依法监管的社会组织管理体制，健全社会组织管理制度，推动社会组织完善内部治理结构。

我国社会组织管理体制创新，由社会组织自下而上推动的作用非常有限，而执政党和政府自上而下的制度安排则主导了社会组织管理体制的创新路径。因此，我国政府对于社会组织的发展呈现一种三面性的管理思维，一方面要对社会组织进行培育发展，一方面则要对社会组织进行控制，一方面又要对社会组织进行规范。这种三面性将会在不断的矛盾交织中走向融合，最终达到国家与社会关系的协调发展。

目前，正在推进的社会组织管理体制创新，是我国现阶段规范、引导社会组织发展的重要创新路径，其中的重要指导思想之一即为分类管理的思想。所谓分类管理，首先要确立社会组织的分类标准，可以依据社会组织的性质、功能、结构等维度将其分门别类地纳入到不同的部门进行管理，最终达到不同管理部门之间的相互协调以推进社会组织健康、有序、规范地发展。

对社会组织进行分类必须要考虑到社会发展的客观情况，而不是简单地以民办、官办进行划分，这一方面是因为官办、民办的标准很难界定，另一方面则是因为现有的社会组织管理体制在改革之后，那些行政色彩较为浓厚的社会组织会有一个去行政化的过程，不管哪种类别的社会组织都将会在同一个平台上竞争，那些做不好的社会组织不论是官办的还是民办的，都将会按照相应的退出机制退出。因此，我国社会组织在社会团体、民办非企业单位和基金会三大分类的基础上，将会基于不同类别、功能、特性进行分类，并建构相应的制度框架以指导实践创新。

可以说，社会组织管理体制创新的依据是建立在对现行的三个条例——《社团登记管理条例》《基金会管理条例》和《民办非企业单位管理条例》进行修订的基础上的。新的三个条例的最终出台，才有可能对现行的社会组织管理体制进行创新。新条例一旦出台，会针对这些条例配套制定一些细则、法规，包括登记的规则、年检的规则、处罚的规则等。

1999年，民政部民间组织管理局已经开始主要针对境外社团，对现行的三个条例进行修订。2011年，按照国务院的精神，开展了集中修订。通过历时数年的理论探索和实践经验总结，民政部民间组织管理局提出了社会组织管理体制创新的基本路径，可以简要概括为五句话、二十个字，即"统一登记、各司其职、协调配合、分级负责、依法监管"。

## 五 地方社会组织管理体制创新的发展趋势

随着双重管理体制的弊端日益显现，现行的社会组织管理体制已不再适应当今社会发展的要求，社会组织管理体制创新势在必行。我国社会组织管理体制创新采取先试点后推广的发展路径。在国家民政部的大力推进下，社会组织管理体制创新迅速展开地方创新的试验，地方政府通过各种形式重构国家与社会的关系，进而推动社会组织管理体制的创新。2008年，国家民间组织管理局分别在上海、深圳进行综合性试点，并在广东、云南、新疆、青岛这四个地方展开单项社会组织管理体制创新试点，试图通过推进社会组织管理体制创新的地方实践以积累经验，便于下一步在全国范围内推进社会组织管理体制的创新。为此，民政部通过与省、市级地方政府签订协议以进一步明确支持其推行社会组织管理体制创新。例如，2009年7月12日，民政部与广东省签署了《共同推进珠江三角洲地区民政工作改革发展协议》；2009年7月20日，民政部与深圳市签订了《推进民政事业综合配套改革合作协议》；[①] 2009年12月22日，民政部与福建省签署了《加快推进海峡两岸经济区民政事业发展合作协议》。当前，我国许多地区已经开始对双重管理体制创新进行了

---

① 朱丽洁：《深圳试水开放民间组织》，2010年1月25日，http://news.longhoo.net/2010-01/25/content_1129232.htm。

积极的探索。

上海市社会组织管理创新之路可以概括为：政府购买服务—枢纽式管理—社会组织孵化—公益创投。这个发展进程反映了上海市政府与社会组织的关系从政府单向扶助走向双方合作再到引入竞争机制的共赢局面。首先，上海市最早通过政府购买服务的方式，大力推动社会组织的发展、壮大。例如，上海市浦东新区出台的《关于政府购买公共服务的实施意见（试行）》，建立了"政府承担、定向委托、合同管理、评估兑现"的购买服务模式。此外，上海市民政局、闵行区、静安区分别拿出专项资金用于购买社会组织服务，初步建立了政府购买服务的机制。随后，上海市于2006年开展了枢纽式管理的探索和试点，2007年上海浦东非营利组织发展中心开始探索、实行公益组织的孵化培育，2009年上海市民政局开展公益创投和公益招标活动。在通过购买服务扶持社会组织的同时，借助第三方管理——枢纽型社会组织进行组织、协调，并通过公益创投在社会组织中引入竞争机制，以进一步优化社会组织的结构与分布，实现公益资源利用的效益最大化，同时也进一步培育了社会组织。

广东省社会组织管理体制的创新之路可以概括为：行业协会民间化—社会组织承接政府职能转移—部分直接登记—全面直接登记—改为业务指导单位。广东省社会组织管理体制的创新源于2003年，其目标是"建立一个完善的社会"。随着2005年12月2日的《广东省行业协会条例》的审议通过，广东登记的社会组织数量年均增长10%以上。2006年底，深圳市组建民间组织管理局，实行行业协会直接由民政部门登记，实现了行业协会的民间化。2008年9月，广东省出台《关于发展和规范我省社会组织的意见》，明确要求政府各部门将社会组织能够承担的三大类17项职能转移出去。2012年1月1日起，广州的行业协会、异地商会、公益服务类、社会服务类、经济类、科技类、体育类、文化类等八类社会组织可直接向民政部门申请登记。2012年5月1日起，广州市全面铺开社会组织直接登记。2012年7月1日起，除特别规定外，广东将社会组织的业务主管单位改为业务指导单位，社会组织可直接向民政部门申请成立，无须业务主管单位前置审批。（刘云，2012）

北京市社会组织管理创新之路可以概括为：构建枢纽型社会组织—

直接登记试点——四类社会组织直接登记。北京市通过构建"枢纽型"社会组织将业务主管单位职责赋予"枢纽型"社会组织，由其对社会组织进行日常管理，提供服务。2010年7月，北京市在中关村国家自主创新示范区进行社会组织直接登记试点。2011年起工商经济类、社会福利类、公益慈善类和社会服务类的社会组织无须再找主管单位，可以直接到民政部门登记注册。

从全国各地的改革实践可以看出，采用较为简便的登记制度，交叉使用多种登记方式是社会组织管理体制创新的一大发展趋势，这不仅有利于规范管理社会组织，还会为那些符合法律规定的社会组织提供较为自由的发展空间，有利于社会组织提供多元化的公共服务。

目前，地方社会组织管理体制创新的发展趋势主要着眼于以下几点。其一，简化了登记管理程序，逐步实现直接登记管理。这就为一些符合社会组织管理规定，但又无法找到主管单位的社会组织提供了合法登记的机会，不仅能够为社会组织提供合法身份，还有利于政府职能的转变，使得政府由原先的直接管控向间接监控转变。其二，政府与社会组织的关系逐步从行政依附关系向合作伙伴关系转变。一方面政府机构退出社会组织内部管理，减少了社会组织对政府职能部门的依附，增强了社会组织的独立运作能力，减轻了政府的行政负担；另一方面政府通过购买服务，与社会组织实现功能互补，从而建立起合作伙伴关系。其三，实行先易后难的渐进策略。通过寻求难度较低的社会组织作为改革突破口，建立具有过渡性质的直接登记的试验，进而在民政部门建立、履行统一登记职能，进而实现社会组织直接登记的平稳过渡。并通过逐步扩大"无主管、直接在民政部门登记"的范围，稳步实现社会组织由民政部门直接登记。

## 结　　语

改革开放以来，我国社会组织管理体制与我国社会组织的发展是相伴相生的，它们共同伴随着经济社会发展的不同状况而不断调整自身的发展战略和路径。随着改革开放的不断推进和我国社会结构的转型，社会组织管理体制亦相应经历着历史的变迁。我国的社会组织管理体制经历了三十多年的发展历程，在此期间，有发展，有曲折，亦有反复，但是其发展路径大体上可以概括为从分散管理到归口管理，再从归口管理和双重管理到分类管理。每一种发展策略的选择都反映了党和政府发展和管理社会组织的基本思路。

我国社会组织管理体制不断与我国社会组织的蓬勃发展相适应，经历并正在经历着重大的制度创新，这背后其实反映了国家与社会关系的博弈过程。从当今世界各国对于国家与社会关系重构的发展趋势来看，国家与社会不再是一种你死我活的斗争关系，而是逐步走向对话与合作，从而走向共赢之路。我国的国家与社会关系的调整也正处于关键时期，从新中国成立之后到改革开放，我国的国家与社会的关系基本上是一体化，从改革开放至今我国在逐步放开社会领域的同时尝试运用各种管理方式进行规范，并不断加深国家与社会领域的沟通与协作。因此，国家与社会关系的中国式重构在借鉴了其他国家有益经验的同时，立足于我国社会现实条件，正在摸索中不断推进。

可以说，我国社会组织管理体制的发展变迁直接反映了政府对于国家与社会关系的不断调整与重构过程，大致经历了这样一个历史进程：从禁止社会组织发展到助推社会组织发展，再到限制、规范社会组织发展，到目前正不断通过政府购买服务等举措加大对社会组织的扶持力度，进一步运用组织孵化等途径培育社会组织，并引入社会公益创投等竞争机制对社会组织进行甄别与淘汰。因而，我国国家与社会关系的重构不断推进社会组织管理体制的创新实践，这不仅有利于充分发挥社会组织的积极作用，也有利于和谐社会的建设。

**参考文献**

白景坤（2010）:《我国社会组织管理体制改革的目标及路径探析》,《理论探讨》,（2）, 第136~139页。

刘云（2012）:《广东社会组织登记开闸"去垄断化"成改革重点》,《羊城晚报》, 2012年5月23日。

王名（2007）：《改革民间组织双重管理体制的分析和建议》，《中国行政管理》，（4），第 62～64 页。

王名、孙伟林（2010）：《我国社会组织发展的趋势和特点》，《中国非营利评论》，（5），第 1～23 页。

——（2011）：《社会组织管理体制：内在逻辑及发展趋势》，《中国行政管理》，（7），第 16～19 页。

王名主编（2008）：《中国民间组织 30 年——走向公民社会》，北京：社会科学文献出版社。

吴玉章（2008）：《结社与社团管理》，《政治与法律》，（3），第 9～15 页。

谢海定（2004）：《中国民间组织的合法性困境》，《法学研究》，（2），第 17～34 页。

# Innovation in the System of Management for Social Organizations within the Context of the Restructuring of the State-Society Relationship

—Thoughts on the Speech by Sun Weilin

【Abstract】Innovations in the system of social organization management directly reflect the restructuring of the state-society relationship. At the same time, the direction that adjustments in this state-society relationship take have a direct role in determining what kind of methods government adopts to manage social organizations. For governments across the globe, innovations in their social organization management systems have become an important means by which to restructure the state-society relationship. In China, the trajectory of change in social organization management first shifted from piecemeal and disjointed management to a system referred to as "*guikou*" management by which organizations were brought under the administration of relevant authorities, then from *guikou* management and the dual management system, to management based on the classification of social organizations. At present, China is facing a crucial point in the shift from dual management to management on the basis of a system of different classifications. The government departments and other bodies charged with taking on the role of professional supervisory unit under the dual management system belong to different levels of the government system (e. g. county level, provincial level etc.) and the system of different types of governing bodies is complex. This has placed serious limitations on the development of social organizations. At the same time, as a result of the partial failure of the management system, the activities of certain types of social organizations have lacked necessary regulation through relevant legislation. The role of social organizations in giving impetus from the bottom up to innovations in China's social organization management system has been very limited. Instead, the top-down arrangements made by the ruling party and the government have led the way in innovations to the management system. Meanwhile, local governments have been trialing new methods of social organization management, restructuring the state-society relationship in various ways, and in so doing, giving further impetus to innovations in the management system for social organizations.

【Key Words】State-society Relationship; Innovations in the Social Organization Management System; Dual Management System; Management by Classification

（责任编辑：朱晓红）

# 中国的改革开放与结社规制的选择：
# 陈金罗访谈录

**【摘要】** 20世纪80年代后期随着中国改革开放如火如荼地进行，中国社会自组织日渐增多，各种诉求亦折射到公民结社这个领域。自组织在社会中的地位作用、权利义务等迫切需要根据宪法确定的公民结社原则，通过基本法律的形式予以明确。为使其能够有章可循、规范发展，《结社法》的制定被提上日程。本文对《结社法（草案）》起草的背景与过程、主要内容与争议以及《社会团体登记管理条例》的制定和社会团体管理司的成立进行了细致的描述与追溯。以期能够为现在的社会组织立法提供一定的参考和借鉴。

**【关键词】** 自组织　《结社法》　结社

**按**：2013年3月28日，国务院下发《国务院办公厅关于实施〈国务院机构改革和职能转变方案〉任务分工的通知》，明确提出民政部会同法制办负责，2013年12月底前完成《社会团体登记管理条例》等相关行政法规修订工作。在此背景下，进一步健全社会组织法制建设的问题将再次被提上日程，为此，我们于2013年6月访谈了当年参与《结社法》起草的陈金罗先生，请他提供了当年起草《结社法》的相关信息，为今后相关法律法规的出台提供借鉴。

**问**：当时您是怎么参与到《结社法》制定中去的？

**答**：对于这个问题的释疑，对我们这一辈人来说，有一个规范的答案，即在我们退休以前，我们所在的每一个岗位、从事的每一项工作，都是服从组织的安排，个人的选择只能服从于工作的需要。我于1965年从北京大学法学院毕业后，被分配到全国人大常委会工作。1975年因机构改革我被调到中国社会科学院法学研究所工作。1978年恢复民政部，需要工作人员，于是我就被调到了民政部。1986年底，部里组织21人到井冈山挂职锻炼，进行扶贫工作。我作为民政部第一批扶贫蹲点的副团长在永兴县任县委副书记。1987年底，在挂职结束回到部里后，我再没有回到政策研究室工作。崔乃夫部长跟我说："你和部里的另外三位同志组成《结社法》起草工作小组，你出任组长，户头单列，你可以列席部长办公会议。"这就是我们开始筹备参与起草结社法的经过。

王名同志早在几年前就约我，让我谈谈起草《结社法》的这段经历，但是我总是推辞，因为这个问题很难说，一是由于水平所限，有许多问题说不清楚，说得不深、不透；二是由于我当年参加这份工作，仅是一位具体工作人员，有许多环节说不到位，达不到大家的预期。我现在也只是勉为其难，提供一点信息，如果有误，也敬请谅解。

## 一 《结社法》（草案）起草的背景与过程

**问**：当时起草《结社法》的背景是什么？

**答**：任何一项制度的变迁都是社会、政治、经济发展的需求和反射。80年代后期中国的改革开放如火如荼，各种诉求同样折射到公民结社这个领域。组织上找我谈话，让我担任《结社法》起草工作小组组长的时候，据现在回忆，其大意是，现在中国公民结社没有任何规制，自发组织越来越多，也没有专门机构去管理。改革开放要发扬民主，但法制工作也必须抓紧，很多事情没有法规，没有办法来规制。地方政府也给提意见，逐渐增多的自治组织也没有规定可循。同时，外国人在中国要求结社的呼声也很高。因此法制建设就要重建，不能没有规制，不能想怎么搞就怎么搞。法律的制定一定要严格，但不能违宪。

新中国成立以来，我国的四部宪法都规定了公民有结社的自由，同时规定公民在行使自由和权利的时候，不得损害国家的、社会的、集体的利益和其他公民合法的自由和权利。由于我国长期以来一直没有调整公民结社的法律，现实当中，宪法关于公民结社自由的原则主要是通过法规形式实现的。1950年政务院曾颁布《社会团体登记暂行办法》，这个法规在历史中，对加强国家在社团方面的调控，将社团的发展和管理纳入法制轨道起到了重要的作用。但是法规主要规范的是登记程序和条件方面的内容。随着我国改革事业的深入，各类社会团体迅速得到发展。据统计，当时已有全国性社团1400多个，地方性社团约20万个。这些社团已经成为社会主义事业的重要组成部分，他们在社会中的地位作用、权利义务等需要根据宪法确定的公民结社原则，通过基本法律的形式予以明确，以便真正成为独立的社会组织，在社会中发挥应有的作用。但是现实中国家尚未制定调整公民结社的法律，既不利于社团的规范发展，也不利于加强对社团的管理。特别是港澳台地区居民和外国人在境内结社因无法律规范，社团管理机关无章可循，很不适应改革开放发展的要求。

党的"十三大"报告提出抓紧制定结社方面的法律，使公民行使结社自由和社团开展的活动建立在法律的基础上。这不仅拓宽了人民民主的范围，丰富了人民当家做主的内容，而且对于推进社会主义法制、提高公民的法制观念，具有积极作用。当时认为，尽快制定公民结社方面的法律，切实将社团发展和管理纳入法制轨道，对促进我国各项事业的发展、推进我国民主与法制建设尤为重要。

**问**：为什么把《结社法》的起草交给民政部？

**答**：民政部按照国务院指示和党的"十三大"报告关于抓紧制定结社等方面的要求，于1987年底接受起草《中华人民共和国结社法》的任务。这是改革开放以后，国务院授予民政部的一项新的工作职责，但社团管理也是民政部门的一项固有工作。早在革命时期，社团管理就是民政部门的一项很重要职责。新中国成立以后，根据1950年中央人民政府颁布的《社会团体登记暂行办法》的规定，也是由民政部门主管这项工作。另外我认为，公民结社是宪法规定的公民的一项基本权利，这项工作从内涵来说与民政工作有着关联性。由民政部门主管，对于保障公民结社自由的实现，促进社团积极作用的发挥，促进社会的稳定和谐发展都是有重要意义。

问：当时是否觉得很有挑战性？

答：从一般意义上讲，要做好每项工作都有挑战性，尤其是在改革开放以后。开始接受这项工作时，我们作为工作人员，对这项工作的难度和风险都估计不足，只是感到这是一项很庞大、很复杂、很宏观的工程，有难度，也有信心。但是随着这项工作的进展不断深入，我们才逐渐认识到这项工作的复杂性和深远意义，这项工作面临的挑战难度远非我们当时所能估计得到的。

问：您当时怎么看待这项工作？

答：对于这个问题，可以从两个层面来解答：首先，作为国家工作人员，这是我们的工作，做好这份工作是我们应尽的职责。其次，随着这项工作的深入，我们也逐步认识到这是一项政治性、政策性极强的工作，做好这项工作，对推动公民结社自由，对促进社会团体的发展，对民主的发扬，对改革开放的推进具有重大的意义。因此对这项工作更增加了一份责任感。

问：当时做了哪些准备工作？

答：作为工作人员，我们做了以下几个方面的工作。第一，整理、收集国内国外的资料。第二，请教专家。当时我们主要聘请的是宪法学、行政法学专业方面的人才，向他们请教，向他们学习。第三就是调研，了解社团发展的真实情况和各种诉求。

问：当时遇到的最大的困难是什么？

答：当时我们遇到的困难是多方面的，首先遇到的是理论和知识方面的困难，因为我国长期实行计划经济，对结社问题的研究几乎处于空白状态。专门文章与专著也寥寥无几。不像现在，研究这个问题的专家学者很多。当时我们讨论时，连社会团体的概念都弄不清楚，争论很大。所以后来制定社团条例的时候就采用了列举法，把学会、协会、研究会等叫社会团体。不仅如此，我认为我们当时遇到最大的困难，更多来源于思想层面，来源于政治层面，来源于社会舆论层面。

问：当时召开了很多研讨会？

**答**：当时在《结社法》起草的过程中，召开了很多次座谈会。公开地征求意见，征求各个部门的意见，也到地方调查和征求意见，这是起草工作必须遵循的程序和原则。

**问**：是否参照过国外的相关法律？

**答**：是。

**问**：当时起草过程花了多长时间？

**答**：从1987年开始到1994年，前后共七年时间。

**问**：总共有多少稿？

**答**：十易其稿。

## 二 《结社法》草案的主要内容与争议

**问**：《结社法》草案共多少章？

**答**：《结社法》草案共分十章，包括：总则、结社的条件、结社的程序、社团的权利义务、社团的组织机构、社团的经费、社会团体的终止、监督管理、法律责任、涉外条款、附则。

**问**：当时讨论的主要分歧是什么？

**答**：在结社法起草过程中，我们多次邀请法学界专家学者、中央有关部门的相关负责人、地方上的负责人以及社团相关人士，就《中华人民共和国结社法（草案）》多次召开讨论，据回忆，争论的问题很多，但主要争论的问题有：

第一，关于保障与限制的关系。实践证明，保障和制约的均衡是当时制定《结社法》的主要支点，也是衡量结社法律公平正义的基本内容。关于保障与制约的关系问题，从立法一开始就有三种不同的主张：一种认为，结社的概念非常广泛，广大公民应享有最广泛的结社自由。从立法的角度说，主要是保障这种自由，而不应该是限制。第二种认为，立法本身就是对少数人滥用结社自由行为的限制，鉴于我国目前社团的情况，需要通过立法加强管理，限制性的条文应该是结社法的重点。第三种认为，保障与限制是辩证的，是对立统一的。二者既有区别又有联系。立法的目的是保障公民结社自由的权利，为了更好地保障这种权利，同时要对某些违背这一目的的行为加以限制。因此，结社法中既要有保障性的条款，也要有限制性的条文。依法对社团进行管理，不能一概视为限制，它实际上也是一种保障。

第二，关于社团的权利义务。从法律上明确社团的权利和义务，是制定结社法的核心问题。一些同志建议，应明确规定社团有进行科学技术研究、文学艺术创作和其他言论自由的权利，有依法集会和出版刊物的权利；社团成员有选举社团负责人、讨论宗旨和决定重大问题的权利；社团有进行经营活动取得合法收入的权利。

在是否规定社团有权经营并取得合法收入问题上，有两种截然不同的意见：一种认为，非营利性社团不能进行经营活动，如开展经营活动，即有了企业法人的资格，应与原社团脱钩，不再成为结社法的调整对象。第二种意见认为，官办是我国社团的一个特点。从改革方向上看，允许社团进行符合宗旨的、不以营利为目的的经营活动，并取得合法收入，有利于社团与党政机关脱钩，也有利于社团的发展。没有经济来源的社团难以生存，也不符合现实。

第三，关于追惩制和预防制。有的同志认为，对公民结社的态度，有的国家采取追惩制，有的采取预防制，有的两制并用。当时，有些人提议，根据我国的实际，对社团可以采取预防制与追惩制相结合，以预防为主、追惩为辅的原则。经登记的社团，它的合法权益受法律保护，它的违法活动受法律制约。这实际上就是预防与追惩的综合。但在社团登记问题上，有两种不同的认识：第一种认为，我国非营利性社团又可分为能独立承担民事权利和义务、具备法人资格的社团和不具备法人资格的社团两种。如果都进行登记便于管理。第二种认为，不具备法人的社团，可以不必登记。它的权益不受结社法保障。其违法活动可由其他法律制约。

第四，关于社团管理体制问题。当时大多数同志认为，随着改革开放的深入，社团将会继续发展。因此，只靠民政部门一家管理是不行的，也难以对数量众多的社团实施有效管理。同时，业务主管部门了解情况，熟悉业务，便于对社团进行指导和管理。因此，实行双重管理体制符合我国的实际情况。第二种意见认为，在法律上明确民政部门是管理机关后，社团应逐步与党政机关脱钩，依法安排自己的内部事务和开展活动，只接受民政部门的依法管理，任何其他政府部门无权干涉。

第五，关于诉权问题。大家认为，对违反结社法规定的社团进行处罚是必要的。但在是否规定社团有诉讼权问题上，有两种不同意见：第一种认为，社团不应有诉讼权。因为，对社团的处罚是行政性的，在无行政法院的情况下，由执行处罚机关的上一级机关裁定就可以了。如规定社团有诉讼权，执行处罚机关必然要应诉，这样不仅会增大民政部门的工作量，而且也会因各种原因，造成应诉困难。第二种意见认为，要允许社团有诉讼权，这是社团的权利之一。结社法应明确规定，不服从处罚的社团，经复议仍不服的，得向当地人民法院申诉，人民法院应在规定日期作出裁定。人民法院的裁定为最终裁定。这样规定有两个好处：一是法院的裁定具有强制性，便于处罚机关执行；二是不给行政机关过大的自由裁定权，有利于民政部门自身的建设和工作人员提高政策水平和业务素质。

**问**：当时的立法指导思想是什么？

**答**：我们当时起草《结社法》的唯一法律依据就是宪法，因此，我们认为当时起草《结社法》的指导思想还是比较明确的，这就是以宪法为根据，以结社权为切入点。我国宪法第三十五条规定，公民有结社的自由；第五十一条规定，公民在行使自由和权利的时候，不得损害国家的、社会的、集体的利益和其他公民合法的自由和权利。宪法的规定，既明确了公民行使结社自由是公民享有的一项民主权利，又明确了公民行使结社自由应以法律的许可为前提，划清了依法行使结社自由与滥用结社自由的界限。

当时，我们经过学习，在思想上认为结社自由是我国广大人民行使民主权利的重要体现，是广大人民参与社会管理的一种重要形式。社会团体是党和政府联系人民群众的桥梁和纽带，是建设社会主义的一种重要形式和一支重要力量。用法律的形式保障我国公民的结社自由，保障社会团体的合法权益，是由我国社会主义制度所决定的。但是由于我国是一个经历了几千年封建统治的国家，从总体上看，我国公民的民主意识和法制观念还比较薄弱。因此，对结社自由这一人民民主权利的法律规范，应与我国现阶段的基本国情相适应。我们是社会主义国家，国家的、社会的利益和公民的利益在根本上是一致的，对滥用自由的行为进行限制，广大人民的民主权利和根本利益才能得到保障。因此，结社立法，一方面应确立社会团体的法律地位，充分发挥社会团体在社会主义建设中的积极作用；另一方面要限制滥用结社自由的行为，加强对社会团体的管理，以维护我国社会的稳定，推进政治、经济、科学文化事业的发展。

当时，从文字上概括制定结社法的指导思想，应当是根据宪法的精神，保障公民结社的自由，保护社会团体的合法利益，加强对社会团体的管理，发挥社会团体在社会主义建设中的积极作用。

问：当时结社的条件有哪些？

答：结社条件似乎是一项具体的规定，没有引起大家足够的重视，但是，实际上结社条件是衡量结社自由的重要尺度。现在回顾，我认为，在当时起草的《结社法》草案里，对结社的条件规定得还是比较适度的。第一，没有业务主管部门，可以直接登记；第二，所有的社团，不管大小，一律平等，都得登记，包括工青妇组织和体制内的社团；第三，依法被剥夺政治权利的和无民事行为能力的除外；第四，对结社的具体要求包括：有一个章程，有20位以上的成员，有负责人，有组织机构，有固定的办公地点，有一定数量的活动经费。

问：《结社法》如何设计业务主管部门和双重管理体制的？

答：双重管理体制有着强烈的时代烙印，如果用现代视角来论理，双重管理体制已成为阻碍社团发展的重要因素，这已经是大家的共识。最近全国人大通过的关于国务院机构改革的方案，已明确规定四类社会组织取消业务主管部门，可以直接向民政部门进行登记，可以说，这是深化改革的重要成果。

关于双重管理体制，在起草《结社法》的过程中，多数同志认为，实践已表明设立业务主管部门，各部门在审理和管理中容易形成部门意识，增加社团的官办色彩，公民在结社中由于找不到业务主管部门而难以成立。而且各部门的职能中没有这项业务，实践中也无暇顾及这项工作。因此，在立法中最好不沿用双重管理体制的做法。实际工作中，登记管理机关可内部征求有关部门的意见，这既有利于促进政社分开，使社团成为独立的法人，也利于加强对社团的管理。在《结社法》的草案中，就是按照大多数人的意见规定的，即公民结社、成立社团，不再进行前置性的审批，可以直接向民政部申请登记，但是，由于《结社法》草案没有成为法律，这种设计方案没有变成现实。但后来在起草颁布的社团条例中，还是沿用了以往的管理体制，社团条例再次修改时，这种体制得到了进一步强化，这是后话，但也是历史的印记。

问：《结社法》为何最终没有进入立法的下一步程序？

答：对于这个问题，没有哪个部门，也没有哪个人，进行过系统或规范化的总结和分析，现在要回答《结社法》为何没有进入到下一步立法程序，让我来回答，只能是一种忆想而已。我认为，原因可能是多方面的。从我们工作方面来忆想，第一，我们对当时改革开放和社会的转型理解不透，了解不深，对起草《结社法》的困难估计不足，反映了我们的能力和水平赶不上当时社会的发展，也说明了我们的准备工作不充分，半途夭折是很自然的事。第二，当时为了工作需要，我们又同时起草一个《社团条例》。这个条例把当时社会急需的一部分问题，即登记问题解决了。所以《结社法》的出台就不是很着急了。真正需要从法律上去解决的剩下一些问题，就可以重新讨论，从长计议。第三，当时《结社法》草案确实不完善，不周严。第四，结社自由是宪法赋予公民的权利，但当时社会稳定是我们国家的头等大事，是改革开放的保障，没有社会稳定这一条，结社自由也得不到保障。这一阶段正好是我们社会发展比较快的时候，是社会各种思想价值观变动比较大的时候，人们的需求各方面反映也比较多的时候。因此，在这个时候，制定这样的一个大法，时机不成熟。当时，我们已感到有许多因素不能支撑起这部法律。

问：您怎么看待制定出来的《结社法》草案？

答：现在回想起来，在《结社法》草拟的过程中，经过大家的调研，经过学者的探讨和研究，从我们当时起草《结社法》的具体过程和内容来看，我认为《结社法》草案还是有许多可圈可点之处。例如，第一，立法指导思想比较明确。邓小平同志说过："我们党的十一届三中全会的基本思想是解放思想,独立思考,从自己的实际出发来制定政策。"当时,草拟《结社法》的目的就是规范、治理、发展社团。具体地讲,就是为实现宪法赋予公民结社的权利,保障广大人民参与国家和社会管理渠道的畅通,并为政府进行行政管理提供法律依据。第二,调整的范围比较适当、边界清楚。任何一部法律都有其特定的调整对象。关于结社法律调整的对象和范围,世界各国都不尽相同。当时在《结社法》中规定,在法律面前,任何社团不论其大小和属性都一律平等,应适用于一切非营利性社会团体。我认为《结社法》草案的这种规定无疑是具有里程碑意义的。第三,关于非法人社团问题,《结社法》草案规定,所有的社团都可以到政府登记,包括法人社团和非法人社团,这就为非法人社团即所谓的草根组织提供了生存的法律保障。第四,关于社团成立的程序和时效问题,《结社法》草案对社团的成立程序规定得比较简单,不需要经过筹备阶段的审查,也不需要主管部门的审批,其目的之一就是为了缩短审批时间,提高审批效率。

**问**:当得知《结社法》不能出台时,您什么感受?

**答**:在任何一个时期,对任何一个工作人员来说,参与一项工作,最后出了成果,都会很高兴的。但是,现在回想起来,不管《结社法》最后是否出台,《结社法》的起草,是我们这项工作的起点,它的启动,对于推动人们思想的活跃,推动社会的发展都是有积极意义,同时,对未来我们国家制定结社规制的模式的选择也具有一定的积极作用,我们能够参与其中,都是幸运儿。

## 三 《社会团体登记管理条例》的制定

**问**:当时在制定《结社法》的同时为何还要制定《社会团体登记管理条例》?

**答**:我们在起草工作的过程中,逐步认识到《结社法》是一个大法,是一个基本法,政治性强,比较敏感。鉴于当时我们对国内公民结社情况摸得不透,对外国结社方面的法规和实际情况也了解甚少,以及立法程序比较复杂,估计要在短时间内搞出来一个很成熟的文本让全国人大通过是比较困难的。我记得北京大学法学院沈岿教授在一篇文章中说过："从一个传统的观念出发，制度调整或变革的基础必须由立法予以首先奠定，行政、司法部门只有在立法所确立规则框架内活动才具有正当性。然而，行政权运作现实并没有也从来没有接受这种观念的约束。"

在当时改革开放的形势下，全国各地成立了很多新的社团。民政部如何对社团实行管理，当时无法可依。对社团的管理需要有法律依据，所以大家就提出先制定一个《社会团体登记管理条例》，先把当前社团的法律地位认定了以后，其他问题再慢慢解决。因此当时我们在进行《结社法》起草的过程当中，同时也在起草《社会团体登记管理条例》。当时还有一些同志提出，结社法是实体法，管理条例是程序法。由于新中国成立以来一直没有结社法，因此，管理条例不能只是程序性的法规，它应该是实体和程序相结合的行政法规。这样既可以适应我们工作的实际需要，也能够从行政法规的角度确认社会团体的法律地位，保障公民结社自由的权利。在管理条例试行的同时，应继续抓紧对结社法主要问题的探讨和论证，加强与有关部门的联系，收集整理国内外结社方面的资料，进行横向比较和研究，使我国的结社法从形式到内容都能具有中国特色。

**问**：是同一班人马做的？

**答**：是的，是同一班人马。因为当时是形势需要，也是行政管理工作的需要。由同一班人起草《社会团体登记管理条例》，这有利于加速起草工作，也有利于在《社会团体登记管理条例》的起草过程当中，延续和体现《结社法》的基本思想。

**问**：这种延续主要体现在哪些方面？

**答**：《社会团体登记管理条例》对《结社法》主要精神的延续，主要表现在：一是指导思想的表述基本上和《结社法》一样；二是登记的边界也比较清楚，沿袭了《结社法》规定的社团在法律上一律平等的主导思想，包括工青妇、贸促会，所有的官办社团一律都要进行登记。虽然《社团条例》是一个程序法，《结社法》是一个实体法，但是我们在这方面还是继承了它对边界的规定。

**问**：官办社团都要登记？

答：根据1989年由国务院颁布的《社会团体登记管理条例》，所有社团都必须到民政部门进行登记。但是当条例颁布以后，工青妇和官办社团很多都不愿意到民政部来登记，实际上也没有进行登记，当然这有体制和历史沿袭的原因。

过去这些社团有些是在战争年代成长起来的，当时它就承担了党和政府的一部分工作，实质上已经成了党和政府的一个部门了。这样，它的法律地位就不需要民政部登记确定。在当时的体制下，也不需要民政部给它登记。当然后来的条例修改时，法律上做了可以免于登记的规定。

问：还有延续其他重要性的规定么？

答：有，比如关于非法人社团问题的规定。对于非法人社团，当时在《结社法》草案里面的思想就是所有的社团都可以登记，不管你是法人社团还是非法人社团。这个思想也落实在《社会团体登记管理条例》里面。当时规定，所有的社团都要登记，有两种证，一种是法人社团证书，一种是非法人社团证书。登记的条件也都有了具体的规定，后来由于各方面的原因，在修改《社会团体登记管理条例》的时候，非法人社团就不能登记了，不但不能登记，还成了非法社团。

问：把"人"字给去掉了？

答：非法人社团成了非法社团，不登记了就是非法。民政部后来还出了一个通知，对这个问题进行了规范。但实际上执行起来还是比较困难。

问：怎么看待条例的颁布实施？

答：结社法的起草和社团条例的颁布和实施，许许多多关心此事的专家学者都已发表过许许多多的认识和看法，如果说现在再阅读他们的文章和讲话，我认为，也是仁者见仁，智者见智，评论各异，各诉千秋。我相信《结社法》的起草和条例的颁布是改革开放的产物，它们的起始和发展肯定会越来越完善，肯定会物随人愿。

问：条例颁布以后，马上就对社团进行清理整顿，这是为什么呢？

答：社团条例颁布以后，紧接着就是清理整顿。为什么要清理整顿？后来人们演绎出许许多多的说法和版本。我现在回想起来，在1989年社团条例颁布以后，进行清理整顿的初衷，就是为了弄清情况，摸清底数，为社团登记和以后的管理做准备。社团条例颁布以后，要进行登记。登记以前，对社团的具体数量，对社团的状况，如是科技类的还是文化类的等，以及对社团的规模，都要做一些了解。

另一方面的考虑是，当时社会上确实有一些社团，包括某些官办社团，存在一种现象，有的单位叫一体化，有的单位叫小金库，有的叫分流干部，对这些问题的反应也很多。这些方面的情况需要搞清楚。首先各个部门摸摸底，通过清理才会有数。这些考虑也是为了使这些社团有更好的发展环境。同时，对一些违法的社团，也要进行清理。

据我现在回忆，通过这次清理整顿，社团的数量比以前的统计数据翻了十倍。为什么会有这么一个增长？因为通过清理整顿，第一，很多未登记社团可以名正言顺地进行登记，这些社团由不合法变成合法了；第二，特别是通过清理整顿，确定了非法人社团的法律地位；第三，对违纪违法社团的处理，只是极少数。

## 四 社会团体管理司的成立

问：民间管理局成立于1998年4月，在这之前社团管理司最早是什么时候成立的？

答：1989年。《社会团体登记管理条例》颁布以后就成立了社团司，当时由我负责。

问：当时民办非企业单位（民非）也纳入到管理之中了？

答：从社会分工的角度来审视，这是同类项合并，或者叫做分类管理吧。这两类社会组织的合并管理是完全按照法定的程序进行的，先颁布条例，再改管理机构名称，然后再开展行政管理。

问：您怎么看当时对社团的管理？

答：这是一个宏观的大问题，不是三言两语能够详尽的。政府依法对社团进行管理，是世界各国通行的一个原则，但是由于各国的具体国情不同，立法的规则也是千差万别。因此，各个国家对社团的管理也不尽相同。在我国，民政部门依法对社团进行管理，是民政行政管理工作的一项职责。民政部门依法做好对社团的管理，对促进社团的发展，对促进社会的稳定都是有积极意义的。如何做好对社团的管理？管什么？怎么管？这个话题，可以说，从社团司一成立，就是我们研究探讨的重要议题。关于这个话题，十多年前我就在《积极探索具有中国特色社团管理运行机制》一文中积极倡导："现代化的社团管理，应是利用法律法规进行调控和规范的宏观方面，这也是时代发展的必然要求和趋势。如果面对众多的社团，政府以有限人力去进行事无巨细的具体管理，则只能会处处显得无能为力，同时，这也是一种不科学的、落后的人治表现。""由于这种落后管理方式本身所具有的主观随意性，很容易造成某些人为的混乱，不仅不能使社团得到健康的发展和保持有序的运作，而且还会引起许多意想不到的社会矛盾。"当然，这是一种管理模式，我想这种模式的实现，有赖于人们思想意识的提高，有赖于政府职能的转变，有赖于法制建设的完善。

**问：** 从历史见证人的角度您怎么看待自己的工作？

**答：** 大家从我的经历来看，毕业后被分配到全国人大常委会，工作基本上是搞法、搞文字。到了民政部基本上也是搞法，也都是搞文字。从中国改革开放以后，政府开始对社会团体进行管理，我就参与其中，可以说我是第一个参与者。我参与这项工作这么多年，不仅仅是进行行政管理，我们还特别注重制度的建设。一开始就搞法律，后来又搞条例，后来又搞规章制度。行政管理是我们的一项职责，但是制度建设更是我们一种重要的职责，在我的工作实践中已深深体会到，对法律制度的研究，既要有"静听苹果花开，细数桂花声落"的心境，更有"如履薄冰"之感，多年的践行，已深感这项工作艰难。

当我在职时，由于公务繁忙，进行理论研究的时间和精力都是有限的，只能是忙里偷闲，进行一些应用性的研究。但是，当我还在职时，我倡议成立了中国社团研究会，其目的就是借他山之力，动员力量，进行结社法律制度的研究。退休以后，我知道研究佳期已过，所以，当回到母校和魏定仁老师共同组建北大法学院非营利组织法研究中心时，我对自己的定位，就是以推动和促进学术研究的发展、培养和鼓励青年的成长为己任，个人的成果对于我来说已是过眼烟云。所以尽可能在中国非营利组织法制建设中敲敲边鼓，做一点推动。

经过这么多年，我对中国非营利组织法律制度的理解，不仅仅是一种工作的情感，更成为我后半生以来的一种追求和依托。

我在《中国非营利组织法专家建议稿》的前言中，有这么一段话："目前，我国建设和谐社会的步伐及人民生活水平在不断提高，呼唤和推动着中国公益慈善事业不断进步和升华，这已经引起了党、政府和全社会的关注，这是社会的进步，是中华民族精神价值的体现，这种热度必将得到持续，这是社会发展不可或缺的精神支柱，也是人们毋庸置疑的价值所在。但是，我在这里要说的是，在保持关注和推动中国公益慈善事业发展的同时，或者说更要关注我国非营利组织的制度安排，尤其是法律制度的建设，因为法律是社会治理规制，是各项事业发展的根本保障。"

# China's Reform and Opening-UP and Choices in How to Regulate Associations: An Interview with Chen Jinluo

【Abstract】By the latter half of the 1980s, China's Reform and Opening policies were already in full swing and the number of spontaneously established Chinese social organizations was growing rapidly. A whole host of different demands was reflected in this sector of civic association, and an urgent need developed for the status, role, rights and duties of civic associations to be given clarity in the form of basic laws, which in turn should be in line with the principles of civic association captured in the Chinese Constitution. The drafting of a *Law on Association* was put on the agenda in order that these associations would have legislation to follow and would develop in a standardized fashion.

This paper looks at the background behind the drafting of the *Law on Association*. It carefully recounts the drafting process itself, the main content of the law, and the various points of contention that colored the process. It goes on to discuss the drafting of the *Regulations on the Registration and Management of Social Organizations* and the establishment of the Department for the Management of Social Organizations. It is hoped that this paper might provide food for thought and serve as reference material in the drafting of legislation on social organizations that is proceeding at present.

【Key Words】Self-organization; *Law on Association*; Association

（责任编辑：李勇）

# 民非组织发展因素分析：
# 关于政府作用的讨论*
## ——基于北京市民非组织的发展数据

胡宏伟　朱晓红　高　敏　李延宇**

**【摘要】** 政府在民非发展中的作用及其贡献度一直是学术界关注的热点问题。本文基于北京市民非组织发展数据，选取注册资金规模、人才队伍规模、人才队伍素质三个维度综合衡量民非发展水平，并在控制地理、人口、经济、人文等因素变量基础上，重点分析了政府支持对民非发展三个维度的影响。回归分析结果显示，政府支持对民非发展存在显著的正向影响，结论通过了稳健性检验；同时，贡献度比较结果显示，政府对民非发展的贡献主要集中在资金和人才队伍规模方面，而民非人才队伍素质提升则主要依赖于人口、人文环境。在研究结论基础上，提出了政府与民非的行为调整等建议和思考。

**【关键词】** 民非组织　因素分析　政府　贡献度

---

\* 课题基金：国家社会科学基金项目（11CGL072）、河北省教育厅指导性计划项目（SZ126014）、河北省软科学项目（12456221）部分成果。

\*\* 胡宏伟（1980～），男，汉族，管理学博士、经济学博士后，华北电力大学人文与社会科学学院副教授、硕士生导师、社工教研室主任、社会保障与公共经济研究所所长，研究方向：社会保障、公共经济、社会政策；朱晓红（1972～），女，汉族，华北电力大学人文与社会科学学院教授，社会企业研究中心主任；高敏（1994～），女，汉族，华北电力大学人文与社会科学学院社会工作专业学生；李延宇（1993～），男，汉族，华北电力大学人文与社会科学学院社会工作专业学生。

# 一 研究背景与问题提出

## (一) 研究背景

自 20 世纪 70 年代以来,全球出现了一场以结社为特征的公民社会浪潮,其主要表现为非营利组织的兴起。全球非营利组织研究的权威学者莱斯特·M. 萨拉蒙指出:非营利组织的吸引力表现在他们数量和规模的迅速增长上,在世界的每个角落都呈现出大量有组织的私人活动和自愿活动的高潮。学术界认为当代中国已经出现了公民社会的萌芽和发育。(White, 1993: 63-87; White, 1996)

中国自改革开放后,随着多种经济成分的发展和对外交往的需要,非营利组织有了初步发展。但是,由于同市场经济严重脱节,又没有相应的法律、法规可遵循,这些群众组织和人民团体绝大多数挂靠在政府部门。这些非营利组织作为社会自治体系的重要制度安排,是弥补"市场失灵"和"政府失灵"的第三方力量,在缓解社会风险中具有独特优势,所以,非营利组织"民办非企业单位"(民非)受到了更多学者的关注,也承载了人民大众对社会力量提供服务的期望。

1996 年,中国将民非组织作为非营利性组织,正式归口由民政部门统一登记管理。民非组织正式作为一种公益性、实体性、民间性和服务性"四位一体"的组织,出现在社会生活各个方面。在经济建设、政治建设、文化建设、社会建设中发挥重要而不可替代的作用,尤其是在促进公共服务供给的多元化以及促进政府提高服务质量方面,民非组织已成为新的组织形式。改革开放以来,社会主义市场经济迅速发展,社会公共事务也日益增多,越来越多的企业、公民个人投身于社会公益事业和其他社会服务中,民非组织在数量和规模上获得了迅速的发展。进入到 21 世纪,民非组织更是得以迅速发展,从相关统计数据看,全国的民非组织从 2009 年的 19 万家,到 2010 年的 19.8 万家,发展到 2011 年的 20.4 万家,每年都有大幅度的递增。[①] 民

---

① 中华人民共和国民政部规划财务司:《2011 年社会服务发展统计公报》,2012 年 6 月 21 日,参见 http://cws.mca.gov.cn/article/tjbg/201210/20121000362598.shtml。

非组织的发展对于壮大非营利组织实力具有重要的推动作用。

民非组织的发展还处于起步阶段，发展面临的困难很多。学术界普遍指出中国民非组织的发展是一种畸形的发展模式，在民非组织发展的过程中，政府起到决定性作用，是大部分社会资源的占有者和支配者，而作为弥补政府缺陷的民非组织仅仅是政府的附庸。因此，如何正确处理民非组织和政府的关系成为学术界争论不休的焦点。而且，学术界在民非发展影响因素方面也存在争议，主要集中在政府作用与其他要素作用贡献度差异方面，即谁对民非发展影响更大。

正是基于上述背景，本研究将重点分析政府对民非组织发展的影响，具体将通过控制民非组织发展的影响因素，分析和探讨政府的作用；同时，在比较各因素贡献度的基础上，对比政府与其他要素在影响民非发展方面的贡献度差异；最后，在总结分析结论基础上，提出包括促进政府、民非良性互动在内的关于促进民非健康发展的方式的若干思考。

### （二）文献综述

随着政府体制改革的不断深入发展，民非组织作为我国非营利组织中重要而独特的一部分，以社会主义公共管理体系新成员的身份进入了学界的视野。在国内学术界，有关民非组织的研究多数与非营利组织联系起来，因此，本文鉴于民非组织和非营利组织的共性之处，对非营利组织与政府间关系的既有研究进行评述，从而为民非组织和政府关系研究提供借鉴。

政府、市场、非营利组织在参与社会公共服务的过程中发挥着巨大的作用，但这三者在社会公共资源配置上均存在缺陷，它们在彼此缺陷领域的互补是政府与非营利组织间密切联系的主要成因。Weisbrod 指出："政府和市场在提供公共物品方面的局限性，导致了对非营利组织的功能需求，这是非营利组织存在的主要原因。"（White & Weisbrod，1977）同时，Hansmann 从政府和企业存在的利用信息不对称关系谋求利润或优势的现象入手，指明了非营利组织本身不以营利为目的，更具有可信度。（Hansmann，1980：835 - 901）但非营利组织自身在配置社会资源方面也存在较大不足，Salamon 指明了这一点。他认为，非营利组织在提供社会服务时会存在资金来源不足、服务对象受局限、自身的非独立性和业余性等不足，（Salamon，1981：255-275）但这些不足却恰好是政府的优势所在。因此，尽管非营利组织在发展初期与政府存在对立关系，但由于政府和非营利组织在提供社会公共物品方面存在这种互补性的基础，所以二者由冲突走向合作有其必然性。

目前非营利组织与政府的合作关系得到了多数学者的赞同。Salamon 在对多个国家多个阶段的非营利组织进行的研究中指明，随着社会组织与政府合作的空间不断增大，二者的关系由以往的冲突范式向合作范式转变；（Salamon，1995）Giddens 则认为，非营利组织与政府间不会经常产生冲突，因为更多的社会组织与政府采用的是一种合作关系；（Giddens，1984）与之类似的是，王建军通过对我国非营利组织发展历程的分析指出，在我国非营利组织的发展条件下，未来非营利组织与政府之间将会是互动合作、相互依存、彼此补充、相得益彰的关系，政府与非营利组织要通过重构合作模式，达成双方的互相认可，实现互惠双赢。（王建军，2007：54~57）

在主张非营利组织与政府进行合作的观点中，有一部分学者对非营利组织的独立性进行了强调。Kramer 等人在对英国、挪威、荷兰、意大利等国家的非营利组织和政府关系的研究中发现，非营利组织在与政府合作的过程中，要对组织自身有明确的认识和高度的责任感，掌握自主性；（Kramer，1993）在我国，石国亮等通过对我国社会组织发展历史以及其他国家社会组织的发展进行对比分析后也指出，政府应充分放松手中的权力，做到将公共权力归还于民，发挥社会组织在社会公共事务上的重要作用。（石国亮、黄尹，2009：87~90）从这一角度可以发现，非营利组织保持充分的独立性，能有效减少政府的政治性影响，这是其更加客观合理的调配社会资源的保证。

然而，一些学者认为，非营利组织与政府应当是竞争或对抗的关系。Jennifer 和 Derick 从非营利组织所扮演的政治角色的角度出发，指出非营利组织可以被看作是在扮演一种防止政府和市场侵害公民利益的角色，是作为抗衡政府对公民利益的损害的手段；（Brinkerhoff & Brinkerhoff，2002：3-18）而 Clark 则认为，政府和非营利组织扮演着一对对抗性的角色，通过竞争形成、促进社会资源合理配置的良好氛围；（Clark，1995：593－601）与其他人不同，Gazley对政府给予非营利组织的经济支持产生了质疑，他提出，政府对非营利组织的经济投入会对其领导层造成潜在的消极影响。（Gazley & Brudney，2007：389－415）

目前学界除对非营利组织与政府关系提出主张外，还有一部分学者通过调研对现有的非营利组织与政府的关系进行了总结，并将其划分为不同种类。Young通过回顾美国非营利组织发展的历史，将非营利组织与政府的关系概括为补充模式、互补模式和对抗模式，并指出这三种模式并列存在，且在不同地区各有侧重；（Young，2000：149－172）不同的是，Najam认为政府与非营利组织之间存在必要的张力来维持其关系，并根据二者间张力的强弱、基于双方的目标和偏好将非营利组织和政府间关系划分为合作型、冲突型、互补型和吸收型四种关系；（Najam，2000：375－391）而刘传铭等学者以社会组织与政府的关系密切程度为主线，通过对北京、上海、广州、深圳的非营利组织进行调研，将我国政府与社会组织间的关系划分为内生依附、工具性互惠、竞争、疏离和抑制等五种模式，并提出在未来的一段时间内，政府作为社会生活中的主导力量、最多社会资源的持有者，仍将在同社会组织的关系中占主导作用。（刘传铭等，2012：59~65）

综上所述，目前国内外学者从政府与非营利组织的不同角度对政府与非营利组织的关系进行了研究，并取得了丰富的成果，但仍有一些需要注意的问题，主要体现在以下几个方面：第一，由于我国国情的特殊性，我国非营利组织与西方存在一定差异，所以国外研究成果不能直接解释我国非营利组织与政府的关系；第二，国内关于非营利组织与政府关系的定量研究存在空白；第三，国内学者关于非营利组织对政府的影响的研究较少；第四，我国在处理非营利组织和政府关系的模式上的研究仍略显单一，以政府购买模式为最主要的研究对象。

## 二 数据、变量和假设

数据来源于2011年北京市民非组织登记数据，数据包括民非的注册时间、注册资金、人员、活动、类别等各种信息，剔除登记数据不完全的信息，共计有2944家民非组织。此外，考虑到研究主题和数据使用的需要，研究人员在数据清理基础上对民非类别、有无政府支持、专职工作人员等变量信息进行了整理与核实。同时，本研究使用的北京市宏观数据来源于北京市和国家统计年鉴。

为进一步将指标操作化，我们选择了注册资金规模、人才队伍规模、人才队伍素质（大专以上学历占比）三个变量分别代表民非发展状况的三个维度；以是否获得了政府支持（包括资金、场地等物质支持）来代表政府对民非发展的影响作用。除了政府支持、自身能力外，一个地区的地理、经济、社会环境也影响着民非组织的发展。相关研究表明，在人均收入或家庭收入与社会服务类的非营利机构规模之间存在正相关关系，（Saxton & Michelle，2005：16-35）而且越富裕的地区，非营利组织规模越大。（Ben-Ner & Van Hoomissen 1992：391-415）基于上述研究结果，我们选取了区内面积、区内人口、区内人均 GDP、区内人均受教育年限、区内大学数量、地理位置、民非组织类别等变量来控制影响民非发展的其他变量。①

根据需要，本研究作出如下假设：

第一，政府支持对民非组织存在显著正向影响，能够得到政府支持会显著影响民非组织的发展；

第二，经济、人文环境也会显著影响民非组织发展，经济水平越高、人文环境越好，民非组织发展状况越好。

## 三 经验分析

### （一）描述分析

描述分析见表1。从表1可以看出，接受政府支持的民非组织数量略高于未接受支持的民非数量，50.37%的民非受到政府的支持，包括资金、

---

① 必须说明，本研究所指的政府支持是政府给予民非组织的直接物质支持，主要指资金、场地、设施等方面的直接支持，而不是广义的社会或政策支持。

表 1 变量描述

| 变量 | 样本 | 分布 | 均值 | 标准误 | 最小值 | 最大值 |
|---|---|---|---|---|---|---|
| 资金规模（万元） | 2944 | — | 129.16 | 1120.00 | 0.50 | 50000.00 |
| 人才队伍规模（人） | 2743 | — | 27.50 | 64.46 | 1.00 | 1064.00 |
| 人才队伍素质 | 2829 | — | 0.73 | 0.30 | 0.00 | 1.00 |
| 政府支持 | 2944 | 0＝无直接支持（49.63%）<br>1＝有直接支持（50.37%） | 0.50 | 0.50 | 0 | 1 |
| 区内面积（平方公里） | 2944 | — | 713.98 | 642.50 | 25.30 | 2229.50 |
| 区内人口（万人） | 2944 | — | 189.02 | 116.91 | 29.40 | 365.80 |
| 区内人均GDP（元） | 2944 | — | 80541.72 | 52365.18 | 23771.63 | 190384.10 |
| 区内人均受教育年限（年） | 2944 | — | 12.16 | 0.92 | 9.88 | 13.07 |
| 区内大学数量（所） | 2944 | — | 19.10 | 10.81 | 6.00 | 41.00 |
| 地理位置 | 2944 | 1＝远郊（14.20%）<br>2＝近郊（24.49%）<br>3＝城区（61.31%） | 2.47 | 0.73 | 1.00 | 3.00 |
| 类型 | 2944 | 1＝教育（61.51%）<br>2＝生态环境（0.37%）<br>3＝体育（5.507%）<br>4＝法律（0.51%）<br>5＝文化（5.26%）<br>6＝科学研究（3.67%）<br>7＝社会服务（10.56%）<br>8＝农业及农村发展（0.27%）<br>9＝工商服务（0.03%）<br>10＝其他（4.55%）<br>11＝卫生（7.61%）<br>12＝职业及从业者组织（0.14%） | 3.36 | 3.44 | 1.00 | 12.00 |

场地、指导等方面的直接支持和帮助,而49.63%的民非未受到政府的直接支持。从民非组织的所在地看,61.31%的民非在城区发展,仅有14.20%在远郊,24.49%在近郊。从民非组织的类型上看,61.51%的民非属于教育类民非,其次是社会服务类、卫生类、体育类等,民非组织在种类上发展极不均衡。北京市宏观经济、人口数据描述略。

## (二) 比较分析

为了初步了解政府支持对民非组织发展的影响,研究选取注册资金规模、人才队伍规模、人才队伍素质三个变量作为衡量民非发展状况的指标,并使用独立样本T检验进行样本均值比较。① (见表2) T检验结果表明,有、无政府支持的两类民非组织在上述三个变量均值方面差异显著。从注册资金规模角度看,无政府支持的民非平均注册资金982767.1元,而拥有政府支持的民非平均注册资金为2183538元;从人才队伍规模角度看,无政府支持的民非平均专职工作人员仅为24人,而政府支持民非平均专职工作人员为30人;从人员队伍素质的角度看,拥有政府支持的民非的人员素质水平相对更高。

表2 政府支持与民非发展的影响比较(独立样本T检验)

|  | 注册资金规模(元) | 人才队伍人员(人) | 人才队伍素质 |
| --- | --- | --- | --- |
| 无政府支持 | 982767.10 | 23.81 | 0.70 |
| 政府支持 | 2183538.00 | 30.73 | 0.77 |
| 两个独立样本T检验结果 | P = 0.0002 | P = 0.0002 | P = 0.000 |

## (三) 回归分析

为了进一步确定政府支持以及其他环境因素在民非发展中的作用,本研究分别使用"注册资金规模""人才队伍规模"和"人才队伍素质"三个变量作为因变量,以政府是否给予了支持为主要分析自变量,并控制了区域内人土地面积、人口数量、经济发展水平、区内文化教

---

① 独立样本T检验之前,进行了方差齐次检验,并根据方差齐次情况选取了T检验结果。

育水平、区域分布、民非类别等变量,构建回归模型,回归结果见下文分析。

**1. 政府支持对民非注册资金规模的影响**

回归结果显示,在控制其他变量基础上,政府支持对民非组织注册资金规模的影响具有显著促进作用,而且,逐步回归方法检验表明政府对民非组织注册资金规模的显著正向影响具有稳健性。同时,区内面积对数、人均 GDP 对数、区内人均受教育年限、区内大学数量、近郊、城区变量对民非组织的注册资金规模具有明显影响。总体上,区域内经济发展水平越高、人文水平(区域人均受教育年限、区内大学数量)越高,区域内民非组织注册资金规模相对越高。(见表3)

表3 政府支持对民非注册资金规模的影响

|  | 模型 1 | 模型 2 | 模型 3 | 模型 4 | 标准回归系数 |
|---|---|---|---|---|---|
| 政府支持 | 1.729 *** | 1.508 *** | 1.506 *** | 1.326 *** | 0.237 *** |
| 区内面积对数 |  | 0.110 ** | 0.254 *** | 0.304 *** | 0.210 *** |
| 区内人口对数 |  | 0.375 *** | 0.089 | -0.054 | -0.019 |
| 人均 GDP 对数 |  | 1.241 *** | 1.256 *** | 1.386 *** | 0.454 *** |
| 区内人均受教育年限 |  | 0.264 *** | 0.174 ** | 0.216 *** | 0.096 *** |
| 区内大学数量 |  | 0.020 *** | 0.024 *** | 0.023 *** | 0.120 *** |
| 近郊 |  |  | 0.520 *** | 0.460 *** | 0.096 *** |
| 城区 |  |  | 1.006 *** | 0.938 *** | 0.222 *** |
| 生态环境 |  |  |  | -1.257 *** | -0.037 *** |
| 体育 |  |  |  | -2.035 *** | -0.226 *** |
| 法律 |  |  |  | -0.936 ** | -0.032 ** |
| 文化 |  |  |  | -1.062 *** | -0.115 *** |
| 科学研究 |  |  |  | -0.336 ** | -0.031 ** |
| 社会服务 |  |  |  | -0.675 *** | -0.101 *** |
| 农业及农村发展 |  |  |  | -0.581 | -0.015 |
| 工商服务 |  |  |  | 1.885 | 0.017 |
| _cons | 12.387 *** | -7.295 *** | -6.593 *** | -7.648 *** | -7.648 *** |
| N | 2943 | 2943 | 2943 | 2943 | 2943 |
| F | 311.558 | 314.633 | 239.061 | 154.825 | 154.825 |
| Adj-R² | 0.095 | 0.390 | 0.393 | 0.456 | 0.456 |
| P | 0.000 | 0.000 | 0.000 | 0.000 | 0.000 |

注:1. * p<0.1, ** p<0.05, *** p<0.01;2. 括号内是标准误。下同。

### 2. 政府支持对民非组织人才队伍规模的影响

进一步研究政府支持对民非人才队伍规模的影响，回归结果见表4。回归结果显示，政府支持会显著增加民非组织人员规模扩展，获得政府支持会显著增加民非组织专职工作人员的数量，这表明政府支持会显著促进民非人才队伍规模发展。同样，回归结果还显示，区域内人口和经济发展水平也会显著促进民非组织人才队伍规模发展，但区域内人文水平（区域人均受教育年限、区内大学数量）对民非组织人口规模没有显著影响。

表4 政府支持对民非人才队伍规模的影响

| | 模型1 | 模型2 | 模型3 | 模型4 | 标准回归系数 |
|---|---|---|---|---|---|
| 政府支持 | 0.335*** | 0.286*** | 0.288*** | 0.313*** | 0.120*** |
| 区内面积对数 | | 0.043 | 0.015 | 0.076 | 0.081 |
| 区内人口对数 | | 0.422*** | 0.474*** | 0.383*** | 0.211*** |
| 人均GDP对数 | | 0.240*** | 0.240*** | 0.152** | 0.078** |
| 区内人均受教育年限 | | -0.026 | -0.015 | 0.020 | 0.014 |
| 区内大学数量 | | -0.003 | -0.004 | -0.004 | -0.037 |
| 近郊 | | | -0.071 | -0.063 | -0.021 |
| 城区 | | | -0.171 | -0.126 | -0.047 |
| 生态环境 | | | | -1.182*** | -0.055*** |
| 体育 | | | | -1.008*** | -0.141*** |
| 法律 | | | | -0.619* | -0.034* |
| 文化 | | | | -0.751*** | -0.126*** |
| 科学研究 | | | | -0.876*** | -0.127*** |
| 社会服务 | | | | -0.348*** | -0.083*** |
| 农业及农村发展 | | | | -1.294*** | -0.046*** |
| 工商服务 | | | | -0.326 | -0.005 |
| _cons | 2.189*** | -1.930** | -2.019** | -1.438* | -1.438* |
| N | 2743 | 2743 | 2743 | 2743 | 2743 |
| F | 45.901 | 35.701 | 26.856 | 24.496 | 24.496 |
| Adj-R² | 0.016 | 0.071 | 0.070 | 0.121 | 0.121 |
| P | 0.000 | 0.000 | 0.000 | 0.000 | 0.000 |

### 3. 政府支持对民非人才队伍素质的影响

进一步以民非组织人才队伍素质作为因变量，检验政府支持对民非组织人员素质的影响。(见表5)人员队伍素质操作化为大专以上学历人员占专职工作人员比例,反映民非组织的人才队伍结构和素质水平。回归结果显示,政府支持显著影响民非组织人才队伍素质的水平,政府支持力度越大,民非组织人员素质水平相对越高,这种影响具有显著性和稳健性。此外,区域内人口、经济、人文水平越高,民非组织人才队伍素质也会相对越高。

表5 政府支持对民非人才队伍素质的影响

|  | 模型1 | 模型2 | 模型3 | 模型4 | 标准回归系数 |
| --- | --- | --- | --- | --- | --- |
| 政府支持 | 0.068 *** | 0.058 *** | 0.058 *** | 0.042 *** | 0.070 *** |
| 区内面积对数 |  | 0.009 | 0.037 *** | 0.035 *** | 0.162 *** |
| 区内人口对数 |  | 0.032 ** | 0.085 *** | 0.085 *** | 0.208 *** |
| 人均GDP对数 |  | 0.060 *** | 0.061 *** | 0.054 *** | 0.119 *** |
| 区内人均受教育年限 |  | 0.056 *** | 0.043 *** | 0.047 *** | 0.146 *** |
| 区内大学数量 |  | 0.003 *** | 0.004 *** | 0.004 *** | 0.140 *** |
| 近郊 |  |  | 0.085 *** | 0.054 * | 0.078 * |
| 城区 |  |  | 0.181 *** | 0.142 *** | 0.231 *** |
| 生态环境 |  |  |  | 0.180 * | 0.034 * |
| 体育 |  |  |  | 0.050 ** | 0.038 ** |
| 法律 |  |  |  | 0.163 ** | 0.040 ** |
| 文化 |  |  |  | 0.029 | 0.022 |
| 科学研究 |  |  |  | 0.117 *** | 0.075 *** |
| 社会服务 |  |  |  | -0.208 *** | -0.213 *** |
| 农业及农村发展 |  |  |  | -0.127 | -0.022 |
| _cons | 0.693 *** | -0.883 *** | -1.249 *** | -1.168 *** | -1.168 *** |
| N | 2829 | 2829 | 2829 | 2829 | 2829 |
| F | 37.071 | 40.624 | 32.602 | 31.309 | 31.309 |
| Adj-$R^2$ | 0.013 | 0.078 | 0.082 | 0.138 | 0.138 |
| P | 0.000 | 0.000 | 0.000 | 0.000 | 0.000 |

## 四 研究结论与若干思考

### (一)研究结论

通过上文分析,可以得出如下结论。

第一，政府支持对民非发展具有显著正向影响，而且，这种影响具有稳健性，获得政府支持、政府支持力度越大，民非组织的发展越好，民非组织在资金规模、人才规模、人才素质三个方面的状况也会获得更好的发展。

第二，经济发展水平对民非组织发展具有显著正向影响，这种影响具有稳健性，经济越发达，民非组织在资金规模、人才规模、人才素质三个方面的发展越好；区域内人口和人文状况越好，民非组织的发展状况越好，民非在人才队伍规模和素质方面水平越好。

第三，标准化回归系数结果显示，从变量贡献度来看，政府对民非资金规模、人才队伍规模的影响作用仅次于经济发展水平，远高于地域、人口、人文等环境变量，这表明政府在影响民非规模发展方面作用大且显著；但政府作用对民非人才队伍素质的改善作用虽然显著，但贡献度相对却小于区域人口、人文等环境变量，这表明，政府支持虽然会显著促进民非组织资金规模和人才队伍规模扩张，但是，民非人才队伍素质提升仍主要将依赖于区域内人口、人文、经济发展环境，政府支持对民非人才队伍素质提升的促进作用显著，但影响幅度相对较小。

### （二）若干思考：大政府现实背景下的民非发展路径

**1. 依赖与自治：民非发展中的政府角色**

虽然本研究的发现与经验和部分既有研究一致，即政府是否支持，对民非组织的发展作用是非常显著的，但是，政府支持显著促进民非发展，并不等同于民非的发展依赖政府。综观我国民非组织建立与发展的背景与发展现状，可以基本判定，政府在民非组织建立与发展过程中影响巨大，很多民非组织有某种程度的"官方背景"，或者长久依赖政府资源支持以维系自身运营和发展。

（1）大政府背景下民非发展的政府依赖不可避免。当前，政府改革远未完成，政府的边界仍然存在过度扩展与错位扩张的问题，政府依然是社会最主要的资源分配者，而且，这种局面将会持续一段时间。在这样的背景下，非理想主义的发展模式更为实际，民非发展秉承实用主义发展思路更为重要。此时，如果过度强调民非组织的自主性，否认政府作为初始主要资源支持者的地位,将可能导致民非发展受到更大程度的抑制。所以,不应过度否定一些民非组织在产生和发展初期过多依赖政府支持的现象,而应当更加务实地看待民非组织在中国产生与发展的宏观背景。

(2) 增强政府给予资源的义务性,降低政府配置公共资源的垄断性。应当不断弱化政府在公共资源配置中的垄断地位,使公共资源的配置更多是一个多主体参与的分配行为。这样,政府、社会在具体资源配置方面会更多依赖综合决策,而非政府的简单垄断。另外,还应当增强政府在给予民非公共资源方面的义务性,即降低政府在支持涉及基本居民服务的民非发展时的自由裁量权,转而强调政府给予资源的义务性,这将在弱化政府分配部分社会资源同时,提升公共服务获得资源配置的可能性。

(3) 弱化政府依赖,强化政府合作。构建一个新的政府与民非组织发展的关系,将是处理政府与民非和谐发展的根本方向。通过不断改造外在环境和内生发展机制,促进民非组织不断弱化对政府的依赖,转而构建民非与政府的新型合作关系,共同为公民服务方面做出贡献。这需要政府与民非组织能够公平、平等谈判,共同致力于新型的合作关系,政府弱化对民非发展的直接干预,而民非也在增强自身持续发展能力的同时,通过弥补政府服务提供不足等措施来提升与政府合作的可行性,共同构筑新型政府与民非的发展关系。

**2. 民非独立发展的方向:社会人文环境的支撑**

本研究回归分析表明政府支持会显著促进民非组织在规模(资金规模和人才队伍规模)方面的发展,但政府支持在民非队伍素质提升方面的作用远远小于区域内人口、人文、经济环境的影响。这说明,政府对民非发展的影响体现在规模扩张方面,但民非组织持久发展所依赖的动力,仍应依赖于人口服务需求、人文环境支持和经济发展支撑三个方面。特别是社会人文环境支撑在整个民非发展过程中,将会发挥日益重要的影响,也必将成为未来发展的重要方向。

**3. 改革的路径:政府与民非的行为调整战略**

(1) 政府层面:发挥引导支持作用,鼓励民非独立、健康发展。在民非组织发展的过程中,政府与民非之间存在着支持、监管和依赖关系,基于这些关系，本文从政府层面切入，提出以下战略。

从支持关系的角度出发：首先，强化政府及社会支持。加大政府资金、人才、项目等方面的支持，引导社会通过提供捐赠、志愿服务、基础设施完善、提高教育水平等支持民非组织的发展，是改变目前民非组织依赖政府发展的局面、促进民非组织充分发展的最优路径。其次，引导、鼓励、规范社会力量进入社会事业。在三元社会结构下，三种机制协调运行是我国公共事业改革与发展的趋势。鼓励并引导非营利组织承担准公益物品性质的事业服务，发挥各类民非组织提供服务、反映诉求、规范行为的作用要求，坚持培育发展和管理监督并重，是完善我国当代社会建构的必然要求。最后，完善现有的政府购买服务机制，将民非组织与相关公办机构一并纳入公开、公平、公正的政府购买服务范围内，并围绕购买什么、向谁购买、如何购买三个关键环节，逐步形成由政策法规体系支撑、可持续运行的购买服务机制，也是从制度上促进民非组织独立健康发展的根本保证。

从监管关系的角度出发，保障其提供的资金、人员、物品等用到实处，并即时对民非组织的工作进行评估，应当作为政府对民非组织监管职责的具体体现。但是不容忽视的是，政府的监管不应成为干预民非组织发展方针的决定因素。

从依赖关系的角度出发，改变政府与民非组织的关系，变依赖关系为合作关系。建立由双方成员构成的接洽机构，共同协商处理相关事宜，可以作为促进民非组织实现自主、规范发展的过渡手段，以合作的态度将民非组织的发展引入正轨。

（2）民非层面：强化自身能力，主观上自我规范，有序介入社会公共服务。民非组织在其自身发展的过程中起着决定作用，主观上的自我规范、自我强化是实现其健康、有序发展的最主要因素。因此，从民非组织自身的层面切入，本文提出以下战略。

首先，强化自主能力，增强社会合法性。从其与政府存在的不平等的合作关系来看，只有强化了其自主能力，才能获得与政府进行平等沟通交流的资格。民非组织的独立发展可以通过主动寻求与企业合作，在秉承公益使命的前提下，广泛吸纳企业的捐赠；利用高质量的服务，提高自身的知名度和美誉度，增强自身的市场竞争力，赢得社会公众的信任。

其次，健全内部自律机制，提高社会公信力。民非组织主要从事的是社会公益活动，因此，源于社会责任感和使命感的"道德驱动下的自律"是民非组织内部的主要自律机制。为此，民非组织要建立民主决策制度，充分发挥会员代表大会、理事会、监事会的作用，以民主协商、公开公正的方式处理内部事务。

最后，改革民非组织孤立存在的现状，实行"园区化"管理。民非组织的"园区化"管理模式，不仅降低了其正常运营的活动成本，同时集约化运营增加了与政府谈判的影响力。

**参考文献**

刘传铭等（2012）：《我国政府与社会组织之间的关系研究——基于北京、上海、广州、深圳的调查研究》，《经济研究参考》，（22）：第59~65页。

石国亮、黄尹（2009）：《社会组织参与服务政府建设的四维考察》，《唯实》，（12）：第87~90页。

王建军（2007）：《论政府与民间组织关系的重构》，《中国行政管理》，（6）：第54~57页。

Najam, A. (2000), "The four-Cs of third sector-government relations: cooperation, confrontation, complementarity, and co-optation", 10 (4) *Nonprofit Management & Leadership*, pp. 375 – 391.

Ben-Ner, A. & Van Hoomissen, T. (1992), "An Empirical Investigation of the Joint Determination of the Size of the Fro-Profit, Non-Profit and Voluntary Sectors", 63 (3) *Annual of Public and Cooperative Economies*, pp. 391 – 415.

Brinkerhoff, J. M. &Brinkerhoff, D. W. (2002), "Government‐nonprofit relations in comparative perspective: evolution, themes and new directions", 22 (1) *Public Administration and Development*, pp. 3 – 18.

Clark, J. (1995), "The state, popular participation, and the voluntary sector", 23 (4) *World Development*, pp. 593 – 601.

Gazley, B. & Brudney, J. L. (2007), "The purpose (and perils) of government-nonprofit partnership", 36 (3) *Nonprofit and Voluntary Sector Quarterly*, pp. 389 – 415.

Giddens, A. (1984), *The constitution of society: Outline of the theory of structuration*, Berkeley: University of California Press.

Hansmann, H. B. (1980), "The role of nonprofit enterprise", 89 (5) *The*

Yale law journal, pp. 835 – 901.

Kramer, R. M. (1993), *Privatization in four European countries: comparative studies in government-third sector relationships*, Armonk, NY: M. E. Sharpe.

Saxton, G. D. & Michelle A. B. (2005), "Social Capital and the Growth of the Nonprofit Sector", 86 (1) *Social Science Quarterly*, pp. 16 – 35.

Salamon, L. M. (1981), "Rethinking public management: Third-party government and the changing forms of government action", 29 (3) *Public Policy*, pp. 255 – 275.

—— (1995), *Partners in public service: Government-nonprofit relations in the modern welfare state*, Baltimore, MD: Johns Hopkins University Press, 1995.

White, G. (1977) &Weisbrod, B. A., *The voluntary nonprofit sector: An economic analysis*, Lexington, MA: Lexington Books, 1977.

—— (1993), "Prospects Civil Society in China : A Case Study of Xiaoshan City", 29 *Australian Journal of Chinese Affair*, pp. 63 – 87.

—— (1996), Jude Howell and Xiaoyuan Shang. *In Search of Civil Society : Market Reform and Social Change in Contemporary China*, New York : Oxford University Press.

Young, D. R. (2000), "Alternative models of government-nonprofit sector relations: Theoretical and international perspectives", 29 (1) *Nonprofit and voluntary sector quarterly*, pp. 149 – 172.

# Factor Analysis on the Development of Private Non-profit Organizations: A Discussion about Government's Role

**【Abstract】** Government role in the development of Private Non-profit Corporation and its contribution have been the focus of attention of academia. Given the data of Beijing Private Non-profit Corporation development, we select the size of the registered capital, personnel scale, personnel quality to measure comprehensively the level of development of Private Non-profit Corporation, and based on controlling of geography, population, economy, humanities factor variables, we focus on the analysis of the support of the government influence on the three dimensions of Private Non-profit Corporation. The regression shows that government support has significant positive influence on Private Non-profit Corporation development, and the conclusion through a robust test. At the same time, government contributions to Non-profit Corporation mainly concentrated in the capital and personnel scale, however, personnel quality is mainly dependent on the population, the humanities environment. Based on the conclusion of the study, we proposed comments and thoughts between government and Non-profit Corporation.

【Key Words】Private Non-profit Corporation; Factor Analysis; Government; Contribution

（责任编辑：郑琦）

# 中国公募基金会名人专项基金合作模式探讨

张忻忻[*]

**【摘要】** 近些年来，中国公募基金会开展的各类公益活动都与社会名人有着千丝万缕的联系，名人们的积极参与，为基金会筹集了大量资金并提升了对自身及基金会的宣传效果。根据发起人自身特点及社会影响程度选取并比较中国红十字基金会所设立玉米爱心基金、嫣然天使基金和阳光文化基金三个具有代表性的专项基金，综合研究其发起人、基金理念、运作情况、资助对象、发展方向，可以看出名人与公募基金会合作设立专项基金的主导型、参与型和代管型三类合作模式。这种专项基金的合作模式给基金会长足发展带来了机构品牌提升、募款资源整合等优势，尽管也面临种种问题，但是仍有推广价值。

**【关键词】** 社会组织管理　公募基金会　专项基金　社会名人

## 引　言

专项基金指用于专门用途的基金，在公益领域指用于专门公益用途

---

[*] 张忻忻，中国红十字基金会项目管理部部长助理。

的基金。专项基金是近几年国内社会组织普遍采用且行之有效的公益合作模式和筹款模式,基本模式是捐方捐赠一定额度的资金,在公益机构设立独立财务记账科目,组建由捐方、公益机构共同参与的管委会,共同制定专项基金管理规则,资助双方认可的公益项目,约定实施项目的管理成本,每年度进行基金财务审计等。(刘京,2010)近年来,众多基金会开始与社会名人建立不可分割的联系,基金会借助名人效应吸引社会眼球,募得善款;名人通过与基金会的合作获得更好的声誉,在基金会与社会名人开展的项目合作中实现了双赢。名人根据自身情况,有的选择频繁出席慈善活动,有的热衷做公益项目代言,也有越来越多的名人选择与基金会深入合作,发起并设立以名人为主导的专项基金。我国许多公募基金会都有着灵活的专项基金合作机制,社会名人选择通过自身的影响力加入公募基金会,成为合作伙伴,无疑对基金会的发展具有积极效应。但是,这种合作模式也存在一定问题,主管基金会在项目设计、实施、管理的过程中如何保证管理的有效性和规范性,还有待深入探讨。

中国红十字基金会(以下简称红基会)在与社会名人合作方面积累了较为丰富的经验,并有着相对系统的管理制度。本文梳理中国公募基金会中社会名人设立专项基金的合作实践,以红基会为例总结相对成熟的名人专项基金合作管理模式,分析其积极作用和薄弱环节,旨在为名人专项基金合作模式规范有序发展提供理论依据和指导,为我国公募基金会以及相关方面探寻完善名人专项基金合作模式提供参考和帮助,以促进专项基金合作的良性循环和公益事业的健康发展。

## 一 专项基金是中国公募基金会与名人合作的创新模式

社会名人与我国公募基金会设立专项基金是公募基金会与社会名人合作的创新模式。

### (一)中国公募基金会与名人合作的模式

在中国慈善事业发展的早期,社会名人主要受慈善机构邀请参与大型公益晚会，进行慈善义演，参与捐赠，慈善机构一般会授予其相应的荣誉称号。进入21世纪后，名人对参与慈善有了更多的需求，除了继续参与义演等活动外，他们乐于参与慈善项目活动，了解捐款使用过程和结果，因此，名人参与慈善机构的专项基金或聘请明星担任公益项目形象代言人的模式开始出现。由于公众和媒体十分关注名人动态，一些追星族由追星变为追慈善，并成为慈善的坚定支持者；由于有了明星的参与，慈善报道会经常出现在媒体的头版或显要位置，在满足读者追星需求的同时，也很好地传播了慈善理念。

国内知名公募基金会均与社会名人有着良好的合作关系，并成功推广系列公益项目。名人与公募基金会的合作大体分为三类，分别是活动参与、慈善代言和项目合作（通常为合作设立专项基金）。根据对各大公募基金会网站显示信息的不完全统计，可以看到，活动参与方式占比最多，为65%，项目合作方式最少，仅占5%。（如图1所示）

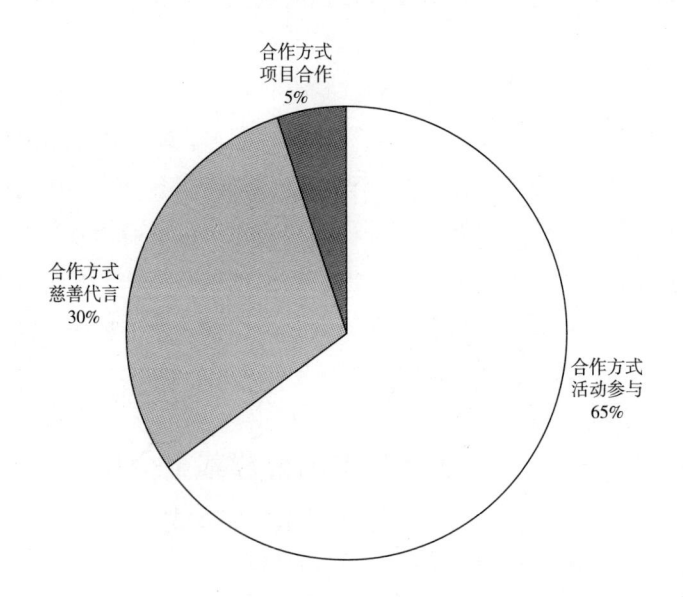

**图1 名人与公募基金会合作模式比例分布示意图**

**1. 活动参与**

活动参与是大多数社会名人乐于参与的一种方式，不占用较多时间就能获得宣传效果，如参加慈善演出、拍卖会等。如中国儿童少年基金会与中央人民广播电台音乐之声联合发起众多名人参与的"我要上学"公益项目；中国扶贫基金会与中央电视台电影频道合作设立的"光影星播客温暖基金"邀请了众多名人参与系列宣传推广活动，并成功推出"爱心包裹"公益项目。

**2. 慈善代言**

慈善代言通常要求名人除了出席仪式、参加项目有关的公益活动，同时还需要拍摄公益代言广告等宣传品，具有持续性和志愿性。如中国儿童少年基金会设立的"中国关爱孤儿专项基金"由陆毅、桑兰等众多名人代言；中国扶贫基金会设立的"母婴平安120行动"项目由萨日娜代言，该项目的十周年感恩庆典也邀请了众多名人参与；"扶贫月捐"项目由濮存昕代言。

**3. 项目合作**

项目合作则是名人与公募基金会深入合作的一种方式，通常体现为名人捐赠钱款设立专项基金，根据所选择公募基金会的业务范围，设计公益项目，具有一定主导性和可辨性。如中国儿童少年基金会由杨澜设立"汶川大地震孤残儿童救助专项基金"、黄晓明设立"黄晓明安康儿童家园专项基金"，中国青少年发展基金会由姚明发起设立"姚基金"。

名人与基金会进行项目合作设立专项基金的方式，对设立者自身要求较高，需要其在社会上具有较高的知名度，同时拥有清晰而明确的慈善目标并投入较多精力。因此，从目前来看该方式占比最少，但从现有名人设立的专项基金发展情况看，该方式对提高名人知名度、体现社会责任以及促进所在基金会的公益项目推广都能起到积极作用。

## （二）专项基金发展现状及其法律环境

**1. 专项基金的发展现状**

通过设立专项基金，对项目实施的管理、资金使用的流向进行有效的参与和监督，加强理念交流，强化捐方或发起人的归属感和使命感，有利于更好地维护合作关系，提高其忠诚度。同时，专项基金的方式也避免了发起人因受外界因素干扰而中止合作从而影响基金的可持续性。因此，越来越多的企业、机构、慈善家乃至个人选择设立专项基金，专项基金亦成为各大慈善机构筹款的主力平台。各大基金会几乎都设立了与名人、企业合作的专项基金。

从专项基金的数量来看，上海市慈善基金会是目前国内设立专项基金最多的公募基金会，累计设立各类冠名专项基金近200个。据不完全统计，中国青少年发展基金会、中国宋庆龄基金会、中国扶贫基金会等国内知名的公募基金会都设有多个专项基金（数目均超过20个）。（刘京，2010）

从专项基金的实力来看，国内知名基金会的一些专项基金实力非常雄厚。如中国青少年发展基金会设立的"国家电网爱心基金"由国家电网公司每年捐赠4000万元，累计捐款1.2亿元；中国红十字基金会设立的"央企援助基金"由国务院国资委发起，超过百家中央企业及其子公司累计向该基金捐款3.9亿多元。这些都是资金实力雄厚、可持续发展的专项基金。（刘京，2010）

从专项基金的资助领域来看，依据各个基金会不同的宗旨和目标，专项基金的设立也面向不同的资助领域。中国青少年发展基金会设立的专项基金主要用于资助贫困地区的教育事业，如援建希望小学、改善农村办学条件等；中国妇女发展基金会主要致力于妇女领域的资助，其专项基金设立也大多结合"母亲健康快车""母亲水窖"等项目。2001年初，濮存昕在中国青少年发展基金会设立了"濮存昕爱心公益基金"，主要用于帮助贫困的艾滋病家庭以及贫困地区孩子的教育。该基金成为中国内地首位由捐助人设立的慈善基金。（顾君盏，2008）

**2. 专项基金的管理规范**

第一，政策层面。民政部于1999年颁布《社会团体设立专项基金管理机构暂行规定》第2条明确指出，"本规定适用于经各级社会团体登记管理机关（以下简称登记管理机关）登记的社会团体（基金会除外）。"截至目前，国家及相关部门尚未出台专项基金管理办法或与之相关的名人设立专项基金的管理办法。国务院于2004年颁布的《基金会管理条例》是目前中国唯一的供所有基金会在运作和活动时遵循的行政法规。但是，这个条例除了在设立条件和标准等方面有针对性的内容外，并未在条款中特别针对公募基金会订立有关其他重要方面（基金的资金筹募、资金运用和使用及其相关管理等）的更明细、清楚的规定内容，而对于专项基金这一为中国公募基金会使用越来越多、其重要性不容忽视的事物，包括其管理运作活动，则更是全无任何提及与规定。（王汝鹏，2010）

第二，基金会层面。红基会、人口福利基金会、中华全国体育基金会等基金会本着遵守《基金会管理条例》的原则结合自身实际管理情况，设立了不同的《基金会专项基金管理办法》。

对比三家专项基金管理办法①，三家基金会对设立专项基金的起始资金和存续资金的规定不尽相同，红基会要求设立专项基金的起始资金不低于200万元人民币，存续资金不低于50万元人民币；人口福利基金会要求设立专项基金的起始资金不低于100万元人民币，独家捐赠并冠名的专项基金起始资金不低于200万元人民币，存续资金均不低于100万元人民币；中华全国体育基金会要求由个人设立的专项基金起始资金不低于50万元人民币，由单位设立的专项基金起始资金不低于100万元人民币，但未规定提出存续基金的最低数额。

在对专项基金名称的管理上，红基会提出根据资金来源和募集形式的不同，所设专项基金分为公募基金和非公募基金两种形式：公募基金是指基金会或发起人面向社会公众公开募集而设立的专项基金。（红基会网）公募基金不享有冠名权，其基金名称由基金会决定或与发起人共同商定；非公募基金是指由捐赠人一次性或持续捐赠而非向社会公众募集设立的基金。非公募基金可享有冠名权，但所冠名称须征得基金会同意。其余两家基金会对此未作明确规定。

在对专项基金的日常管理上，三家基金会均提出以成立基金管委会的方式对所设专项基金进行管理，并明确指出各专项基金不具备独立法人资格，并以不超出年度实际支出总额的10%列支其日常管理费用。专项基金应当在所归属的基金会领导下开展活动，接受该基金会的监督和管理，所筹资金需专款专用，不得超出其专项基金管理办法规定的使用范围，不得用于其他任何形式的经营性投资。

---

① 本文根据中国红十字基金会、人口福利基金会、中华全国体育基金会公布的《基金会专项基金管理办法》的内容进行分析和比较。

虽然目前基金会设立的专项基金还存在发展不够、实力不强、管理不规范等问题，但从设立专项基金的发展历程和中国公益组织横向考察分析来看，专项基金是目前公益机构普遍采取的有效筹款模式。而且，就专项基金这一模式的特色而言，它适应了捐赠方和社会对慈善捐赠公开透明的需求，调动了捐方参与公益事业的积极性，发挥了公益机构的专业优势，帮助捐赠方低成本、高效率地实现其公益目标。

### （三）名人专项基金合作模式的积极作用

**1. 有利于提升机构的品牌效应**

从1981年中国第一家基金会诞生到2012年，已经经过了31个年头。20世纪80年代中国基金会新注册数量140家，90年代基金会新注册数量386家，2000至2010年基金会新注册数量1388家。（康晓光等，2011）在激烈的竞争中，如何在公益领域脱颖而出，成为很多基金会和项目运作方所苦恼的问题。合作设立名人专项基金在一定程度上解决了这种困境。设立初期，名人宣布投身慈善并身体力行时，不仅普通大众会予以极大关注，娱乐媒体、时政媒体甚至财经媒体都会将注意力对准该项目。同时，名人本身又擅长宣传运作，同时拥有成熟的经纪团队策划，名人效应在基金宣传推广中发挥了极大的作用。如红基会"嫣然天使基金"项目，对唇腭裂的资助从资金规模、病情诊断、术后恢复方面相较红基会实施的白血病等项目都更为简单明了。在日常宣传报道中，红基会强调整体推广，多面宣传，在充分使用名人效应增强宣传力度的同时，还加强了对个案救助的宣传。同时，通过红十字系统进行边远地区的唇腭裂患者筛查，邀请唇腭裂手术专家们共同组队远赴偏远地区开展"天使之旅"，活动全程邀请电视台和平面媒体记者随行，记录沿途花絮，拍摄救助情况，避免了浮于表面的文字报道，展示了红十字救助系统，达到多方共赢。

从项目运作上看，专项基金能够通过其名人效应有效地进行宣传推广，筹集的资金有力地支持了项目开展，并且不断拓展新的公益领域。

**2. 有利于整合募款资源**

名人专项基金的合作模式可以更大限度地在公益慈善领域利用名人效应募集资金。在选择公益项目时，名人专项基金通常会成为捐赠企业的首选。企业"加盟"名人专项基金，一方面便于宣传企业自身，从而达到企业社会责任感的展示；另一方面，捐赠资金后，由专项基金进行公益项目的实际运作，企业只需随时听取项目的实施情况，适时参与相关活动，省去了独立运作公益项目的繁琐，可以减少人力投入，降低成本。2011年3月，嫣然天使基金携手北京创盈科技产业集团面向全国发起旨在关爱母婴健康、预防出生缺陷的"斯利安天使行动"，该项目在5年内向育龄妇女免费派发叶酸片和多维片，同时普及生育健康知识，倡导全社会的广泛参与及关注。此次合作既通过王菲、李亚鹏的出席保证了公众知晓率，又通过药品的免费分发极好地宣传了企业产品，是较为成功的合作个案。

除了企业家，名人的"粉丝"们也是一个重要捐款来源。玉米爱心基金的代言人李宇春自2005年"超女"选秀出道以来，就拥有数量众多的资深"粉丝"，爱屋及乌的态度让他们对玉米爱心基金有较高的认可度，虽然他们不能一掷千金，但点滴积累的数字也是不可忽视的。还有一部分就是拥有爱心的普通大众，平时人们不清楚该将爱心洒向何处，当名人设立的专项基金经常性地出现在媒体报道中，他们会通过项目的实施情况相信它的公信力从而向该基金捐款。由此可见，名人专项基金的合作模式能很好地整合社会上各类募款资源。

**3. 有利于促进名人的积极参与**

因不同的基金会在不同的慈善领域里活动，而名人可能会选择适合自身职业生涯的发展阶段特点的公益项目进行短期合作。基金会通过合作式的契约联系，使得双方拥有明晰的权利义务关系，并通过平等合作构建双边关系，激发名人参与基金的积极性，加强名人作为发起人的认同感和参与感，并以加入基金管委会的方式进入决策层，拥有一定的话语权，同时，又承担公益项目推广实施过程中相应的责任和义务，鼓励将其时间和精力更多地投入其中，使得做公益成为其事业的一部分。阳光文化基金的发起人杨澜在中国非公募基金会发展论坛、北大阳光公益创新国际研讨会等论坛频频亮相，与企业领袖、富豪等畅谈企业和公民的社会责任，而企业家们大多也对此予以积极回应，并将捐赠行为付诸实施。在接受《中国红基会通讯》的采访中，嫣然天使基金的发起人李亚鹏提到，他会随身携带自制的嫣然天使基金宣传卡片向大家分发，将募款定位为生活工作的必要组成，把专项基金作为自己事业的组成部分，主动地进行合作伙伴资源的积累，在各类合作及活动中植入公益理念，强化基金宣传。李宇春作为玉米爱心基金终身形象代言人，参与每年的公益主题策划。虽其经纪公司会安排她参与由不同组织方发起的慈善活动，但是因为与红基会的合作模式使其与歌迷均拥有归属感，自基金设立至今，李宇春从未间断参与各类资助、宣传、回访活动，号召歌迷积极参与并多次主动捐款。

**4. 有利于达成公益目标和名人意向的协调统一**

以设立专项基金的合作模式实施公益项目，可以在决策中广泛和充分吸取双方的意见，从而实现基金会管理和决策既合法又合理，达成公益目标与名人意向的协调一致。以红基会为例，基金管委会为专项基金的最高决策机构，主管基金会和发起人都拥有平等地参与权和决策权，任何与专项基金相关的决策都以开会讨论并投票的方式进行最终确定。如因特殊原因无法召开管委会，就先电话沟通，以文件的形式请示管委会副主任和主任，并由其签字，完成报批手续后再具体实施。这样既保证了实施项目符合主管基金会要求，又能满足名人意愿，不打击其积极性。

## 二 红基会的名人专项基金及其管理模式

红基会一向倡导"快乐慈善"的公益理念，并积极搭建慈善平台，同时拥有数十位公益项目代言人和爱心天使，与多位社会名人合作成立了专项基金。本文根据发起人自身的特点及社会影响程度选取三个具有代表性的名人发起设立的专项基金，通过对其发起人、基金理念、运作情况、资助对象、发展方向等方面进行综合分析，总结设立专项基金合作模式的特点。

### （一）红基会及其专项基金概况

红基会是中国公募基金会中设立和运作专项基金较早的基金会。根据《红基会专项基金管理办法》第二条:"红基会设立的"专项基金"是指捐赠人或发起人以支持红十字事业为目的,在红基会的基本账户下,设立专项基金财务科目,按照捐赠人或发起人的意愿,专款专用,并遵守本办法管理的专项资金。"

从 2005 年设立第一个专项基金——"天狮爱心基金"以来,到 2012 年底,红基会累计设立专项基金 74 个,目前存续运行的专项基金还有 63 个,筹集资金占机构筹款总额的 89.96%(见表 1)(刘选国,2012)。在专项基金运作和管理过程中,有部分专项基金因合作到期不再续签、实施过程中发现合作方违规行为等原因中止。

表 1 红基会专项基金发展统计表

| 年度 | 基金累计总数 | 比上年增加 | 撤销数 | 存续数 | 占当年捐赠总收入比例(%) |
| --- | --- | --- | --- | --- | --- |
| 2005 | 4 | 0 | 0 | 4 | 52.37 |
| 2006 | 18 | 14 | 0 | 18 | 54.41 |
| 2007 | 47 | 29 | 1 | 46 | 50.39 |
| 2008 | 61 | 14 | 4 | 56 | 32.67 |
| 2009 | 64 | 3 | 5 | 54 | 78.12 |
| 2010 | 70 | 6 | 0 | 60 | 75.01 |
| 2011 | 73 | 3 | 1 | 62 | 60.05 |
| 2012 | 74 | 1 | 0 | 63 | 89.96 |

### (二)专项基金的设立类型及管理方式

红基会的专项基金按照资金来源和募集形式的不同,分为公募基金和非公募基金,这在其作为专项基金管理"基本法"的《红基会专项基金管理办法》中是有着明确区分和对待的。根据发起理念和相应人员职能的不同,专项基金设立方式分为自主发起、发起人发起以及企业定向捐赠三种类型。本文所列举的玉米爱心基金、嫣然天使基金和阳光文化基金均属于发起人发起设立的范畴。虽这类专项基金利用发起人自身的影响力和号召力面向公众筹资,但基金会的管理人员仍需配合专项基金的需要进行宣传、管理及资助等工作。

为了稳定合作、规范管理，红基会采用"公益项目选择导向、管理委员会集体决策、社会公众监督参与"相结合的方式来运作（王汝鹏，2010）。

"公益项目选择导向"是红基会在专项基金合作中较为突出的特点，红基会下属专项基金的设立和运作均紧密围绕基金会的公益理念，开展具体特定目标的公益项目，资金筹募与使用也都围绕特定项目，后续发展也是因需而生。

"管理委员会集体决策"使得基金会在决策上更加体现公开透明，表现出某种与发起人或捐赠方"共同决策"的特征。红基会规定，凡是由捐赠人或发起人参与设立的专项基金都要成立相应的专项基金管理委员会，管委会由红基会和捐赠人（包括发起人）共同派员组成作为专项基金的最高决策机构，不定期召开管委会议，须有2/3以上管委会成员出席才能形成决议。

"社会公众监督参与"是指红基会通过引入社会第三方，邀请专业人士直接介入项目的实施和监督工作，跟进项目监督并防范潜在风险，这也是维护基金会及专项基金稳定发展的重要因素。第三方提交立场中立的监管报告，有利于发现问题并督促项目的不断完善，同时对红基会和发起人都具有约束力，也规避了基金会自己执行自己监管的循环困境。

## 三 红基会名人专项基金的合作模式比较

### （一）名人专项基金的三种合作模式

**1. 主导型合作模式——玉米爱心基金**

（1）基金概况。2006年3月，在李宇春的支持和众多"玉米"（即支持李宇春的歌迷）的建议下，红基会设立了我国第一个由歌迷发起捐资的专项基金——玉米爱心基金。玉米爱心基金推崇"有爱就有希望，有希望就不要放弃"的公益理念，倡导从我做起，人人参与公益。基金形象代言人李宇春通过自身的公众形象，发挥着积极正面的宣传效果，不但频繁参加基金的宣传推广活动,并身体力行进行捐款。该基金满足了社会上对当时全国最具人气的"超级女声"获奖者李宇春的喜爱而形成的"玉米"群体参与慈善的需求,因为广大歌迷们把对明星的喜爱和热情化作爱心的细流,以爱心捐助的方式,关注那些需要帮助的弱势人群,使得玉米爱心基金成为中国追星史上的一个创举,并成为中国公益史上的一个成功范例。

该基金已成功救治了患有白血病等重大疾病的贫困儿童33名,在安徽、四川、甘肃、河南等省援建博爱卫生站5所、博爱卫生院和博爱新村各1所,并在2010年及时拨款50万元援助云南重旱区,拨款100万元援助青海玉树震区。2011年与中国聋儿康复研究中心联合推出康复训练计划,资助100名听障儿童接受为期一年的康复训练。在基金开展资助活动的同时,更多的"玉米"自发组织各类公益活动,如探望敬老院、福利院,街头公益宣传等。(红基会,2012)

(2)基金特点。玉米爱心基金处于萌芽阶段。该基金的捐款基本来自于李宇春歌迷的个人捐赠,捐赠行为有着较强的排他性和持续性。虽然个人捐赠金额较低,但数量较大,频率较高,是红基会接受个人捐款最多的专项基金之一。基金除了歌迷捐赠,鲜有企业捐款。但随着李宇春个人的发展,李宇春在与企业、电视台等媒体合作时,会有意识地对玉米爱心基金及慈善理念进行宣传,拓宽筹款渠道。

在项目运作的可控性上,玉米爱心基金具有较高的灵活性。因该基金没有具体团队进行运作,且捐赠款均为小额捐赠,在项目选择上其主管单位红基会占主导地位,因此当遭遇重大自然灾害或事故,急需资金援助时,玉米爱心基金的捐款可充当急先锋的角色,在红基会与基金代言人李宇春沟通,并通过官网、贴吧等形式进行公示后,随即可紧急拨付资助款。正是由于其灵活性和主动性,玉米爱心基金不仅有效地进行了项目援助,而且很好地对基金进行了宣传推广。

(3)合作模式特点。玉米爱心基金具有极强的个人色彩,歌迷的捐赠行为更多是一种慈善追随行为,一旦该基金代言人李宇春因某种原因转向别的公益方向或终止与红基会的合作,基金的捐赠者绝大多数都将随之转向,这种专项基金具有一定的不稳定性。因此,在基金的日常管理中，红基会强调基金资助项目的适时公布，邀请捐赠人代表共同参与项目的回访工作，让捐赠者能经常了解到基金发展现状，增加参与感与存在感，通过项目的实施及反馈，逐步培养"忠诚"的捐赠人。

作为主导型专项基金合作模式的典型代表，玉米爱心基金主要表现为发起人对公益项目参与意识较强，但主导性意见较少，同时在个人资源的投入上远少于成熟型和提升型专项基金。在进行该类专项基金合作时，基金日常管理及项目运作依托主管基金会——红基会的专项基金管理部。在公益项目的选择上，除了根据捐赠人意愿外，红基会在每年年初公布年度公益计划，并面向社会征集公益项目。

**2. 参与型合作模式——嫣然天使基金**

（1）基金概况。2006年11月，李亚鹏、王菲倡导捐资发起，并在红基会设立专项公益基金——嫣然天使基金，该基金旨在救助家庭贫困的唇腭裂儿童。其作为以个人名义发起的爱心基金，在红基会还是首例。该基金已成功救助8000多名贫困唇腭裂患者，组织专业的医疗队远赴新疆、西藏、内蒙古、黑龙江等偏远地区进行现场救助。（红基会，2012）

嫣然天使基金的设立具有突发性。该基金的设立虽比较仓促，但由于其基金发起人具有较高的知名度和号召力，基金一经推出便引起了很好的社会影响，2012年5月，嫣然天使基金慈善晚宴在北京举行，成功募集善款5460万元，在国内算是相当高的筹款额。同时，该基金与多家知名品牌建立了长期的合作关系，如梅赛德斯—奔驰（中国）汽车销售有限公司、捷夫珠宝、中国工商银行、腾讯公益基金会等。

（2）基金特点。嫣然天使基金是处在成熟阶段的专项基金，其发起人王菲、李亚鹏在社会上具有较高的知名度，同时拥有一定的企业资源，嫣然天使基金通过在北京、上海举办的三次慈善晚宴，募得社会捐赠款物价值过亿元。因此，对嫣然天使基金来说，如何合理有效并规范地使用好捐款是基金更为重要的课题。为了更好地救助贫困唇腭裂患者，该基金选择了日常个人申请、定点医院及救助医疗队这三种模式，通过全国红十字系统进行受资助患者的初步筛选,根据实际情况进行救治。同时,该基金耗时近三年筹建了中国第一家儿童慈善医院——北京嫣然天使儿童医院,该医院除了对患儿进行唇腭裂手术治疗外,还开展了诸如语言矫正、心理辅导等系列治疗。

嫣然天使基金设立的目的性非常明确,又有专职人员进行基金的日常管理及维护,因此该基金资助内容具有较强的指向性,日常活动具有较强的自主性,作为主管单位,红基会更多的是从事整体协调及执行规范等方面的指导,并通过基金管理委员会的形式对基金重大事务进行决策。

(3)合作模式特点。为了更好地管理和运作嫣然天使基金,红基会设立了嫣然天使基金管委会,李亚鹏任管委会主任,红基会领导任副主任。管委会下设办公室,由专职人员进行项目的管理和日常运作。目前,该办公室隶属红基会专项基金管理部管理。

在日常管理中,双方组成基金管委会参事议事的形式无论是对主管单位红基会还是基金发起人都有一定的制衡作用,只有通过集体决议才能对专项基金事务进行决策,包括资助方向、范围等。其日常活动则通过文件形式请示。嫣然天使基金的参与型合作模式适用于设立或发起者自身较为成熟,并具有明确的公益理念,同时自身有较强的参与性和较多的精力投入的基金。与公益组织的合作使其更为专业,并借助公益组织自身完善的系统将项目进行推广实施。

**3. 代管型合作模式——阳光文化基金**

(1)基金概况。2009年4月,由杨澜担任主席的阳光文化基金会携手红基会设立阳光文化基金。该基金主要旨在资助中国非营利组织的高端管理人员进行专业能力和素质培训,开展相关的研讨、出版和考察交流等教育活动,提升中国非营利组织的管理和运作水平。该基金已成功资助"北大—阳光公益传播"季度论坛、"北大—哈佛—阳光慈善和公益组织"培训与研究、"阳光下成长——打工子弟艺术培养"等公益项目。(红基会,2012)

阳光文化基金会是在2005年创办于香港的非营利性慈善公益机构。基金会以传播慈善文化为目的,以机构对机构的模式,开展多种形式的慈善活动。但由于其注册地为香港,无法在大陆开展相关的公益活动,因此选择与红基会合作。阳光文化基金有别于红基会的其他侧重个案及大病救助的专项基金，该基金立足从对个人、团队、机构的能力建设到筹资、评估、项目宣传等支持性环境建设，建立一个系统的、多元化的推动中国公民社会发展的体系，推动中国慈善公益文化的形成。该基金与哈佛大学、哥伦比亚大学、中欧商学院、北京大学、清华大学、长江商学院等拥有长期合作关系。

（2）基金特点。作为处在成熟并发展阶段的专项基金，阳光文化基金是红基会为数不多的基金会间的合作平台。该基金同样设有基金管理委员会，以决议的方式对基金的发展方向及资金流向进行讨论和把握。因为阳光文化基金自身公益理念的特殊性，该合作对于主管单位红基会而言，更多的是一种全新的项目尝试和理念的推陈出新。该基金中的名人——杨澜，在基金的宣传和推广中并未被刻意提及，基金更侧重阳光文化基金自身的品牌形象的推广。

在基金运作初期，筹集资金的重要来源是杨澜的商业合作伙伴，随着阳光文化基金公益项目的开展，基金团队通过及时向捐方提交工作报告、财务报表及受助对象情况汇报，捐方会逐步认可其慈善理念，意识到资金的捐赠给社会带来的改变，逐渐发展成为公益项目合作伙伴，将慈善转变为习惯。

（3）合作模式特点。为了更好地管理和运作阳光文化基金，红基会设立了阳光文化基金管委会，杨澜任管委会主任，红基会领导任副主任。管委会下设办公室，由专门的团队进行项目的管理和日常运作。阳光文化基金的工作人员大都有不同专业背景并且具备丰富的工作经验，拥有较高的执行力和创造力，以及定位清晰的战略思考能力。目前，该办公室隶属红基会专项基金管理部管理。

不同于其他专项基金，阳光文化基金不依赖红十字系统进行项目的实施和推广，而是选择以向草根组织，如北京歌路营文化发展有限公司，购买服务的方式进行项目运作，红基会负责项目的财务审核及后期实施情况的跟进。

阳光文化基金的设立其实在某种意义上已脱离了社会名人设立专项基金的范畴，而是采用资源整合更为高效合理的基金会间合作模式，对于公募基金会而言，该基金所开展的慈善项目不失为拓展公益新领域和摆脱个案救助、常态项目执行瓶颈的又一途径，属于代管型合作模式。

## （二）三种合作模式间的对比

作为一种新型的筹款宣传模式，社会名人与公募基金会设立专项基金的特点在于搭建公益平台，整合社会资源，满足合作双方多元的需求，在帮助公募基金会扩大筹资渠道和救助规模的同时，更提升了社会名人的知名度及公益形象，是一种有效且多赢的合作筹资模式。

玉米爱心基金、嫣然天使基金和阳光文化基金在设立背景上的相似点是发起人具有社会名人身份（玉米爱心基金的发起人虽是李宇春歌迷，但也是因为李宇春参加红基会活动后，歌迷捐款骤增而单独设立该基金），并选择与红基会合作设立专项基金。

三组专项基金因各自处于不同的发展阶段，合作模式各具特色。（见表2）

表2 专项基金合作模式对比

| 基金名称 | 合作模式 | 模式特点 | 基金发展阶段 |
|---|---|---|---|
| 玉米爱心基金 | 主导型 | 红基会主导而非发起人主导 | 萌芽阶段 |
| 嫣然天使基金 | 参与型 | 红基会参与而非发起人参与 | 成熟阶段 |
| 阳光文化基金 | 代管型 | 红基会代管而非发起人代管 | 成熟并发展阶段 |

玉米爱心基金的主要资金来源是李宇春的歌迷，企业捐赠较少，且无明确的资助意愿，而嫣然天使基金则在企业和个人两方面捐赠量都较高，对受助方的选择有明确指向，阳光文化基金则侧重于企业捐赠，并对受助方有着明确指向。（见表3）

表3 专项基金设立情况对比

| 基金名称 | 发起人 | 资金来源 | 资助对象 | 发展方向 |
|---|---|---|---|---|
| 玉米爱心基金 | 李宇春歌迷 | 个人 | 个案资助，无具体指向 | 专业机构合作 |
| 嫣然天使基金 | 李亚鹏、王菲 | 企业、个人 | 个案资助，指向明确 | 非营利儿童医院 |
| 阳光文化基金 | 杨澜担任主席的阳光文化基金会 | 企业居多 | 非营利组织管理者培训 | 非营利机构组织能力建设 |

玉米爱心基金的项目管理由红基会完成，而嫣然天使基金和阳光文化基金均设有派员参与的管委会和办公室，与红基会共同完成项目实施。（见表4）

表4 专项基金项目运作情况对比

| 基金名称 | 管委会 | 办公室 | 项目制定 | 项目执行 | 项目监督 | 日常管理 |
|---|---|---|---|---|---|---|
| 玉米爱心基金 | 无 | 无 | 红基会 | 红基会 | 红基会 | 红基会 |
| 嫣然天使基金 | 有 | 有 | 管委会 | 基金办公室、红基会 | 红基会 | 红基会 |
| 阳光文化基金 | 有 | 有 | 管委会 | 基金办公室 | 红基会 | 红基会 |

横向对比本文所列举的三个专项基金各自的筹款笔数和金额（见表5），嫣然天使基金所筹金额和笔数最高，其中企业捐款笔数占总笔数的0.10%，金额占总金额的61.35%；阳光文化基金的企业捐款笔数为总笔数的28.36%，金额为总金额的81.73%；玉米爱心基金的企业捐赠笔数占总笔数的0.04%，金额占总金额的8.02%。

表5 专项基金筹款情况对比

| 基金名称 | 捐款合计 金额（万元） | 捐款合计 笔数（个） | 个人捐赠 金额（万元） | 个人捐赠 笔数（个） | 企业捐赠 金额（万元） | 企业捐赠 笔数（个） |
|---|---|---|---|---|---|---|
| 玉米爱心基金 | 885.41 | 41249 | 814.41 | 41233 | 71 | 16 |
| 嫣然天使基金 | 13094.04 | 158391 | 5061.5 | 158231 | 8032.54 | 160 |
| 阳光文化基金 | 2218.12 | 134 | 405.14 | 96 | 1812.98 | 38 |

在嫣然天使基金和阳光文化基金中，企业捐赠的笔数虽占较低比重，但捐赠金额均远超过50%，是善款的主要捐赠方，其中较大金额的企业捐赠通常通过该基金的筹款晚宴募集，而玉米爱心基金筹集的捐赠来源主要是个人。三组专项基金不同的捐款结构和其发起人自身职业生涯的发展阶段密不可分。李亚鹏和杨澜已达到事业发展的成熟期，与众多企业有着良好的合作关系，李宇春仍处于发展阶段，在企业合作方面缺乏相应的资源。

三组专项基金在执行过程中之所以采用不同的合作模式，是因为发起人对专项基金的参与方式不同,各专项基金的发展方向及所处发展周期不同。不同的合作模式并没有实质性的区别,基金会在管理中仍占主导地位,这是因为红基会拥有官方背景和较强的组织实施网络,其在项目运作实施及执行上具有较多优势。同时,不同的专项基金因关注不同的项目,彼此间鲜有合作,更多的是进行沟通交流,互相学习。在专项基金的合作过程中,合作流程包括达成合作意向、签署协议、成立管委会、制定相关章程、成立基金办公室,并由红基会专项基金管理部统一管理。

### (三) 名人专项基金合作模式的薄弱环节

名人专项基金要有长足高效的发展,就需正视在基金设立、运作和发展的过程中所遇到的问题。

**1. 名人效应易使专项基金受外界负面因素干扰**

从心理学角度讲,人类由于其群居性以及社会性,对于一些强者会不自觉的服从与跟随。社会名人作为各行业的领先者,通常拥有良好的社会形象和一批支持者,而他们的行为在心理层面上能给公众带来一种暗示,即可信。(刁潍,2011)正如玉米爱心基金的李宇春给人感觉是积极阳光,嫣然天使基金的李亚鹏给人感觉是真诚感性,阳光文化基金的杨澜给大众传递的更是一种知性和理性的结合。因此,这使得名人专项基金可以较快为公众所认知,并迅速运转实施项目。

但在信息高速更迭的当代,名人效应产生的关注具有短期性,热度会减退,一旦公众和媒体的新鲜感过后将出现感官疲劳,从而降低对专项基金的关注度。正如李亚鹏在接受《企业家》采访中表示:"我们的起始,跟名人是脱不了干系的,但如果说要建立一个慈善样本,我希望20年以后不是还是一群明星在做这件事,至少不是我在这儿做这件事——我其实是把自己这些年积累的友情在透支,这个短期内是必然的,长期是绝对不可以的。"(丁伟,2007)

"名人效应"是把双刃剑,在享受媒体高度关注的同时,遭遇负面或不公正宣传也是常有的状况,波及专项基金也在所难免。红基会在充分运用名人效应进行基金宣传募款时,还得随时注意基金发起人因某种负

面报道而给基金带来不必要的影响。（宋良亮，2009）

玉米爱心基金在2011年之前侧重于大病的个案救助和卫生院（站）的援建工作，2010年4月因李宇春本人遭遇所谓"诈捐"的质疑，在天涯论坛上，很多不明真相的网友受到恶意导向，基金遭遇信任危机，各大媒体纷纷报道，李宇春歌迷更是陷入骂战，局势混乱。红基会及时发布《关于玉米爱心基金5.12灾后援建项目资金使用情况的说明》，以项目和数据说话，有效控制局势，既缓解了负面影响，也增加了公众对基金的正面了解。该事件绝非个案，因过高的关注度，遭受质疑的事情常有发生，这要求主管基金会及基金办公室随时保持敏锐的嗅觉和高度警惕，并拥有危机处理能力。这也对基金会的执行能力和信息公示透明度提出更高的要求。

应该将公众关注从社会名人转移到基金本身，并引导舆论，使基金所做的公益项目得到公众认可。玉米爱心基金在2011年首次从零星资助中脱离开来，选择与中国聋儿康复研究中心合作进行为期一年的聋儿康复训练计划，内容包括康复训练、康复评估和家长培训，涉及面较广，参与性也较高。形象代言人李宇春经常去康复中心探望受助儿童，同时邀请媒体参与到探望孩子康复训练的活动中，用镜头记录慈善，让公众感受到项目实施的真实感，逐步将关注点聚焦到基金本身。将项目交给专业机构单独运作，红基会既可以抽身出来，全力以赴进行筹款，也能有效进行项目的监督管理，从而降低并控制风险。

**2. 报批流程的繁琐易引起合作方不满**

名人做慈善很多时候是因为某些突发事件，或在特定情形下做出投身慈善的决定，具有一定的冲动性和激情性，大多缺乏长远的思考和专业的指导，同时自身还有很多其他工作，很难全身心投入慈善事业，在项目的选择上随意性大。主管基金会通过专业团队运作、项目指导设计以及政策把握，虽可以在一定程度上避免出现矛盾，但由于中国公募基金会有着较为繁琐的文件报批等工作流程，在专项基金设立的初期磨合阶段经常会与发起人出现冲突；在宣传管理上，也易出现因发起人较为随意地做出的公益承诺，不符合主管单位要求或不经报批直接实施而造成的矛盾。

红基会要求任何公益项目的实施都必须事先上报文件，管委会审核通过后方可实施，而基金在运作过程中常会遭遇突发事件，以嫣然天使基金为例，该基金在西藏进行"天使之旅"医疗救助行动时，因发现当地很多唇腭裂的患者家庭贫困，李亚鹏立即要求给每位就诊者发放一定的生活补贴，先由李亚鹏个人垫付，事后该费用从嫣然天使基金列支，但回京后该基金办公室并未上文汇报此事，最后红基会还是在财务部进行费用结算时才知晓此事。这是因为在现场直接发放生活补助，志愿者没有经验，未进行补贴发放的签收工作，按照红基金相关财务规定这笔支出无法报销。虽事后通过文件及相关手续的补报得以解决，但在处理过程中，一度引起李亚鹏团队的不满，认为红基会处理问题过于死板。

为了更好地解决该类问题，红基会将文件报批分为普通报批和特事特办，紧急事项可以电话沟通的方式先行处理，后补手续，但同样强调项目执行的规范性，同时要求尽量避免急事急办，以减少错误的产生。同时，尽量简化内部文件报批流程，加快文件流转速度。

**3. 管理规范的欠缺易影响专项基金稳定发展**

结合对专项基金的日常管理，笔者发现很多基金会都存在以下两种现象：一方面，机构管理人员对其运作模式了解不深，缺少深入研究，加上一些部门归口管理的专项基金数量较多，因此对专项基金的工作指导不够，制度化、规范化滞后。另一方面，一些专项基金是依托中介机构进行宣传推广和筹资联络。工作人员对慈善机构的法律法规了解不多，加之执行人不是专业和专职工作，因此运作过程中不规范的行为时有发生。

而这些问题主要表现在，部分专项基金的运作机制和管理规则等基本架构还没有搭建起来，仅靠一纸协议运作。专项基金归口管理部门对资助项目审查监督不力，缺少回访及评估。一些专项基金不冠用基金会的名头对外开展活动，独立对外宣传，引起有关部门的关注和提醒；一些基金不经报批就对外开展活动，即使有活动报批也不给时间提前评估，往往是临时抱佛脚，或者先斩后奏，影响活动成效，也影响机构形象。（刘京，2010）

很多主管基金会对专项基金管理的制度规范还滞后于专项基金管理的实践。以红基会为例，近年来对专项基金的管理主要依据内部制定的《红基会专项基金管理办法》，2011年为了进一步改进和完善专项基金管理工作，促使专项基金管理工作有章可依，有制可循，专项基金管理部着手草拟《〈红基会专项基金管理办法〉实施细则（试行）》。具体到某个专项基金的管理，较大程度上依赖于《专项基金发起或合作协议书》，以及后期成立的基金管委会制定的针对该基金的管理规则，包括管委会议事规则等。目前还有很大一部分专项基金在这些可作为从事规范化管理活动依据的制度、规则、协议等不够齐备、完善，需在管理运作的过程中不断修改、丰富。（王汝鹏，2010）

## 四　总结与讨论

系统地对红基会三个各具特色的名人专项基金的设立初衷、运作团队、筹款规模、受众对象、合作模式等方面进行横向比较，从而得出以下结论。

### （一）红基会名人专项基金合作模式具有合理性和有效性

针对名人专项基金的基本要求和特殊属性，红基会的管理模式总体来说具有一定的合理性和有效性，同时比较适合中国公募基金会及其公益运作的现实环境。作为公募基金会，与社会名人合作设立的专项基金，其本质属性是专项公益基金，基本要求是确保用于专门的公益用途并具有存续性，具体来说是要保证用途专门、使用公益以及可存续。红基会针对专项基金所设置的管理体制，从项目实施初期就有专门的对口管理部门深度介入，并从财务、宣传等方面予以专业把关，实施监督交由监督办公室，努力从源头进行规范管理。

本文所列举的三个专项基金，由于其发起人所具有的社会影响力不同，致使其专项基金的发展阶段和方向有所区别，但在目前来看，三种类型的基金模式满足不同需求的发起方，是适合专项基金的发展需要的。在基金项目实施过程中，随着发起人参与的不断深入，主导型合作模式会逐步向参与型转变。玉米爱心基金、嫣然天使基金和阳光文化基金在社会上良好的知名度也从侧面证明基金合作模式的合理性和有效性。

在实际情境下，中国的公募基金会包括红基会在内，一方面还拥有体制背景下的优势，如公信力和组织网络体系，并相应地在公益运作上具有自己的特点，如通过本系统直接从事项目运作管理和后期监督，另一方面，随着中国社会公益需求的多元化，公募基金会需要满足更多的公益用途，同时，非公募基金会迅猛发展并与之形成竞争对抗的局面，也迫使中国公募基金会尽快转型并不断提升自身能力。在此种情境下，红基会从专业管理入手，系统化进行项目跟进，并予以项目导向，结合基金会自身公益运作特点，并利用相关优势，突出社会参与，与基金会自身公益运作相结合，在一定程度上可以避开自身劣势。（王汝鹏，2010）

## （二）红基会名人专项基金的合作模式有待进一步完善

关注和研究社会名人设立的专项基金，不仅要看到名人效应对基金会发展带来的诸多优势，而且更需要我们关注它在发展的过程中所遇到和可能面临的诸多问题。名人效应是短暂和不稳定的，而基金会的发展是长远的事业。因此解决专项基金发展的可持续性和规范性，是专项基金及其主管基金会健康稳定发展的必要保证。

红基会现有专项基金管理运作模式可以保证基金的资金用于专门用途，但是，如何让公众更好地参与项目的管理和日常监督，增强专项基金的透明度和公信力，是目前管理模式所面临的问题。同时，由于仍然缺乏专业人员和有社会代表性的公众参与资金使用决策，相关决策主要还是由基金会与少数特定的人员作出，这不能保证专款专用的基金使用效益最大化。

在与发起人合作设立的专项基金运作管理过程中，由于有更加制度化的社会参与导致管理权的分散，实际上造成了风险源的增加，对于法律上承担风险和责任的基金会来说，如无恰当、有效的措施控制风险，可能导致较为严重的后果。

为了克服名人专项基金管理过程中出现的宣传短期性、外部冲击和人员不专业等现象，红基会加强日常工作的风险防控，逐步完善管理流程，根据不同的项目发起方，在坚持规定章程原则的基础上，有针对性地进行管理；加强基金工作人员的专业知识和技能的培训，强化公益理念培养；基金管理部门联合宣传部制定专项基金整体宣传计划，进行主导性宣传的同时加强危机公关；基金管理部门联合财务部及项目执行部门，强化信息披露工作，及时跟进项目实施情况，随时在官方网站公布。

在专项基金合作实施的过程中，某些专项基金可能被视为"专项基金"而非"专项公益基金"或"公益专项基金"。中国公募基金会的专项基金管理中如何确保其"专项公益基金"的"公益性"和"基金性"，避免其"专项性"压盖了其他两性，是应予重点考虑的问题。

**（三）从名人专项基金的合作模式到公益生态链的形成**

公益领域逐步形成三块内容：基金会、直接从事社会服务的组织机构、其他如专业团队的非资金类支持的组织机构。三者合理分工，各司其职。基金会（尤其是公募基金会）在这种格局中，更多地负责资金类公益资源的募集，以基金形式予以有效管理，合理分配给其他社会服务类的组织，通过自身系统加以辅助，并通过财务监督、审计监督等手段监管资金使用，提高整体公益领域的效率，促进公益领域生态链的形成。如玉米爱心基金与中国聋儿康复研究中心的合作聋儿康复训练，阳光文化基金与北京歌路营文化发展有限公司合作打工子弟艺术培训。

基金会的主要功能是倡导和服务。首先，基金会必须先期发现社会问题并探索出解决问题的可能途径；其次，基金会要努力整合慈善和志愿资源，以第三部门为依托，推动慈善和志愿服务的广泛开展。因此，基金会在第三部门发展中处于重要的龙头地位。一般来说，除了筹款和资助以外，基金会并没有其他专业服务特长。我国的多家公募基金会，虽各自公益理念和宗旨有所不同，公益项目有所区分，但在很多项目上仍有重叠资助现象。如中国青基会和红基会都开展了学校和卫生院（站）的援建项目，但援建标准各不相同，这在一定程度上造成有限公益资源的浪费。

所以，无论是公募基金会，还是非公募基金会，都应当向资助型基金会转型，成为各种专业服务型非营利机构的资源供给者，并与之形成明确的分工协作关系，相互支持、相互监督。（葛道顺等，2009）具体做法是：在外部制约和内部治理的基础上，借鉴国际普遍的边界划分和条件验证经验，根据国际性、地方性、社区性将慈善机构分层，做到各司其职、相互监督、相互制约，促进慈善运作的公开、透明、廉洁和效率，从而从整体上提高基金会的公信力和非营利服务机构的专业化水平。

**参考文献**

丁伟（2007）：《李亚鹏：天使爱慈善》，《中国企业家》，(23)：第144~147页。

刁滩（2011）：《社会"名人"在公共外交中的角色分析》，《社科纵横》，(6)：第163~164页。

葛道顺等（2009）：《中国基金会发展解析》，北京：社会科学文献出版社。

顾君盍（2008）：《李连杰：壹基金的明星慈善》，《华人世界》，(02)：第78~80页。

康晓光等（2011）：《基金会绿皮书——中国基金会发展独立研究报告(2011)》，北京：社会科学文献出版社。

刘京（2010）：《中国慈善捐赠发展蓝皮书（2010）》，北京：中国社会出版社。

刘选国（2012）：《中国公募基金会筹资模式的发展和创新》，《中国非营利评论》，(9)：第161~187页。

宋良亮（2009）：《对基金会发展中明星效应的思考——以壹基金为例》，《淮海工学院学报（社会科学版）》，(12)：第93~95页。

王汝鹏（2010）：《中国红基会专项基金管理模式探析》，《中国红十字报》，(9)。

中国红十字基金会（2012）：《2012年度财务报告》。

# A Discussion on Models of Collaboration between Public Foundations and Celebrity Charities in China

【Abstract】 In recent years, the Chinese public Fundraising Foundations carried out lots of activities with the participation of social celebrities. These activities have raised a lot of funds for the Foundation and also increased publicity exposure of celebrities and foundations. Based on founders' features and social influence, three special funds, Liyuchun's Fans Fund, Smileangle Fund and Sun Culture Fund were selected as sample bases. With the study to its founders, mission of the fund, operational situation, target groups, future development, it can be identified that the major ways of which the celebrities co-found special funds with a public-raising foundation are: leading, participating, and deputing. This model of cofounding a special fund, its advantages on branding, fundraising were observed and analyzed. Even though such model hasfew possible drawbacks, it still has considerable value of popularizing.

【Key Words】 Management of Social Organization; Public Fundraising Fundation; Special Fund; Cecebrities

（责任编辑：朱姝）

# 导师志愿者：社会企业家群的引擎

## ——以福建海西青年创业基金会导师志愿者工作网络为例

**林志刚　徐　正　朱晓红**[*]

**【摘要】** 福建海西青年创业基金会主要开展以"资金＋导师"方式帮扶青年创业的公益项目。在该项目中，以企业家为主体的导师志愿者是组织的核心纽带，他们制定组织的规则，监控组织的流程，并做出核心决策。导师志愿者的独特之处在于，他们自主发挥企业家精神，通过开发创业培训课程体系、引入ISO9001质量管理、创办社会企业反哺公益组织等，对原有的扶持青年创业标准模式进行创新。这种公益价值链的市场化延伸，使得企业家的身份在从商业到公益再到"商业＋公益"的过程中依次转换，即企业家进入公益组织后成为导师志愿者，导师志愿者主动创办社会企业反哺公益组织成为社会企业家。海西基金会导师志愿者工作网络为企业家提供了发挥社会资本聚合效应的场域，企业家在海西基金会导师志愿者工作网络中将商业与公益有效结合，促使了社会企业的产生与发展。这种创新性的运

---

[*] 林志刚，清华大学公共管理学院创新与社会责任研究中心博士后；徐正，清华大学公共管理学院创新与社会责任研究中心博士生；朱晓红，华北电力大学社会企业研究中心主任，教授。

作模式有可能推动社会企业家群的产生和发展，从而为公民社会的生长与和谐社会的建设提供一种新的思考与发展路径。

**【关键词】** 企业家　导师志愿者　社会企业　引擎

# 引　言

青年失业现象已经成为威胁经济发展和社会稳定的重大社会问题。早在2005年，首份青年就业状况报告显示，15岁至29岁的中国青年总体失业率为9%，高于6.1%的社会平均失业率，而且失业青年大部分为长期失业。（全国青联、劳动和社会保障部劳动科学研究所：2005）最新的数据表明，我国青年的失业问题依然严峻。2011届大学毕业生的失业率仍然高达9.8%，将近57万人处于失业状态。（麦克思研究院，2012）在与失业问题的斗争中，鼓励青年创业不失为缓解就业压力的有效手段。然而，创业并非易事，虽然我国20%的青年具有创业意愿，但是我国青年创业企业的存活率只有3%。（摩立特集团，2009）如何扶持青年成功创业，已经成为全社会关注的问题。福建海西青年创业基金会（以下简称基金会）就是在这样一个背景下成立的、以扶持青年创业为宗旨、以导师志愿者为核心的公益组织。

基金会成立于2005年6月，经过七年的发展，该基金会多层次、广覆盖的扶持青年创业网络体系正在逐步形成与完善。基金会帮扶青年创业的公益项目模式为：通过接受社会捐赠和资助，建立青年创业专项基金，为符合条件的青年创业者提供无息启动资金和"一对一"导师辅导等公益服务。自成立导师志愿者工作网络以来，基金会在"资金+导师"的标准扶持模式基础上不断探索、持续创新，充分调动以企业家为主体的导师志愿者的活力和资源，开发了一整套创业培训课程，引入了ISO9001质量管理体系，协助孵化了社会企业蓝丝带公司。本文以该基金会为例，通过实地观察与深度访谈，探讨：企业家如何转变为公益组织的导师志愿者，又如何由导师志愿者转变为社会企业家？他们怎样将商业与公益相结合，并推动公益价值链的市场化延伸？这种创新模式是否能孵化出更多的社会企业，从而推动社会建设与发展的变革？

## 一 导师志愿者推动公益价值链的市场化延伸

在基金会七年的成长历程中,导师志愿者起了主导作用,推动了三个关键的创新实践,即培训体系的创新、组织管理的创新和公益模式的创新,也正好对应了公益价值链①的前端、中端和后端(如图1所示)。

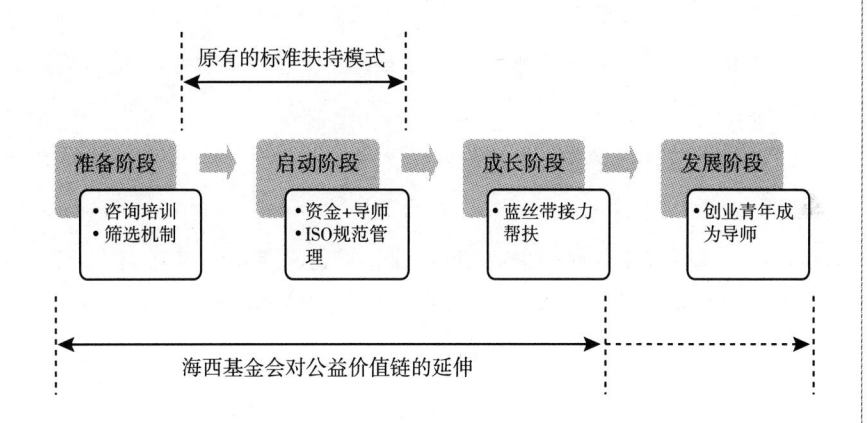

**图1 基金会的创新延伸了公益价值链**

### (一)公益价值链的前端创新——构建培训筛选体系

对创业青年的培训是基金会扶持创业的重要组成部分,是基金会汇集智力资源扶助青年创业起航的一种具体形式。原有体系对创业青年的

---

① 价值链(Value Chain)的概念最早由哈佛大学迈克尔·波特教授提出。他将企业的各项活动描绘成一个价值增值和价值创造的动态链式结构过程,该动态过程即价值链。价值链是各种价值活动系统的有机组合,包括生产经营的实质性基础活动以及提供稳定环境和资源以有效支持价值链运行的辅助活动。一件产品的价值由整条价值链所创造,产品的竞争力实质上体现了整条价值链上各环节的整体竞争力,也就是企业的竞争力。因而,价值链是研究竞争优势的有效工具,通过考察价值活动相互之间的关系,就可确定企业竞争优势。价值链对各价值活动之间结合的有机、协调的要求,使得优化价值链的结构比优化单独的价值活动更能增强企业竞争优势,提升企业效益。参见〔美〕迈克尔·波特《竞争优势》,陈小悦译,华夏出版社,1997。对于公益组织来讲,借鉴企业价值链管理理念和方法,明晰组织战略发展方向,构建良好的组织生态环境,优化、创新组织公益活动的每个环节,创造更有效的价值活动,可提升、促进公益组织的效益与绩效。

辅导包括咨询、培训、一对一导师辅导、专家小组辅导等几个阶段，但是并未对咨询培训的具体形式做出规定和要求。

一般来讲，超过70%的青年有创业梦想，而只有20%的青年具有真正的创业潜质。这就意味着，基金会需要通过培训等形式，去激发青年的创业激情，筛选具备创业特质的青年，并对他们的创业实践进行引导。鉴于此，基金会开始探索建立培训和筛选体系。通过培训体系对青年进行筛选是基金会的创新举措。基金会之所以建立这套完善的培训筛选体系，是导师志愿者出于对创业规律的深刻洞察。整个探索的过程体现了导师志愿者的重要作用：

**1. 导师志愿者能敏锐地发现问题**

导师志愿者李凤表示，引入国际劳工组织的 SYB（"Start Your Business"，意为"创办你的企业"）培训，初衷是希望通过五天的培训，帮助青年完善商业计划书。商业计划书是青年创业的基础，也是帮助青年梳理商业模式、发现并解决问题的最佳切入点。但是，由于此前基金会并没有形成系统、完整的计划书写作培训，导师志愿者觉得有必要引入一套成熟的培训课程。SYB 培训原本有十天的课程，导师们结合福建创业青年的实际情况，将课程压缩到五天。

基金会办公室主任黄绍庆在回忆引入 SYB 课程经过的时候提到，原来是请受过 SYB 培训的教师和官员去辅导创业青年，但是当他们发现教师和官员没有办法解答创业当中遇到的具体难题的时候，便将师资换成了企业家导师志愿者。

**基金会办公室主任黄绍庆**：我觉得很重要是授课的师资。我们之前的时候请高校的老师，或者一些政府官员——他们参加过师资（认证培训）——给我们创业青年上课。其实课程还是蛮浅显易懂，而且有一些很好的案例穿插其中，还有模拟的游戏，那个也是很好的。但是因为老师除了去传授这些课程以外，没有能再带给学生一些东西，因为（每一位创业青年遇到的问题）都是个性化的，每一个人项目都不一样，他们咨询老师，（老师）很难做更多的反馈。所以我们后来就改了，请劳动部的师资培训师来培训我们的导师。……他们每讲一个模块的时候,会结合自己的体会,还有他见过的青年案例,跟大家分享要关注哪些地方。(2012年10月15日访谈)

**2. 导师志愿者整合了相关培训资源**

培训体系之所以能够建立,是因为导师志愿者整合了相关的培训资源。以筹办海西青年创业培训班为例:2007年,导师志愿者李凤将两位SYB老师从北京请到了福建。福建30名导师志愿者接受了为期10天的培训课程。之后,获得SYB认证的导师志愿者结合基金会的特点,将针对创业青年的SYB培训课程从十天修改为五天,以帮助其完善创业项目计划书。

**3. 导师志愿者在培训中起到主导作用**

导师志愿者在各类培训当中起到了主导的作用。例如,在海西青年创业培训班上,受过SYB师资认证的导师志愿者是课程的主讲人,他们讲授商业书的写作并分享创业经验。又如,在海西青年创业大讲坛和创业青年俱乐部的培训交流活动中,导师志愿者要么负责主讲,要么邀请其他企业家来分享。而且,在基金会项目计划书评审的环节里,导师志愿者全权决定项目如何修改、是否受到扶持等事项。

通过七年的公益实践,基金会建立了四个层次的培训体系以及包括讲座、沙龙、推介会、课程和评审等七种培训形式。通过该培训体系,基金会使得更多青年享受到创业培训带来的好处,也可以筛选出真正具有创业意愿和潜质的青年,提高了青年创业项目计划书评审的通过率。换句话说,基金会在"资金+导师"的扶持青年创业标准模式的入口处往前延伸,对原有的咨询、培训工作进行了补充和完善,增添了筛选机制,拓展了公益扶持创业的价值链条。

**(二)公益价值链的中端创新——导入ISO9001**

ISO9001质量管理体系讲究"以客户为关注焦点",强调"过程方法"和"持续改进"。基金会用企业化的思路去经营公益项目,从2010年开始筹划导入ISO9001质量管理体系,并逐步将它推广到全省的各个办公室和工作站。2012年10月，基金会拿到了中质协质量保证中心颁发的ISO9001：2008认证证书。作为一家公益组织，基金会导入质量管理体系的做法，体现了导师志愿者和项目官员对组织长期、稳固发展的关切。

为什么一家公益组织要主动去导入质量管理体系？公益组织不同于企业，公益组织的"客户"一般不会要求组织对产品和服务进行认证，而且创业扶持领域也没有质量管理体系的准入要求。那么，基金会主动导入质量管理体系的原因何在？为什么在2009年基金会迅速发展的时候，导师志愿者会想到借鉴企业质量管理的思路？

访谈发现，基金会导入ISO9001的原因，一是来自外部的客户诉求，二是源于内部的管理问题。具体来说：

其一，2009年，导师志愿者发现有青年抱怨创业项目申请速度慢，有项目官员反映青年还款率低。

**导师志愿者李凤**：2009年下半年到2010年上半年，我到基层走得比较多。我到底下接触青年、到基层去上课的时候，我听到青年抱怨说，申请太难了、太慢了；我听到基层的工作人员说，很多项目到了省办之后，评审时间有些长。我觉得，发展过程中总是有的（指总是会遇到这样或那样的问题）。但是，从企业角度来讲，这个东西不难。用什么方法来解决这个问题呢？我觉得质量管理体系是非常重要的。

2009年反馈回来，我们得知（2007年基金会刚起步的时候扶持的这批青年的）还款率比较低，全国办也给我们提出来了（这个问题）。那么为什么还款率这么低呢？因为我们当时没有定指标。当时基金会都是一些年轻人在做，一腔热情，没有经验，没有这个意识，他们关注了发展，但是没有关注到后面的稳固工作。但是，我们觉得不难，所以建议办公室做这个工作。……基金会发展比较快，但是在快速发展的过程中，我们有一个机制在后面保驾护航。快的基础上又有品质，多好！（2012年10月13日访谈）

其二，2009年前后，福建省十个地市的基金会工作站如雨后春笋般成立，公益扶持的规模扩大，项目官员人数增加（同时也有一些人员流动），但是他们对基金会的扶持模式并不熟悉。

**基金会办公室主任黄绍庆**：我们从2009年开始设立地市工作站，我们那时候的工作规范里有一个新人的培训，新人的培训就是每个部门的人告诉这个怎么做，那个怎么做，但是不是很规范，所以他回去以后掌握得不是很完整，回去以后也忘了一些了，然后再做就反反复复，就很有问题，所以评审的速度慢了。

项目官员越来越多，也有一定的流动性。出现问题的时候，我们觉得工作站刚刚成立，新人需要锻炼，后来又走了一拨人，（我们对新人）又要重新培训。（2012年10月15日访谈）

上述两方面的原因使得导师志愿者产生了危机感和责任感，因此建议基金会导入质量管理体系。正如导师志愿者李凤所说："公益组织不同于企业，因为企业都有一个生存的生命线，比如当企业的利润达不到某个程度的时候，或者产品的合格率低于某个程度的时候，企业是要破产的。而公益组织现在还没有这种担忧。……公益组织感觉不到创业青年的抱怨，感觉不到社会信任度的下滑，虽然这些不影响组织的生存，但是会影响后面的发展。"因此，主动导入ISO9001，可以使基金会在快速发展的同时规范管理流程，保持服务质量。

而基金会之所以能够成功导入ISO9001质量管理体系，得益于以下两个基础条件，即项目官员团队的快速学习能力和导师志愿者对导入工作的大力支持。此外，一位ISO认证培训师也对认证工作带来了很大的帮助。

作为一套与国际接轨、相对成熟的质量管理体系，ISO9001补充和增强了基金会模式标准典章对公益扶持创业的相关规定：第一，ISO9001补充了岗位职责，细化了操作流程。典章主要规定了工作原则、办公室的职责、扶持青年的流程，但是缺少项目官员具体岗位的职责、详细的操作流程。而ISO9001质量管理体系文件则根据典章的原则，结合福建省扶持青年创业的具体情况，将日常经验固化成文件，具体规定了项目官员的个人职责和各项工作的详细流程。第二，ISO9001 增强了公益扶持青年创业的目标管理、流程控制和绩效考核。质量管理体系注重设定组织目标，以及对目标进行分解；注重对项目各个环节的管控；同时也注重对项目结果的考核。

如果说基金会模式标准典章是借鉴企业永续发展思路、将公益扶持青年创业的模式标准化和流程化的一套纲领和手册，那么，基金会引进的 ISO9001 质量管理体系则是导师志愿者和项目官员进一步借鉴企业化管理思路，将公益扶持青年创业的日常操作和管理经验落到实处的一次尝试。

根据访谈和观察，基金会在导入 ISO9001 之后，组织的内部管理和对外服务都发生了明显的、积极的变化。从内部看，公益组织明确了自身的质量目标，完善了组织的内部管理，增加了项目操作的标准化程度，从而总体上提升了工作的效率；从外部看，基金会提高了扶持青年创业的申请速度与还款率（见表1），增加了扶持的创业青年的人数（见表2）。

表1　创业青年的还款率（2009~2011年）

单位：%

| 年份 | 还款率 |
| --- | --- |
| 2009 | 67.4 |
| 2010 | 73 |
| 2011 | 80 |

表2　基金会扶持的创业青年人数（2009~2012年）

| 年份 | 2009年 | 2010年 | 2011年 | 2012年（1~9月） |
| --- | --- | --- | --- | --- |
| 扶持人数 | 45 | 69 | 151 | 104 |

### （三）公益价值链的后端创新——创办社会企业

福州蓝丝带商务会展有限公司（以下简称"蓝丝带"）是由基金会的十位导师志愿者主动发起捐资、注册成立的一家社会企业。为什么他们要采用社会企业这种新型组织形式，而不是传统的企业或公益组织，来解决扶持青年创业的社会问题？据访谈了解，有两个原因促使导师志愿者创办社会企业。

第一，几位发起人都提到成立蓝丝带的最初目的是解决创业青年的产品销路问题，即帮助拥有优质产品的青年打开销售渠道。

**导师志愿者吴云通**：正因为福建的导师比较活跃，……所以才会有蓝丝带。当然成立社会企业源自创业青年产品的销路问题。最早只有一个最简单的愿望：很多创业青年的企业都很小，产品量很小，自己没有能力做好销售，阻碍项目发展。我们试图组织这样的社会企业，利用导师团队的资源，帮助青年销售产品。很多地方也把青年产品推荐给导师，但是不可持续——因为导师们心里有疑惑：创业青年的产品是不是很好？价格是不是合适？而我们要搭建平台，使得创业青年货真价实的产品进入这样的平台，从而一步步将青年领进商业网络。（2012年10月13日访谈）

**导师志愿者李凤**：青年的产品销路出现一些难题，然后我们导师探讨如何在帮扶他们的过程中帮助他提高销售。从这个由头开始，然后我们去成立一个社会企业，把这些资源整合起来。青年的产品如果是特别好，但是存在能力问题，或者人脉的问题，可能在销售上就是供销不对应，信息不对称，那我们想通过我们的导师成立一家公司，让这个产品在一线能够面对社会，从这个由头开始，然后慢慢越做越深。（2012年10月13日访谈）

第二，导师志愿者们提到了《企业的未来：构建社会企业的创想》对他们的深刻影响。这本书是穆罕默德·尤努斯和卡尔·韦伯在2011年出版的著作。该书认为："社会企业之所以成功，是因为它抓住了传统营利公司所忽略的商业机遇，其所有利润没有用来回报股东，而是再投资以扩张企业的雄心壮志。从这方面来说，它实质上是不为股东考虑的资本主义。"（尤努斯、韦伯，2011：扉页）

**导师志愿者吴云通**：其实我们蓝丝带源自我们的每个发起人都看过的一本书——《企业的未来》……这本书是正好吻合了我们所有的想法。我在会议上看完这本书，我觉得就应该推荐给大家，就

一下全解释了，把我们所有想的问题全想到一块去了。（2012年10月13日访谈）

于是，在2010年11月，十位导师志愿者发起人共同出资50万注册成立了福州蓝丝带商务会展有限公司。导师志愿者吴云通在回忆当时邀请其他导师志愿者加入公司董事会的过程时说：

> **导师志愿者吴云通**：我们当时谈的时候没有一个不同意的，大家一起出一笔钱去成立一家公司，这家公司成立以后我们大家都不获利，如果能赚钱的话，全捐给基金会。问大家干不干？所有人没有二话，都说能不能马上、明天就干？说明关键还是我们大家凝聚起来的这一批人很有公益心，大家就觉得是公益，是不是？……我们为什么要做基金会？其实因为觉得有意义，做一件有意义的事情。那么做这个蓝丝带其实目的也是想能不能把这个意义能够发挥得更好一点。（2012年10月13日访谈）

蓝丝带成立之后，组织按照《公司法》的规定搭建管理构架和经营模式。十位发起人担任公司股东，每年由一位发起人轮流担任执行主席，负责公司日常事务和业务拓展方面的决策。公司聘请专职运营团队打理公司日常事务。

> **导师志愿者许章迅**：管理架构和经营模式都和一般的公司的没有什么太多的区别。……法律层面都是按《公司法》来规定的，比如说可以做股权转让或者什么的，有人也会退出，我们是希望可以形成这样一个比较开放的机制。……我们今年还会再发展两个导师进来。（2012年10月13日访谈）

经过2011年的探索、沉淀，蓝丝带明确了自身的经营方向：作为基金会的左膀右臂，形成三条相对稳定的产品线，即创业青年产品销售、基金会俱乐部服务、创业培训服务。当年蓝丝带的营业额就达到了179.6万元。

作为一家社会企业，蓝丝带追求经济目标和社会目标的平衡。所谓经济目标，是指公司按照市场的规则进行运作，先要维持企业的生存和可持续发展；同时，员工工资要有竞争力，从而能够吸引和留住人才。所谓社会目标，是指蓝丝带通过"扶持帮助基金会资助的创业青年个人和企业成长，创造就业机会，舒缓就业难的社会问题"。（基金会，2012）蓝丝带以"感恩、诚信、责任"作为核心价值观，以"是否符合社会责任标准，是否符合基金会公益文化理念"作为确定公司主营业务方向的标准，在经营活动中贯穿"爱心集合智慧，服务打造精品"的企业理念。

蓝丝带追求经济目标和社会目标的平衡，具体体现在以下三个方面：

第一，从公司的财务角度来看，作为社会企业，蓝丝带发起人永不分红，但是蓝丝带的利润分配兼顾团队的激励和公益的目标。具体来说，企业利润的30%用作经营团队的绩效工资，用于激励员工努力工作，从而更好地实现经济目标；其余70%则捐赠给基金会，并设立蓝丝带专项基金，用于扶持青年创业的公益事业。按照发起人之一、导师志愿者许章迅的说法，30%的绩效工资实际上是企业运作的成本，因此剩下70%的利润实际上是企业100%的利润。

第二，从导师志愿者发起人的理念来看，发起人并不追求利润最大化，而是追求在公司持续发展的基础上提供尽可能多的服务，特别是为创业青年和导师志愿者的公益服务。导师志愿者吴云通、许章迅、李凤等都提到了这种看法。

**导师志愿者吴云通**：它的第一功能不是利润最大化，（而是）在能生存的基础上看它产生了多大的服务效果，比如说我们蓝丝带，蓝丝带定位的社会问题就是解决这个青年创业的问题。……我们搭建成一个服务和凝聚导师的平台，一个帮助创业青年销售商品、拓宽渠道、拓宽经营思路的平台，进而帮助基金会这个平台做一些服务，包括一些培训的服务等。所以我们希望的就是能扩大这种服务内容和服务量，并以此为重要的考核指标，而不仅是只盯着每年的利润是多少。（2012年10月13日访谈）

**导师志愿者许章迅**：（举例来说）香港的平安钟最终是不会有很

高的效益的，但它每年发了多少的平安钟出去，让多少老人在危机的时候通过平安钟得到了救助，得到了帮助，得到了服务！然后它这里的微薄的收入能够维持正常的运营。如果利润再扩大一点，它也不一定要再捐出去哪里。它只要是再把平安钟从原来那100万只，变成150万只，这就是成绩不断的高度扩大，（而）不是它账面上最后盈余出来的那个利润率有多高。(2012年10月13日访谈)

第三，从外部评估角度来看，导师志愿者许章迅创新性地提出要请第三方独立机构作蓝丝带的社会目标效果评价报告和专项审计报告，从而使蓝丝带的社会企业性质能够得到社会的认知和认可。

**《2011年度蓝丝带社会目标效果评价报告》**：社会企业是为解决社会问题而成立，以有无增加社会效益为衡量标准。……蓝丝带在实现商业运作的同时，也履行着自身设定的社会目标责任。（基金会，2012）

蓝丝带是导师志愿者践行社会企业理念的新生儿，在成立之后的一年多时间里，蓝丝带依托YBC（中国青年创业国际计划）的平台，利用商业手段扶持青年创业，并广泛挖掘企业家和创业青年的资源优势，取得了一定的成绩。这些成果包括：在财务方面，实现收支平衡，并略有盈余；在公益扶持方面，帮助青年销售创业产品，增进导师内部的联络，为青年提供了创业培训（见表3）。总体上看，蓝丝带正在逐步探索业务模式，延伸扶持青年创业的公益价值链条。

表3 2011年蓝丝带财务状况

单位：万元

| 业务模块 | 营业额 | 毛利润 |
| --- | --- | --- |
| 创业青年产品销售 | 65.7 | 4.5 |
| 商务考察和导师俱乐部活动 | 85.5 | 10.9 |
| 创业培训服务 | 28.4 | 9.9 |
| 总　计 | 179.6 | 25.3 |

## 二 导师志愿者精神及其身份转换

通过对基金会七年成长历程的回顾和对三个关键创新事件的描述发现，基金会的创新动力和机制在于导师志愿者自主发挥企业家精神，有效地将商业理念模式与公益服务相结合，延伸并强化公益价值链，注重目标管理和过程控制，创办社会企业反哺公益组织，从而支撑公益组织的可持续发展，以解决青年失业和创业难的重大社会问题。在延伸公益价值链的过程中，作为组织主体的导师志愿者历经了企业家、志愿者和社会企业家三个身份的转换（如图2所示），并得到了服务对象的认同和社会的支持。

企业家
- 在商业领域有一定成就
- 在社会上有一定地位
- 具有公益心和社会责任感

导师志愿者
- 被公益组织吸纳，找到归属
- 在导师群体中自我净化和提升

社会企业家
- 主动切入
- 尝试成立社会企业

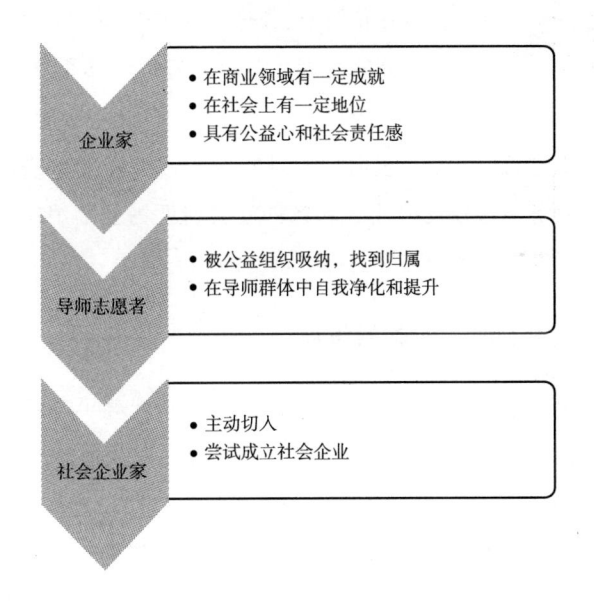

图2　导师志愿者的身份转换过程

### （一）导师志愿者的企业家精神

在进入公益组织之前，导师志愿者的身份是企业家。企业家"entrepreneur"一词是从法语中借来的，其原意是指"冒险事业的经营者或组织者"。法国早期经济学家萨伊认为，企业家是把土地、劳动、资本这三个生产要素结合在一起进行活动的第四个生产要素，是能把经济资源由较低的领域转移到较高领域的冒险家。企业家具有好奇心、激情、革新意识、创造性以及人际交往能力，这些要素使得他们不同常人。（迪斯等，2011：312）经过风险乃至破产的威胁以及残酷商战斗争的洗礼，能真正脱颖而出的往往是那些具有敏锐的洞察力、超前的意识、丰富的经验、广泛的社交能力，敢于冒险、大胆创新、善用机会的人。当企业家取得成功，即在商业领域有一定财富成就、在社会上有一定地位名望时，他们中的大部分人一般都会秉持公益心，履行其社会责任，将自己的财富回馈社会。

基于企业家的特质和企业文化的提炼，企业家精神体现为一种创新意识，包括了新思路、新策略、新产品、新市场、新模式、新发展等；企业家精神也是一种责任，意味着敬业、诚信、合作、学习；企业家精神还是一种文化修养，体现为广博的知识、高尚的道德情操和丰富的想象力；企业家精神更是一种价值观，即要创造利润、奉献爱心、回报社会。

因此，要发动和吸收有爱心、奉献精神和社会责任感的企业家参与到公益事业中来，充分发挥他们的各种社会资源为公益组织服务，以应对政府失灵和市场失灵所带来的难以解决的社会问题。

**（二）导师志愿者的志愿精神**

基金会的文化系统包括三个层次，即经济与社会平衡发展的核心理念，公平化、市场化和民主化的制度理念，以及寻求跨界合作的方法理念。（谷丽萍、林志刚、郑凤勤、徐正、丁晶晶：2012）基金会导师志愿者的志愿精神，用导师志愿者许章迅的话来说，就是平等、自由、开放和互爱。这八个字是导师志愿者持续参与志愿服务动机的关键所在。因为这一志愿精神，导师志愿者们在参与志愿扶持青年创业的活动中，感受到了快乐，建立了信任，找到了归属感和认同感，实现了自身的价值。他们的身份已经在基金会中由企业家转换为了导师志愿者。

**1. 平等**

平等是指导师志愿者在参与基金会的活动中，不论其身份贵贱、级别高低、年龄大小、财富多少，都能得到一视同仁的对待，他们拥有同一个称呼：导师志愿者。这种平等体现在基金会活动的每一个细节上，比如，开会不排座次，大家都围绕圆桌就座。每一位导师志愿者，不管他来自哪里，都能够为扶持青年创业的公益事业贡献自身的力量，融入基金会的志愿服务大家庭。

> **导师志愿者许章迅**：这个平等确实我自己体会得比较深刻，而且应该来说基金会组织活动，包括黄绍庆，包括他们这些在处理这些细节上应该处理得都非常好，并不是因为这个导师是一个上市公司董事长，那个导师只是一个一般的管理人员，在参加活动的时候，比如说对这个地位很高的或者特别另眼看待、特别招待、特别殷勤、特别热情，或者对其他的会比较一般一点，从来没有这样，就是对大家都一视同仁。所以这种平等的感觉确实是这样。（2012年10月13日访谈）

### 2. 自由

自由是指导师志愿者自愿、主动参与到基金会扶持青年创业的活动当中。因为自由，导师志愿者可以力所能及地贡献自己的时间、经验、技术等各种资源，而不是在压力下拼命地付出，这样公益便不会成为一种负担。导师志愿者许章迅谈到基金会的公益活动与行政摊派的不同：

> **导师志愿者许章迅**：像很多公益事业，哪里要抗震救灾，每个人摊派，你1000块钱，你200块钱，实际上大部分人也不在乎这个多少钱，实际上就感觉到这个不是我心甘情愿拿出来的，这个是行政压力。或者是捐什么书，捐什么衣服，你说不说我们大家经常也都捐，你说了反而让人家感觉到好像并不是自己本身应该拿的，这个就是一种压力了。……而在基金会，如果你今天确实没空，你就跟他说一下，你不会说感到愧疚，或者说有压力。（2012年10月13日访谈）

也正是因为自由的理念，基金会可以调动每一位导师志愿者参与公益活动的积极性。基金会主张每位导师志愿者"奉献一点点",为公益事业作出力所能及的贡献。基金会将工作"众包"给各位导师志愿者,然后再将每一位导师志愿者的贡献汇合起来,这样就形成了一股强大的扶持青年的力量。

**3. 开放**

开放是指基金会的志愿平台面向所有导师志愿者开放。可以有新的企业家、政府官员和专家学者加入基金会的志愿大家庭,成熟的导师志愿者可以成为核心导师,大家都可以为基金会的发展贡献自己的想法和资源。

**导师志愿者许章迅**:这个志愿的平台是开放的,是大家共同的平台,平台里要有核心导师在工作,在创新,但是到最后的时候培养出一些新的比较成熟的核心导师,我们就马上轮值。不是说我们一定要继续做执行总干事,会有新的人来做执行总干事,我们又回去做志愿者。(2012年10月13日访谈)

也正是因为开放的理念,基金会才能源源不断地吸引新的志愿者进入这个平台,才能源源不断地培养新的核心导师,才能防止僵化,不断地鼓励创新的想法和机制。实际上,开放的理念不仅适用于基金会,它也适用于由导师志愿者发起的蓝丝带社会企业,也就是说,任何赞同蓝丝带理念和做法的导师志愿者都可以入股,共同以社会企业的形式扶持青年创业。如今年蓝丝带就将吸引两位新的股东加入。

**4. 互爱**

互爱是指基金会大家庭成员之间的相互爱护。每个人心中都有一种渴望:渴望奉献,渴望改变。互爱既有导师对青年的关怀,也有青年对基金会的感恩。基金会的成功之处,在于为企业家提供了实现个人价值的平台。扶持青年创业是这样一种事业,企业家能够在其中发挥作用,而且只有企业家才能发挥这样的作用。这种爱,只有企业家才能给予。

**导师志愿者王东平**:我是团委商会的成员,(2005年)经过团委的介绍加入基金会。我们平时也做义工，但是帮助青年创业不是所有人都可以做的，而自己可以。……在帮助青年的过程中，自己也得到了提高。在交流的过程中，建立了友谊。(2012 年 10 月 13 日访谈)

我们或许能够从福建的感恩文化中发现互爱的缘由：

**导师志愿者林思宁：**福建是一个蛮感恩的（地方），因为很多人都在外地做事情，南洋、外国，因为福建很多人是自己拼出来的，他就（能够）很深地体会创业初期的各种东西，我觉得他们在创业初期所感受的东西一定埋下了种子。(2012 年 10 月 14 日访谈)

正是因为互爱的理念，导师志愿者才能有创新的动力。因为导师志愿者对创业青年的关怀，使得他们能够发现青年在创业过程中的各种困难，发现基金会在扶持青年创业过程中的各种困难，并提出创新性的解决方案。培训体系、ISO9001 和蓝丝带都是来自导师志愿者对这些困难的回应。

## （三）导师志愿者的社会企业家精神

基金会的导师志愿者在"传、帮、带"的经验传承过程中，慢慢发现"资金＋导师"的扶持模式还不够，需要更进一步地创新。社会企业家精神可包括企业家、理念、机遇和组织四个部分……一种研究策略可能有助于企业家开发和实施更好的理念，发现机遇，并创建更有创造性的组织。(莱特，2011：6~7) 创新不是一种被动的适应和接受过程，而是一种主动切入、解决问题、发挥能动性的创造过程。如前所述，企业家的特质是敢于争先，善于冒险，抓住机遇，大胆变革，创造性地解决资源配置低效问题，从而利用有限的资源做更多的事。因此，当企业家精神与志愿精神相结合的时候，借鉴商业中高效规范的模式和方法来解决社会公益服务问题，就成为自然而然的事了。基金会的导师志愿者创办社会企业蓝丝带，其盈利最终反哺基金会，从而为可持续地扶持青年创业、解决社会失业和就业难问题，开辟了一条新的道路，这就是社会企业家精神最本质的体现。由此，企业家的商业管理与导师志愿者的志愿服务相结合，在一定程度上超越了企业家或志愿者的身份，公益组织中导师志愿者的身份也相应转为了社会企业家。"社会企业家必须同时对设定目标和解决问题具有创造性。其次，企业家的特质不是领导力、管理能力或执行事务的能力；而是情感上深深地致力于创造遍及整个社会的变革。"（Drayton，2005）迪斯则认为社会企业家在变革的发端点上起着关键作用，"在其他人发现问题的地方，社会企业家却发现了机遇。……他们不是简单地被他们对社会需求的感知或怜悯之心驱使，而是拥有如何实现改良社会的愿景，并决心实现他们的愿景，且为之不懈努力。"（Dees，1998）

因此，社会企业家精神是在企业家精神和志愿者精神结合基础上的一种超越，是基于打破常规模式、将商业与公益相结合的创新理念，去仔细发现与识别问题，并敏锐地判断发展机遇，然后创办社会企业，甚至是围绕公益组织形成多个社会企业的群，共享资源、共同协作，从而解决社会重大的紧迫性问题。

## 三 导师志愿者是社会企业家群的引擎

扶持青年创业是一个复杂的社会难题。基金会在解决这一复杂问题的过程中，不断探索、持续创新，成为全国志愿者工作网络中的领跑者。在基金会的创新发展过程中，导师志愿者一直起着引擎的作用。在基金会现有"资金支持＋一对一导师辅导"的扶持青年创业模式基础上，导师志愿者自主发挥企业家精神，通过开发创业培训课程体系、引入ISO9001质量管理、创办社会企业反哺公益等，对基金会的标准扶持模式进行了创新。这种公益价值链的市场化延伸，使得企业家的身份在商业、公益以及"商业＋公益"的过程中依次转换，即企业家进入公益组织后成为导师志愿者，导师志愿者主动创办社会企业反哺公益组织成为社会企业家（如图3所示）。

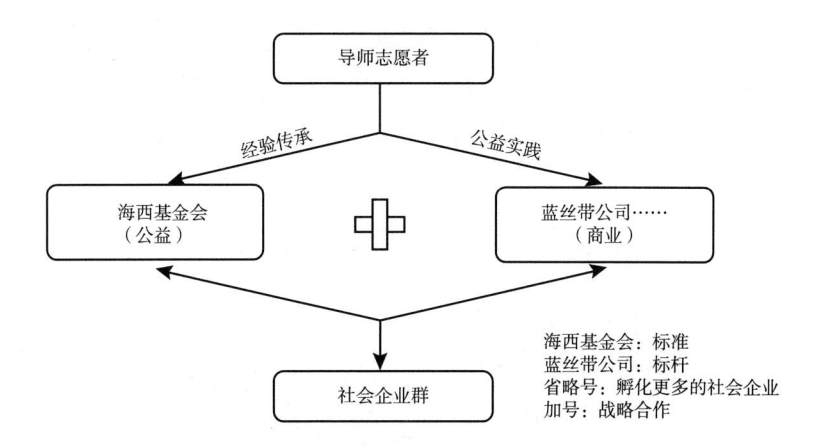

**图3　导师志愿者是社会企业群的引擎**

海西基金会：标准
蓝丝带公司：标杆
省略号：孵化更多的社会企业
加号：战略合作

基金会导师志愿者工作网络为企业家提供了发挥社会资本聚合效应的场域。基金会是由各种社会资源整合而成的微公益网络，它整合了政府、企业、社会各界合作伙伴的政策、信息、资金、物资、人力、公信力等多种有形资源和无形资源，搭建了基于社会信任的社会资本网络。每一个导师志愿者都是该网络中的"络"（knit），每一个"络"就是组织的生长因子，他们凝结成一个取之不尽、用之不竭的资源宝库。基金会通过制定相应的模式标准和制度规范，强调资源使用的合理性、合法性原则，形成资源的开发与循环系统，实现社会资源的有效配置和组织的可持续发展，从而达成公益目标。

企业家以基金会导师志愿者工作网络为枢纽，利用社会网络集聚的社会资本，汇合企业家精神和志愿精神，创新性地将商业与公益有效结合，促使了社会企业的产生与发展。

值得一提的是，这种以公益组织为核心机构、导师志愿者发挥引擎作用的运作模式已初见成效。目前，基金会的导师志愿者正在使用、完善该模式，探索成立更多的社会企业，如"八方人才""树叶网"等（见图4）。可预见的是，这种"1（公益组织）+N（社会企业）"的模式在一定程度上会孵化出更多的社会企业，形成社会企业群，在公益价值链的基础上编织以导师志愿者为节点的社会资本网络，从而带来整个公益生态的变革，为公民社会的生长与和谐社会的建设提供一种新的思考与发展路径。

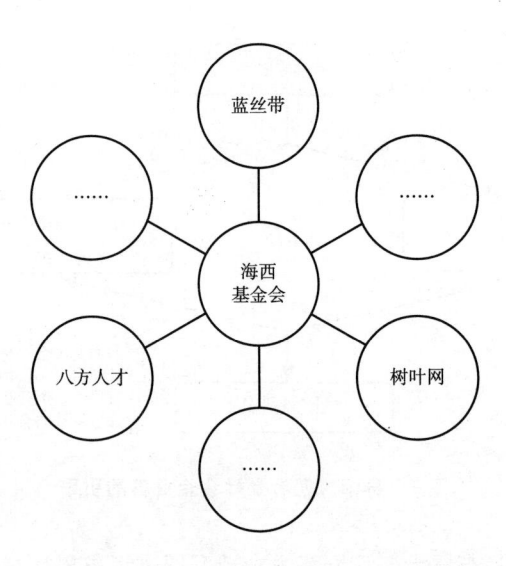

**图 4　以公益组织为核心的社会企业群**

**参考文献**

〔美〕保罗·C. 莱特（2011）：《探求社会企业家精神》，苟天来译，北京：社会科学文献出版社。

〔美〕格利高里·迪斯、杰德·埃默森、彼得·伊柯诺米（2011）：《社会企业家的战略工具：提升企业型非营利组织绩效》，周红云等译，北京：社会科学文献出版社。

海西青年创业基金会（2012）：《2011年度蓝丝带社会目标效果评价报告》。

〔孟〕穆罕默德·尤努斯、〔美〕卡尔·韦伯（2011）：《企业的未来：构建社会企业的创想》，杨励轩等译，北京：中信出版社。

麦可思研究院（2012）：《2012年中国大学生就业报告》，北京：社会科学文献出版社。

摩立特集团（2009）：《通向繁荣之路——在21世纪营造更好的创业环境》。

Dees, J. G. (1998), "Enterprising Nonprofits", *Harvard Business Review* (16/1): pp. 54 – 67.

Drayton, W. (2005), "Everyone a Changemaker", *California Management Review* (Spring): pp. 8 – 11.

全国青联、劳动和社会保障部劳动科学研究所（2005）：《中国首次青年就业状况调查报告》http://society.people.com.cn/GB/41259/43317/3411498.html。

谷丽萍、林志刚、郑凤勤、徐正、丁晶晶（2012）《有效扶持创业的创新体系》，清华大学创新与社会责任研究中心资助课题报告。

# Volunteer Tutors: The Engine of Social Entrepreneurs Cluster

## —— The Case of Volunteer Tutors' Working Network of Haixi Foundation, Fujian Province

【Abstract】Haixi Foundation in Fujian Province mainly carries out the philanthropic programs of helping the Youth starting up a business by the way of supplying money and tutors. The tutor volunteers who are entrepreneurs are the core of the organization. They set the rules, supervise the processes, and make the key decisions of the organization. The characteristics of the tutor volunteers are that they promote the spirit of entrepreneurship initiatively to create the original standard model of helping the Youth starting up a business. The methods are developing the curriculum system of entrepreneurial training, importing the ISO9001 quality system, and founding social enterprises to help the foundation. The market-oriented extension of philanthropic value chain makes the status of entrepreneurs change from business to philanthropy in turn. That is, the entrepreneurs become to be tutor volunteers when they join into the foundation, and then they become to be social entrepreneurs when they found social enterprises initiatively. The tutor volunteers' working net of Haixi Foundation supplies the field of aggregating social capital for the entrepreneurs. The entrepreneurs combine the business with philanthropy in the working net and create the social enterprises. The innovative operation model could generate and promote the cluster of social entrepreneurs. Thus a new path would be raised for the development of civil society and for the construction of harmonious society.

**【Key Words】** Entrepreneur; Tutor Volunteer; Social Enterprise; Engine

(责任编辑：郑琦)

# 小步快走、增量改革

## ——深圳市社会组织登记管理体制改革路线

徐宇珊　罗思颖[*]

**【摘要】** 本案例介绍了深圳十年来社会组织登记管理体制改革的过程。深圳经历了行业协会民间化、行业协会直接登记和扩大直接登记范围三小步改革，降低了社会组织的登记门槛，激发了社会组织的活力。在市级民政部门改革放权的同时，各区积极探索创新政策，出台了关于社区社会组织备案、社会组织孵化等相关的改革方案。

**【关键词】** 社会组织　登记管理体制改革　直接登记

截至 2013 年 4 月，深圳市登记注册的社会组织共有 5960 家，其中社团 2769 家、民非 3138 家，基金会 53 家，从业人员近 10 万人。这一数字背后是深圳市历经十年的社会组织登记管理体制改革。社会组织登记管理体制改革的核心内容是改变普遍制约我国社会组织发展的双重管理体制。双重管理原则是我国政府对各类社会组织进行统一登记管理的一项基本制度，其特点在于限制发展和分散责任，一方面通过双重的准入门槛限制社会组织获得合法身份，从而限制其活动和发展；另一方面通过不同政府部门或政府授权的单位分别负责的双重体制分散权力，从而分散因社会组织活动可能带来的管理风险。（王名，2010：114）由于几乎

---

[*] 徐宇珊，深圳市社会科学院副研究员；罗思颖，深圳市民间组织管理局主任科员。

没有一个业务主管单位愿意承担社会组织可能带来的风险，社会组织普遍存在着找"婆婆"难的问题，也因此普遍面临着登记注册中的高门槛。

深圳市的社会组织登记管理体制改革就是直指双重管理体制，从2004年开始分领域、分步骤地进行改革，逐渐放开双重管理的限制，扩大直接登记的范围，降低登记门槛。这项改革2009年得到民政部与深圳市"部市协议"的推动，列入《推进民政事业综合配套改革合作协议》中；2010年改革荣获第五届"中国地方政府创新奖"。

## 一 深圳市社会组织发展历程概况

### （一）启动恢复阶段（1978~1982年）

1979年以前，深圳原属广东省宝安县管辖的一个乡镇，几乎没有社会团体①。深圳经济特区建立以后，在推进改革、对外开放、政治稳定、经济繁荣的气氛下，各类社会团体快速发展。但当时与社会团体相关的法规和管理体制尚未建立，社会团体由各部门各自审批，管理分散，数量无法统计。

### （二）探索起步阶段（1983~1992年）

在特区建立初期，深圳市委、市政府打破了原有政府机构设置的惯例，没有成立与国家、省相对应的行业管理局，而是依托大型国有企业，于1986年在全国范围内组建了首批的8家工业行业协会，并赋予其行业管理的职能。这一时期的行业协会的特点是，由政府主导组建，有的还给编制、给开办费，官办色彩浓厚，兼有政府的行业管理职能。

### （三）成长转型阶段（1993~2003年）

这一时期的社会组织发展呈现几个特征：一是开始探索社会团体民间化。1995年，深圳市出台《关于全市性社会团体管理若干问题的通

---

① 当时的社会组织只有社会团体一种类型。

知》，要求全市性社会团体逐步实现"人员自聘、工作自主、经费自筹"，拉开社团民间化的序幕。二是发展较快。1998年10月国务院正式颁布实施《社会团体登记管理条例》和《民办非企业单位登记管理条例》后，市民政局登记的组织类型包括社会团体、民办非企业单位、基金会三类，数量增长较快，在工商领域涌现了一批由企业自下而上发起、自我管理、运作规范、民间化程度较高、在全国具有示范效应和品牌效应的行业协会。如外商协会、钟表协会、家具协会、服装协会等。

**（四）改革加速阶段（2004~2013年）**

这一阶段，以行业协会为突破口，采取小步快走策略，逐步扩大领域，探索社会组织直接向民政部门登记的制度。同时，各区在社区社会组织登记和备案管理方面进行区域试点。下文将围绕改革加速阶段进行重点介绍，勾画出近十年来深圳社会组织登记管理体制改革的路线图。

## 二 社会组织登记管理体制改革路线图

**（一）以行业协会民间化入手，开始第一个"小步"**

深圳市民间组织管理局局长马宏曾对媒体记者说："行业协会作为突破口，在成为社会改革先导尖兵后再为其他类型的社会组织提供经验，这是深圳社会改革的特点。这是因为行业协会敏感度低、见效快，而且容易取得认同。"（钟良，2012）尽管行业协会的改革比起其他类型的社会组织相对容易，但事实上的难度并不容小觑。据不完全统计，截至2004年9月底，深圳市拥有经济类行业协会146家，涵盖三类产业，原归口31个部门管理。① 这些行业协会在经济社会的发展中发挥了重要作用，但也仍存在很多问题：一是相当一部分行业协会由政府部门自上而下设立；二是协会的业务和经费依赖主管部门；三是约有1/3的行业协会的副秘书长以上职务由机关或事业单位公职人员兼任；四是协会与主

---

① 源自《深圳市行业协会民间化工作实施方案》（深办发［2004］19号，2004年12月24日发布）。

管部门合署办公,财务"一本账";五是部门向行业协会转移和委托职能的方式不规范,缺乏评估与监督机制,这些问题影响到协会的独立性,不利于协会的健康发展。

2004年,深圳市在新一轮机构改革中,为适应政府职能转变和建立完善的社会主义市场经济体制的需要,在政府机构序列中,新设立了行业协会服务署,承担"培育、监管、规范、服务"全市行业协会的职能,行协署履行《社会团体登记管理条例》规定的行业协会(限于从事货物贸易、服务贸易的经营单位组成的行业协会)业务主管单位(法律、法规另有规定的除外)的职能,[1]逐步取代原有行业协会的业务主管单位。2004年12月出台《深圳市行业协会民间化工作实施方案》(以下简称《实施方案》),要求各行业协会在人、财、物方面与原业务主管单位脱钩,由市行业协会署负责市行业协会"民间化"的组织实施工作。

人员脱钩。《实施方案》颁布后,随即市委组织部、市人事局根据《实施方案》的精神联合下发了《关于党政机关事业单位公职人员不再兼任行业协会职务有关问题的通知》(深组干[2004]12号),要求市直党政机关、事业单位公职人员今后不得在由本市同行业或相关行业的经济组织和个体工商户自愿组成的具有产业性质的经济类行业协会中担任职务(含名誉职务),已兼任的要在2004年底前提出辞职申请,并在通知下发之日起两个月内完成工作交接,处级以上干部辞职或退休的三年内不得在原任职务管辖的地区和业务范围内的协会任职。随后全市146家行业协会的自查结果表明:有69家协会存在党政机关和事业单位工作人员兼职的情况,有79个党政机关和事业单位的209名公职人员在协会兼任职务。经过一段时间的改革,当年共有75个机关事业单位的201名公职人员辞去在行业协会兼任的领导职务。

办公场所脱钩。据深圳市扶持和培育行业协会、商会发展课题组的问卷调查统计,当时拥有自主产权的办公场所的行业协会、商会不到20%,绝大多数行业协会是依靠主管部门或大企业免费提供办公场所。

---

[1] 摘自《深圳市行业协会服务署职能配置内设机构和人员编制规定的通知》(深府办[2004]69号)。

到2006年底，超过80家协会购买自主产权的办公场所。①

财务脱钩。以2004年会计年度为界，此前的账目要在有关部门的指导监督下进行审计，在审计的基础上分开和清理，使行业协会做到财务独立，单独建账。改革后，每家协会都有独立的基本账户、会计人员、较为完整的年度报表。

以行业协会民间化为突破口的这一"小步"，由行业协会服务署集中行使分散在原业务主管单位的行政管理权，切断了行业协会与原业务主管单位的行政依附关系。2005年以后深圳市新成立的行业协会大都是自下而上，根据企业的发展要求，按照市场经济的需求模式建立起来的，彻底结束了过去"政府推动、自上而下"的建立模式，行业协会从官办协会依附性生存走上了民间化自主发展的道路。深圳的行业协会在全国最早实现了"四无"（无行政级别、无行政事业编制、无行政业务主管部门、无现职行政机关工作人员兼职）、"五自"（自愿发起、自选会长、自筹经费、自聘人员、自主会务）。这种管理体制的创新将原来旧的"二元制"变成简单的新的"二元制"，为行业协会发展创造了更好的组织保证，并为接下来的"一元制"管理，即直接登记制度埋下伏笔。

深圳从行业协会开始的社会组织登记管理体制改革看似是社会领域的改革，实际上是对市场经济的回应。与全国其他地方相比，深圳的市场经济发展迅速，需要有行业协会这样的中介组织来处理企业和企业之间的关系，以及企业与政府之间的关系。以行业协会为切入口的社会组织管理体制改革体现了深圳领导对市场经济的理解和认识，他们将市场经济中的改革迁入社会改革。正如2004年带领深圳零售业进行"银商之争"②的深圳零售商业行业协会的秘书长花涛所说："之所以深圳的民间组织能够发展，离不开深圳政府的领导对市场经济发展的把握、对民意

---

① 根据2006年12月26日"深圳市行业协会民间化改革及发展状况发布会"上，时任深圳市行业服务署署长葛明介绍的情况。
② "银商之争"是深圳行业协会发挥作用的代表。论争双方分别是由深圳国内银行同业公会带领的各大商业银行和由深圳市零售商业行业协会带领的46家大商场。交战的导火线是商家交给银行的刷卡手续费，最后，深圳商家与银行达成书面协议，深圳银行将与商家进行一对一谈判，决定具体的刷卡费率，意味着一直由官方统一制定的刷卡费率开始打破"一刀切"的垄断状态，走向市场化。

的尊重，而且这是一个领导集体的智慧，而不仅是某一位领导或几位领导的。否则，我们协会早就死了！"①

### （二）行业协会直接登记，实现第二个"小步"

2006年底，深圳市按照省委、省政府的决定和《广东省行业协会条例》的要求，将行业协会服务署和市民政局民间组织管理办公室合并，组建市民间组织管理局。市民管局属于市民政局下属的副局级单位，统一履行社会组织的登记、监管、规范、培育、协调和服务的职能。原本由行业协会服务署行使业务主管职能的行业协会，也就变为了由民政部门直接登记，在全国最早、最彻底地实现了行业协会民间化。

行业协会服务署尽管仅仅存在了两年多，但无论是"成立"还是"合并"，都在适当的时间扮演了适当的角色，有力地推动了行业协会的民间化改革。尽管这在改革之初并非有意为之，但是在"摸着石头过河"的过程中，一立一破竟彻底实现了行业协会的直接登记。

经过这两次的体制机制改革，深圳行业协会的治理结构逐步完善，深圳市外商投资企业协会、深圳市家具行业协会、深圳市服装行业协会、深圳市钟表行业协会等6家行业协会被民政部授予全国先进社会组织荣誉称号，13家行业协会被评为5A级社会组织，成为全国具有示范效应和品牌效应的行业协会。

民间化之后的行业协会被激发出巨大活力。据统计，2004年之前，深圳市共有146家行业协会登记注册，平均每年增加7.7家。在2005~2009年间，深圳市新增行业协会82家，平均每年新增16.4家，全部由民间自发成立。以深圳市最具代表性的电子行业为例，最初深圳市只有一家电子行业协会，现在已经有包括蓝牙技术产业协会、LED产业联合会、平板显示行业协会等10余家专业性强、适度细分的行业协会。② 目前，深圳全市的行业协会涵盖了高新技术、金融、物流、文化四大支柱产业、优势传统产业、商贸旅游业、建筑和房地产业、市场中介服务业、环保产业及互联网、新能源、生物等战略性新兴产业等各主要领域，成

---

① 笔者于2010年3月24日访谈零售商业行业协会会长花涛。
② 数据来源：深圳市民间组织管理局申报"第五届地方政府创新奖"的材料。

为社会组织中力量最强、最具活力和创造力的部分。据不完全统计，全市行业协会中52.4%承担了行业调研和统计职能；39%承担了行业培训、考核职能；35%承担了资质认定、行业准入与行业展览职能；近30%的行业协会在政策论证、行业标准制定、行业监督管理、送审材料初审、技术推广等方面扮演了重要角色。行业协会自主举办、承办各类行业展会，打造了一系列有影响力、有辐射力的品牌展会，确立了深圳展览业在全国的地位，也凸显了深圳行业协会的实力和作用。深圳市家具行业协会举办的国际家具展为亚洲同业第一展，深圳市钟表行业协会举办的国际钟表展为世界钟表第三大展，获得单独组团参加瑞士钟表展资格，中国（深圳）国际物流与交通运输博览会为亚洲物流第一展，深圳市黄金珠宝行业协会举办的深圳国际珠宝展为世界珠宝第七大展。[①]

### （三）扩大社会组织直接登记范围，迈出第三个"小步"

2008年9月，深圳市委市政府出台了《关于进一步发展和规范我市社会组织的意见》，实现工商经济类、社会福利类、公益慈善类社会组织由民政部门直接登记管理。

2009年深圳市政府与民政部签订《推进民政事业综合配套改革合作协议》（以下简称《部市协议》），全面探索直接登记的管理体制，并授权深圳市开展基金会登记试点。

2012年9月，深圳市又出台《市委市政府关于进一步推进社会组织改革发展的意见》，提出包括实行工商经济类、公益慈善类、社会福利类、社会服务类、文娱类、科技类、体育类和生态环境类等8类社会组织由民政部门直接登记。并明确凡是社会组织能承接的公共服务，不再新设事业单位，不再新增事业编制，转以购买服务方式由社会组织承担。

几年来，登记管理体制不断改革，直接登记的社会组织数量不断增加。截至2013年3月底，深圳市直接登记的社会组织的数量达到了889家，占全市社会组织总数的15.3%，2013年第一季度新成立市级社会组

---

① 以上两段关于行业协会的具体数字来源：内部资料，深圳市行业协会改革发展情况报告，2013年3月。

织44家，其中直接登记37家，直接登记率84.1%。①

登记管理体制深化改革促使深圳诞生了一大批新类型的社会组织。比如，2011年1月11日，壹基金公益基金会正式落户深圳，成为深圳第一家民间发起成立的公募基金会，打破了公募基金会传统上由官办机构发起的现状，引起全国媒体的聚焦，誉此举为"中国公益慈善领域的里程碑式事件"。壹基金的注册是《部市协议》最显著的政策效果。壹基金之所以能在深圳注册为公募基金会，在政策层面上，一是因为2008年开始的三类组织直接登记，去掉了壹基金作为慈善组织找"业务主管单位"难的尴尬；二是《部市协议》赋予了深圳登记基金会的权限。从2009~2012年，深圳市共新登记基金会47家，其中公募基金会5家。② 又比如，基金业在金融行业举足轻重，目前在深圳注册和运作的法人基金公司19家，管理基金数量340只，约占全国31%，管理资产规模10793.27亿元，约占全国35%，排名全国第二。日前"深圳市投资基金同业公会"正式成立，成为第一家落户前海的行业协会。该会配合证券监管部门共同推进深圳投资基金行业规范、健康和稳定发展，并为前海探索企业和行业组织配套发展的新路径。

### （四）三个小步迈出社会组织登记管理体制改革一大步

通过上面的这三个小步，解决了社会组织的发展难题，实现了社会组织登记管理体制的突破。由这三个小步构成的"深圳社会组织登记管理体制改革"项目获得了2010年第五届"中国地方政府创新奖"。

获奖陈述词中说道：以创新登记管理体制为核心，深圳大力发展和培育社会组织，努力构建多元共治的社会治理新格局。全方位的改革，体现四大创新和转变：一是创新登记管理体制，实现由双重管理向直接登记的转变；二是创新"政社关系"，实现从行政依附关系向合作伙伴关系的转变；三是创新服务方式，实现从重登记轻扶持向登记扶持并重转变；四是创新监管模式，实现从控制型向引导型转变。改革带来明显的成效，深圳解决了社会组织的发展难题，构建了新的公共服务体系，初步形成"多元共治"的社会治理格局。

---

① 数据来源：深圳市民间组织管理局提供。
② 其中，2009年1家，2010年6家，2011年12家，2012年28家。

## 三 各区积极探索，出台各种改革方案

在深圳市级民政部门进行社会组织登记管理体制改革的同时，各区也在积极探索出台符合本区实际情况的改革方案。社区社会组织的登记和管理权限在区级民政部门，从2006年开始，深圳的很多区就开始采取措施，积极推动社区社会组织登记备案双轨制，社区社会组织快速发展，为加强社区建设、提升社区服务、促进社区和谐发挥了重要作用。截至2012年底，深圳市登记及备案的社区社会组织达2168家，同比增长180%。各区的主要做法如下：

第一，降低社区社会组织的登记门槛。宝安区自2006年开始从管理权限、会员人数、注册资金、登记手续等诸方面降低社区社会组织登记门槛。一是以区政府名义授权街道办事处为宝安区社区民间组织业务主管单位。第二，降低准入门槛。社区慈善团体的会员由50个以上降低到20个以上。第三，社区慈善团体注册资金由原规定不低于3万元降低到不低于1万元，社区民办非企业单位开办资金降低到2万元以上（行业另有规定的从其规定）。第四，简化登记手续。社区慈善团体的成立不需要经过筹备阶段，直接办理登记手续。第五，为方便群众办事，节省社区慈善组织的资金，社区慈善组织在提交登记材料时不需要提交由会计师事务所出具的验资报告，只要求提供由银行出具的存款证明。第六，缩短办理时间。宝安区社区慈善组织登记手续的完成时间由60日缩短至30日内完成。[1]

第二，下放社区社会组织备案权限。罗湖区2011年下发了《关于下放社区社会组织备案管理职能的通知》（罗府办〔2011〕39号），区民政局将社区社会组织备案管理职能下放各街道办，由社区居委会或社区工作站负责申请受理、初审，各街道办在区民政局的指导、监督下，负责备案社区社会组织的成立、变更、撤销、日常监督和年检。备案制推行后，罗湖区的社区社会组织备案数量激增，截至2013年6月30日，全区

---

[1] 《深圳市宝安区社会组织工作亮点纷呈》，2008年7月25日，http://mzj.baoan.gov.cn/xxgk_5917/ywxx/qt/bmdt/201012/t20101220_308954.html。

备案社区社会组织559家。龙岗区委区政府也于2013年发布了《关于培育扶持社会组织发展的实施意见》（深龙委字［2013］12号），提出开展社区社会组织备案工作，授权街道办事处对社区社会组织进行备案管理。

第三，采取专项资金扶持政策。宝安区2008年印发了《深圳市宝安区公益慈善类、社区维权类民间组织培育专项资金管理暂行办法》（深宝民［2008］162号），区财政每年安排专项扶持经费，用于扶持在区民政局依法登记的帮扶困难群体的公益慈善类民间组织和维护社区居民、劳务工权益的社区维权民间组织。公益慈善类、社区维权类社会组织在成立初期可申请1~3万元启动资金；已登记的公益慈善类、社区维权类社会组织按章程开展活动获得较好社会反响的或承接政府购买项目的，可申请2~5万元活动资助；年终工作开展较好的，可申请2万元资助。[①]罗湖区两办于2012年颁布了《深圳市罗湖区社会建设和民生创新项目专项资金使用管理暂行办法》（罗办［2012］26号），区政府设立社会建设和民生创新项目专项资金，主要用于鼓励社会管理、社会救助、社会保障、社会福利、社区服务等社会建设和民生工作方面的创新，资金面向在罗湖辖区开展服务的行政机关、事业单位和社会组织。2013年，罗湖区社会建设与民生创新项目预算总资金为5000万，将主要围绕社会管理创新、社会组织建设、扶贫济困服务、老年人服务、精神民生服务、社区服务和社区居民自治七类项目展开资助扶持。

第四，在社区成立一些特色社会组织。宝安区新安街道在2009年实现社区慈善机构全覆盖，全街道21个社区均成立了慈善帮扶协会，这些协会的资金来自社区，用于社区，让社区中生活最困难、遭遇最不幸、群众最同情的特殊人群得到资助和关爱。此外，针对劳务工人口众多、劳资纠纷多、法律援助需要迫切等情况，宝安区成立了5家旨在教育、宣传、指导劳务工依法理性维权的社区社会组织，引导劳务工通过正确的途径寻求救济。再如，宝安区西乡街道桃源居社区是一个有着近20年发展历史的现代化人文社区，社区内设一所学校、两大广场、三大公园、四个功能分区、五大会所，还有公益中心、居家养老、成人教育、儿童

---

① 《深圳市宝安区社会组织工作亮点纷呈》，2008年7月25日，http://mzj.baoan.gov.cn/xxgk_5917/ywxx/qt/bmdt/201012/t20101220_308954.html。

教育、文化、体育、义工志愿者组织等八大公益组织，构成了独特的公益慈善组织体系。

第五，探索建立社会组织孵化基地。南山区自2011年下半年开始在蛇口街道设立了首个孵化基地——"蛇口街道社会组织服务管理中心"，该中心为社会组织提供活动场地、经费支持和能力建设。南山区希望孵化基地能成为一个双向提供服务的平台，既是为社会组织提供服务的基地，也是社会组织服务社区的基地。建成第一年，就有53家社会组织参与社区服务，提供服务项目270个。2013年，南山区在试点的基础上开始推进区社会组织孵化园项目，孵化园承担区级社会组织的培育孵化、管理服务、能力建设、监督评估、成果展示等功能，有望成为南山社会组织管理服务的重要平台。（崔洁，2011）龙岗区正着手建立"社区社会组织公共空间"（孵化基地），这是深圳市首个针对社区社会组织的综合服务平台。公共空间将为入驻组织提供公共活动空间、注册辅导、社区资源支持、社区公益资金、能力建设、社区组织联动协作、社区服务发展咨询等多项服务，实现孵化培育、合作交流、承接服务等多种功能，探索基层社会管理和服务的机制创新。

## 四 结语

十年来，深圳市坚持培育发展与监督管理并重的方针，以"小步快走、增量改革"为策略推动社会组织登记管理体制改革，以政策创新为抓手建立培育扶持体系，以构建综合监管体系为平台提升发展质量，积极引导社会组织参与社会管理和公共服务，舍得向社会组织"放权"，敢于让社会组织"接力"，走出了一条体现市场经济规律、适应时代需要、具有深圳特点的社会组织建设和管理新路子。世界著名政经杂志《经济学人》认为，深圳市走出了一条"小政府，大社会"建设的不同发展路径。著名经济学家吴敬琏在接受《南方日报》采访时评论："从深圳开始的民间组织无主管设立改革，现在已经在广东全省实施，这为推进社会建设走出了十分重要的一步。"

过去十年，深圳社会组织管理体制改革的侧重点在于"放权"，逐步减低登记门槛，给社会组织创造宽容的生长环境，让社会组织顺利地"诞生"。然而，拿到准生证是"登记"环节的结束，也是"管理"环节的开始，如同一个婴儿呱呱坠地的那一刻，意味着所有的养育工作才刚刚开始。直接登记带来的社会组织快速增长给民政部门的监管工作提出了新的要求。目前，深圳市民政部门已经充分意识到新的挑战，正在加快推进《深圳经济特区行业协会条例》《深圳经济特区社会组织规范发展办法》等法规、规章的立法工作，加快健全完善社会组织内部治理结构和综合监管体系。我们期待着深圳市接下来的改革能够真正提高社会组织质量和公信力，真正形成对社会组织人员、活动、资金的完整监管链条，形成政府行政监督、社会公众监督、社会组织自律相结合的监管合力，迎来社会组织健康有序发展的春天。

**参考文献**

崔洁（2011）：《南山探索社会组织"孵化"模式》，载《南方日报》，2011年11月3日。

王名（2010）：《社会组织概论》，北京：中国社会出版社。

钟良（2012）：《对话深圳市民间组织管理局局长马宏：社会组织直接登记是可行的》，载《21世纪经济报道》，2012年3月2日。

# Quick Steps, Incremental Reform

## —Shenzhen Social Organization Registration Management System Reform

【Abstract】This case introduces the shenzhen ten years social organization registration management system reform process. The three step reforms, that are folk transformation of trade association, trade association directly register and expanding the scope of the registration directly, reduce the threshold of the registration of social organizations and inspire the vitality of social organization. In municipal civil administration reform of decentralization at the same time, the district policy of actively explore innovation, introduced a hatch on the social organizations, community social organizations for the record, and related reforms.

【Key Words】Social Organization; Registration Management System Reform; Directly Register

（责任编辑：郑琦）

# 政社关系的重构

## ——兼评《政府向社会组织购买公共服务》

王春婷 李 帆[*]

**【摘要】** 向社会组织购买公共服务作为推进政府转变职能、加快社会体制改革的重要措施，已从个别部门和少数地方先行先试的改革举措，转变为政府提供公共服务的主要方式之一。然而，现阶段制约我国向社会组织购买公共服务最大的障碍在于政社关系不清、权责不明，规范化和制度化的购买机制缺失。重构政社关系，理顺公共服务购买主客间权界、地位、责任，构建制度化的购买机制，对于转变政府职能、更好发挥社会力量在管理社会事务中的作用具有重要意义。

**【关键词】** 公共服务 政府购买 社会组织

2013 年两会审议通过了《国务院机构改革和职能转变方案》，方案明确指出政府职能转变是深化行政体制改革的核心，转变国务院机构职能，必须处理好政府与市场、政府与社会、中央与地方的关系，充分发挥市场在资源配置中的基础性作用，更好发挥社会力量在管理社会事务中的作用，充分发挥中央和地方两个积极性；方案还指出公平对待社会

---

[*] 王春婷，清华大学公共管理学院 NGO 研究所博士后；李帆，国务院发展研究中心、中国发展研究基金会实习研究员。

力量提供医疗卫生、教育、文化、群众健身、社区服务等公共服务，加大政府购买服务力度。政府购买社会组织公共服务已经成为世界各国政府提供公共服务普遍且日益通行的做法，社会组织也已经成为公共服务提供的主要载体之一。在我国，政府向社会组织购买公共服务的地方探索不断增多，但仍处于初级阶段，存在诸多问题，需要政府部门、社会组织和科研机构共同努力，深入研究，大胆尝试，积极推进。

一

虽然国内已经掀起了研究政府购买公共服务的热潮，但是关于政府向社会组织购买公共服务的理论与实践还远远不够成熟。国家民政部的课题"中国政府向非营利组织购买公共服务问题研究"以及与世界银行合作的课题"政府向社会组织购买公共服务全球经验研究"的研究成果《政府向社会组织购买公共服务研究》一书已于2010年出版。该书出版之前，在政府购买公共服务领域还没有跨越政策、实践和学术研究的有关现有思考的智识集的著作，有关服务购买的研究还主要集中于期刊文献。比较有代表性的研究成果有：对中国政府向社会组织购买公共服务总体情况的介绍（敬义嘉，2007；苏明等，2010；郑苏晋，2009）；对我国公共服务购买模式的分析和归纳（王名、乐园，2008；韩俊魁，2009）；对西方发达国家政府购买公共服务经验和教训的总结（张汝立、陈书洁，2010；句华，2008）；对政府购买公共服务风险和防范机制的探讨（周俊，2010）；对政府购买公共服务适用范围的探寻（句华，2010）；对地方政府购买公共服务实践的分析（王名、乐园，2008）；对政府购买社会组织服务地方实践的解读（朱晓红、陈吉，2012），等等。这些学术成果为推动我国政府购买公共服务提供了理论和实践指导，但是缺乏理论和实践紧密结合思路下更为全面系统的梳理和总结。基于此，《政府向社会组织购买公共服务研究》一书的出版可谓国内研究政府向社会组织购买公共服务之力作，不仅有对政府购买社会组织公共服务实践的描述，更有基于实践的理论思考与总结，对我国政府购买公共服务理论和实践研究具有很高的参考价值。

《政府向社会组织购买公共服务研究》一书分为上下两篇，上篇由王浦劬教授领衔的研究团队完成,主要研究中国政府向社会组织购买公共服务问题;下篇由莱斯特·M.萨拉蒙教授领衔的研究团队完成,以介绍政府向社会组织购买公共服务全球经验为主。该书采取理论与实证相结合、问题与对策相结合、国内与国外研究成果相结合的形式,立足中国现实,借鉴全球经验,总结了政府向社会组织购买公共服务的总体情况和实际案例,分析了在公共服务供给方面,政府机制、市场机制和社会机制有机结合的特点,针对性地提出了政府向社会组织购买公共服务的理念、政策和方案,对于我国政府改进公共服务供给机制,实现政府职能转变和社会管理创新都有相当的参考价值。该书上下两篇结构上保持一致,都是首先概述政府向社会组织购买公共服务的总体情况,而后在预先设定的框架下对案例逐一进行微观层面分析。上下两篇结构化的分析直观地展现了中外政府购买社会组织公共服务的差异,同时也彰显了作者条分缕析的不凡功力和归纳能力。该书最大的特点就是将案例研究作为一个重要部分,生动且具体地展现了中国地方政府和其他各国政府向社会组织购买公共服务的全貌。

## 二

该书上篇,作者通过大量实证调查,高屋建瓴、全面且详细地概括了中国政府向社会组织购买公共服务的基本情况、成效、经验,并指出当前存在的问题和完善服务购买的初步建议。下篇,作者同样立足于实证,概要介绍了全球社会组织的发展规模,各国政府对其支持程度和形式,以及成功与失败的经验。通过对该书的阅读、研究,笔者不禁思考政府购买公共服务的三个基本问题:向谁购买服务?谁来购买?怎么购买?

毋庸置疑,政府向社会组织购买公共服务的主题已经明确了服务购买的主体和客体,即政府和社会组织。表面上看,无需对这两个问题深入探讨,但是仔细琢磨,我们发现主客体的界定与选择实质上暗含着三层含义:一是政府应当向哪些社会组织购买公共服务?二是哪些公共服务应当由中央政府购买,哪些公共服务应当由地方政府购买?三是服务购买主客体间应当建构怎样的关系?

向哪些社会组织购买服务涉及两个问题，一是社会组织的分类，二是社会组织的甄选。我国社会组织是一个极为庞大、复杂、易变和充满多样性的体系。广义上的社会组织包括四个组成部分：一是狭义的社会组织，主要指社会团体、基金会和民办非企业单位；二是处于社会体系之中，被排斥在狭义社会组织之外的社会组织，主要指工商注册NPO和社区基层组织；三是处于社会和市场体系之间的社会组织，主要指中介组织和社会企业；四是处于国家和社会体系之间的社会组织，主要指人民团体和事业单位。（王名，2010）前两类社会组织独立于政府和市场之外，具有公益性、非营利性、非政府性、志愿性、自发性等特点，伴随着市场经济发展和社会转型蓬勃发展起来，在社会问题发生的各个领域拓展空间，构建基于社会公益的服务体系，不断增强其专业化能力，维护并增进公共利益，弥补政府失灵和市场失灵，并成为推动社会繁荣进步的重要力量。有鉴于此，笔者认为这两类社会组织应当是政府加大服务购买的主要对象。

然而，在《国务院机构改革和职能转变方案》出台之前，我国长期以来实行的是双重管理体制，社会组织登记注册被设置了双重门槛，社会组织登记都须跨越业务主管单位的审批门槛。这种管理体制的结果是，许多社会组织并没有登记，或者在其他党政部门的支持下取得各种变相的合法形式。由此造成社会组织管理缺位、越位和错位的混乱局面，政社关系模糊不清，社会组织缺乏其应有的独立性。比如，在王浦劬团队调查的案例中，有相当一部分社会组织实际并非独立成长的社会组织，而是由作为购买者的地方政府发起或者倡导成立的，有些社会组织甚至是在接到特定购买任务后才专门成立的。在这样的背景下，政府与社会组织在实际运行中缺乏对双方都有约束力的契约关系，造成购买标准不够清晰，购买行为"内部化"，政府责任模糊；购买程序规范程度较低，合作过程随意性较大；服务评价和监督体系缺失，服务成本难以控制等问题。因此，为了实现降低服务购买成本、提高效率的初衷，保证服务购买过程的公开、公平与公正，拥有独立主体地位的社会组织应当是政府的首要选择。对于之前那些与政府关系权责不清的社会组织，政府应当重新审视自身作为服务监督者和管理者的角色，依照法律政策规定向社会组织放权，重构与社会组织的关系；对于行业协会商会类、科技类、公益慈善类、城乡社区服务类社会组织采取重点培育和优先发展的政策，并允许其直接向民政部门依法申请登记，真正做到《国务院机构改革和职能转变方案》所提到的"公平对待社会力量提供医疗卫生、教育、文化、群众健身、社区服务等公共服务，加大政府购买服务力度"，更好地转移职能，以达成政府、市场与社会三方权界清晰而又互动合作的善治格局。

"谁来购买"这个问题的核心要义是在政府购买公共服务过程中，怎样处理中央和地方作为购买主体间关系。苏明和贾西津等学者在《中国政府购买公共服务研究》一文中对该问题进行过详细论述。他们认为中央应当购买具有全国性质的公共服务，比如九年义务教育、农村基本医疗卫生服务等，而地方政府购买的是具有地方性质的公共服务，比如职业教育培训、社区矫正等。但是，中央除承担购买全国性的公共服务外，还具有转移支付和政策法律制定的责任。根据《国务院机构改革和职能转变方案》的精神，笔者认为：第一，应当充分发挥中央和地方两个积极性，中央着重宏观管理，注重建立和健全政府购买公共服务体制，制定相关政策，完善服务购买相关机制，加强服务购买的法制建设，促进社会组织发育和发展，制定和实施缩小区域发展差距的有关政策；第二，加快形成中央与地方、政府与社会权界清晰、权责一致、运转高效、法治保障的公共服务购买体系，对于一些特殊种类的公共服务由于在地方上不具有显著性应当由中央统一购买，比如罕见病的康复与治疗；第三，减少专项转移支付和收费，完善财政转移支付制度，大幅度减少、合并中央对地方专项转移支付项目，增加一般性转移支付规模和比例，将适合地方管理的专项转移支付项目审批和资金分配工作下放地方政府，相应加强财政、审计监督；第四，允许、鼓励地方政府结合本地实际进行创新，建立地方政府层面的公共服务购买机制。

"怎么购买"这个问题解决的是公共服务购买模式、方式和流程等问题。国内学者根据承接公共服务的社会组织与政府之间关系、购买程序是否存在竞争性，首次将政府购买社会组织公共服务主要模式归纳为三种：独立关系竞争性购买模式、独立关系非竞争性购买模式、依赖关系非竞争性购买模式。（王名、乐园，2008）笔者比较赞同前两种购买模式。这是因为在依赖关系非竞争模式下，政府与社会组织合作随意，社会组织缺乏平等、独立、自主的地位，购买成本高、风险大，购买双方责任模糊，也不利于竞争环境的培育，同时容易造成政府向社会组织垄断的格局。正如有学者将依赖关系非竞争购买模式称为形式性购买，因为从服务购买机制上言，尚未完全实现购买关系，而是行政职能的延伸。（苏明等，2010）可以说，依赖关系非竞争购买侵害了政府购买服务的内涵和原则。政府要切实转变政府职能，实现真正意义上的购买，必须在政府与社会组织独立关系条件下进行。因此，重构政府与社会组织关系，保障社会组织法律上独立主体的地位，促进二者间合作互动是政府开展服务购买活动的前提条件。作为政府应当认识到公共服务购买实际上并非政府责任的转移，而是政府供给公共服务具体方式和机制的转变，是将生产和递送功能转移给社会组织，并对服务供给的合法性、正当性、实施效果等问题承担最终责任。也就是说，政府已不再是服务的生产者和递送者，而是服务质量标准的制定者、监督者、管理者和评估者。对于政府与社会组织独立关系基础上的竞争性购买模式，需要进一步完善购买程序的细节，考虑长效机制、成本核算、民间组织的草根性、目标和评估的本土化、政策制定过程中的协商参与等问题；对于非竞争性购买模式，除了少数小事项的应用外，应该建立公开、公平的程序，发展为竞争性购买模式。（苏明等，2010）

确立了服务购买模式后，应大力发展契约式合同购买。政府购买公共服务有多种方式，如合同制、凭单、政府补助、项目申请制等，但合同制是最典型、最规范的购买方式。清晰明确权责关系的契约合同是连接服务购买者、服务生产者和服务对象的纽带，也是政府购买公共服务能否成功的关键因素。政府应当与社会组织订立具有外在约束力和强制力的显性契约合同。契约合同应当明确购买主体间平等合作的关系，规定服务项目的内容和标准，强调政府与社会组织相应的权力与责任。

公共服务的购买程序是否公正妥当，将直接影响购买结果。建立政府购买公共服务的规范的程序和制度是提高购买效率、维护相对稳定的供给关系的重要条件。健全公开、透明、规范的服务购买流程，建立严格专业多元的监督评估机制，完善内部监督机制，建立严格专业多元的绩效评估机制，建构一个程序透明、过程开放、公众广泛参与的公共服务平台。（王名，2013）

## 三

纵观全书，我们不得不赞叹作者精巧的构思和出色的宏观战略驾驭能力。作为一项实证研究成果，作者将案例分析与报告紧密结合，前后文逻辑衔接缜密。书中展现的许多案例对我国社会组织发展不无启示。该书不失为一本研究政府购买公共服务的经典之作，做到了理论和实践的出色结合。

该书也存在一定的缺憾之处，这种缺憾是因为政府购买公共服务实践仍处于初级阶段，其研究刚刚起步。虽然本书试图基于国际比较视野，站在战略高度来分析和研究政府向社会组织购买公共服务，但是这种高度缺乏理论性，对问题的论述不够深入，给人一种欲言又止的感觉。首先，该书缺少对政府向社会组织购买公共服务的理论分析。"为什么要购买公共服务？"从理论上解释该问题是政府进行公共服务购买的前提。质言之，要从理论上阐明服务购买的合理性。其次，报告内容深度不够，对有些问题的认知与论述只停留在表面，没有深入问题的机理。比如，对服务购买主要内容的阐述，仅列出深圳市2009年拟定试点单位可向社会组织购买服务的工作事项；对于公共服务购买适用范围问题、适合向社会组织购买的服务领域问题，以及服务的侧重点等问题并没有涉及。最后，该书所提政策建议的可操作性不强，特别是全球经验的总体报告阐述比较笼统，对政府和非营利组织合作的重要性论述较多，缺少对各国案例进行分析研究总结，也没有分析中外服务购买的异同。

瑕不掩瑜，无论如何，该书都称得上是关于政府向社会组织购买公共服务的原创性的开山之作，是中国和西方政府对社会组织购买公共服务的经验总结，具有很高的理论和实践价值。

**参考文献**

韩俊魁（2009）：《当前我国非政府组织参与政府购买的模式比较》，《经济社会体制比较》，(6)：第128~134页。

敬义嘉（2007）：《中国公共服务外部购买的实证分析——一个治理转型的角度》，《管理世界》，（2）：第 37~43 页。

句华（2008）：《美国地方政府公共服务合同外包的发展趋势及其启示》，《中国行政管理》，（7）：第 103~107 页。

——（2010）：《公共服务合同外包的适用范围：理论与实践的反差》，《中国行政管理》，（4）：第 51~55 页。

苏明等（2010）：《中国政府购买公共服务研究》，《财政研究》，（1）。

王名、乐园（2008）：《中国民间组织参与公共服务购买的模式分析》，《中共浙江省党委学报》，（4）：第 5~13 页。

王名（2010）：《社会组织概论》，北京：中国社会科学出版社。

——（2013）：《关于建立健全政府向社会组织购买公共服务体制的建议案》。

张汝立、陈书洁（2010）：《西方发达国家政府购买社会公共服务的经验与教训》，《中国行政管理》，（11）：第 98~102 页。

郑苏晋（2009）：《政府购买公共服务——以公益性非营利性政府组织为重要合作伙伴》，《中国行政管理》，（6）：第 65~69 页。

周俊（2010）：《政府购买公共服务的风险及其防范》，《中国行政管理》，（6）：第 13~18 页。

朱晓红、陈吉（2012）：《北京市政府购买社会组织服务的组团模式解读》，《北京航空航天大学学报》，（4）：第 1~5 页。

# Reconstruction of the Relations between the Government and the Society

—Comment on *Outsourcing Government-Financed Social Services to Civil Society Organizations*

【Abstract】As an important measure to transform government functions and to accelerate social reform, outsourcing government-financed social services to civil society organizations has undergone a transition from individual and pilot initiatives to a mainstream supply pattern of public services. However, at this stage, the biggest obstacles to outsourcing government-financed social services to civil society organizations are unclear and unmatched power and responsibility between the government and the society, and standardized and institutionalizedmechanisms are missing. To reconstruct relations between the government and the society, to rationalize the right boundary, status and responsibility and to buildinstitutionalized mechanism for outsourcing is of great significance to transformation of government functions and better engagement of social forces in social affairs management.

【Key Words】Public Services; Outsourcing; Civil Society Organizations

(责任编辑: 朱姝)

# 个性观察与共性思考

## ——"海外 NPO 丛书"述评

**董文琪 罗 曼**[*]

**【摘要】** "海外 NPO 丛书"系统介绍与比较世界主要国家的非营利组织发展态势。该套丛书分别以德国、日本、英国和美国的非营利组织为考察对象。在内容选择与结构安排上,这四本书可谓风格统一、资料翔实、内容全面、时效性强。其主要从生态环境考察、历史与现状描述、管理制度枚举以及典型个案介绍等四个关联板块展开对德国、日本、英国和美国非营利组织的考察,引导读者从风土人情、政治经济体制层面,学习和了解四国在非营利组织发展与治理方面的特色,并重点从政府对非营利组织的管理制度、扶持政策以及伙伴关系视角,总结海外非营利组织的发展态势和规律,最终为立足我国历史与现实促进非营利组织发展服务。

**【关键词】** 社会组织管理 非营利组织 公共管理

一

二十多年前,萨拉蒙领导的约翰·霍普金斯非营利部门比较项目为人们揭开了现代社会风景中"非营利部门"(即非营利组织)这一"不

---

[*] 董文琪,中南大学公共管理学院副教授;罗曼,中南大学公共管理学院研究生。

为人知的大陆"（萨拉蒙，2007：6）的面纱，展示了非营利组织在世界主要国家和地区的发展状况与风貌，同时也给尚处于起步阶段的中国非营利组织及其研究者提出了一个重要的课题：如何在全球非营利组织发展的多元化与普遍差异性之下，寻找可以指导我国非营利组织发展的共性规律，为我国非营利组织的成长提供借鉴。在这一学术使命的指引下，很多学者就此问题进行了探索，并分别从不同视角对世界主要国家和地区的非营利组织发展状况进行了个案介绍或比较。（王绍光，2009；吴忠泽，2001；谢芳，2003；杨叙，2003）

借由这些学者的工作，我们大致掌握了全球非营利组织的发展态势与规律。但有人觉得还不够，还不足以满足我们了解世界、全面把握全球非营利部门发展脉络与运作机制的渴望与好奇。于是，就有了呈现在我们面前的这套"海外 NPO 丛书"，它们是在王名、李勇、黄浩明三位研究者的主持下，邀请国内诸多学者共同参与编写的结晶；在某种意义上，也可以说是集我国学者之力开展的非营利组织国际比较研究。按照其设计者的初衷，这套"海外 NPO 丛书"计划以美国、英国、德国、日本、韩国、俄罗斯、澳洲、非洲和拉美地区的非营利组织为考察对象，通过对这七个国家和三大区域的非营利组织发展和管理实践的介绍，向我国系统展示世界各地非营利组织的全貌与演变规律，最终为我国非营利组织的发展与管理提供借鉴。目前，已经完成的是对德国、日本、英国以及美国非营利组织的考察，并在此基础上先后出版了《德国非营利组织》（王名等，2006）《日本非营利组织》（王名等，2007）《英国非营利组织》（王名等，2009）和《美国非营利组织》（王名等，2012）四本著作。

打开这套丛书，细细阅读，可以品味出作者在结构安排与内容选择上的匠心与特色。与以往的国际非营利组织比较研究相比，这四本"海外 NPO 丛书"自成一体、个性鲜明，可用"新""全""齐"三字来形容。

所谓"新"，指的是该套丛书所引用的资料新、时效性强。以《美国非营利组织》来看，书中所用的主要数据已更新至 2012 年，并主要使用 2002～2012 年的资料来分析美国非营利组织的结构与变迁，令读者全面感受近年来美国非营利组织在发展规模、结构、资产、人员以及地区均衡等方面的最新进展。

所谓"全",指的是该套丛书在介绍美国、英国、德国以及日本非营利组织方面所提供的资料最全面。其实,在这套丛书出版之前,国内就已经有学者对上述四国非营利组织的发展状况做过介绍;但其研究多集中于一个或少数几个主题,因而在展示这些国家非营利组织发展态势方面,内容有限、作用受限。相比之下,本套"海外 NPO 丛书",则类似于介绍上述国家非营利部门发展状况的百科全书,资料翔实、介绍全面。

所谓"齐",则是指这套丛书在篇章的安排上,结构整齐、风格统一。在对美国、英国、德国以及日本非营利组织的考察中,该套丛书的作者在充分考虑各国实践差异的基础上,将其所有的内容都归入下列四个关联的板块:第一,生态环境考察,具体包括这些国家不同的人文地理风貌、政治经济体制以及社会风俗习惯。第二,历史与现状描述。正所谓罗马不是一天建成的,上述四国的非营利组织也不是一天形成的。无论其规模大小、形态差异,每一国非营利组织的发展都有其自身的历史渊源和演变脉络。该套丛书的作者在介绍上述四国非营利组织的发展历程之后,引领我们观察其现实、思考其变迁规律和趋势。第三,管理制度枚举。具体包括四国在非营利组织管理方面的主要法律制度、登记管理制度与财税支持制度。第四,则是典型的个案介绍。在这部分内容中,作者主要依据美国、英国、德国以及日本非营利组织在活动领域及形态上的差异,分别选取了其中最具代表性、最有特色的 2~3 种非营利组织以及其中的佼佼者予以单独介绍,加深读者对上述国家非营利组织发展状况的感性认识。

## 二

虽然,美国、英国、德国以及日本同是发达的市场经济国家,但是它们在文化传统、政治体制以及经济模式上的差异,使得它们在非营利组织的发展与管理方面仍然存在较大的差异。例如,以上述四国的经济模式来看，美国和英国奉行的是盎格鲁—撒克逊模式；日本和德国则归于东京—莱茵模式。经济模式的不同，以及由此所产生的政府、企业以及社会之间的差别关系，使得上述四国的非营利组织在发展历程、管理制度、生存形态以及活动领域方面，存在较为显著的差异。而这套"海外NPO丛书"的一大亮点就是：尽力凸显上述四国在非营利组织发展方面的鲜明个性与特色。伴随着作者们的娓娓阐述，我们可以领悟到美国、英国、德国以及日本在非营利组织发展过程中的个体差异。

美国，一直以世界上最大的移民国家著称于世。美国人根深蒂固的结社精神、深厚的慈善传统和庞大的捐赠资源，使得其发展和培育出了世界上最发达的非营利组织。根据美国国内税务局公布的最新数据，截至2012年3月，在其国内税务局登记的非营利组织总计156万家，其中包括了近100万家慈善组织和近10万家私人基金会，即每1万名美国人就拥有34.2家非营利组织，以及近50万家其他类型的非营利组织，如商会等。（王名等，2012：78）在美国，非营利组织是一个数量很大，且种类多样的群体，凭借着数百万志愿者的努力和不计其数的捐赠者的慷慨，它们承接了大量的公共服务职能。其中，最令人瞩目的当属基金会。考虑到美国基金会在数量、规模、实力、活动领域以及社会影响方面的特殊性，本套丛书的作者特意在《美国非营利组织》一书中安排了三个章节来展示美国基金会的全貌和成功个案。

而在英国，非营利组织常常被称为"志愿部门"或是"慈善组织"，其数量超过86.5万家，具体包括慈善组织、社会企业、志愿/社区团体等多种典型的组织形态。其发展框架兼具欧洲和美国的特征，活动的范围非常广泛，主要集中在医疗保健、社会服务、环境保护、教育研究、文化娱乐等领域，在应对社会挑战、改进社会服务、加强社会包容和促进社区发展方面一直发挥着关键的作用。相比于其他的市场经济国家，英国最令人称道的就是其政府对非营利组织成就的充分认可和发展承诺。从第三条道路下的福利国家变革，到COMPACT协议的签订，英国政府给予始终坚持将非营利组织视为伙伴，给予其不变的政策支持。

德国作为一个法制非常健全的现代化国家，其悠久的结社传统、健全完备的法律政策环境，使得其同样拥有发达的非营利组织，并构成德国社会不可缺少的组成部分。目前在德国各级司法部门登记注册的各种类型的社团共有 55 万家，财团（基金会）共有 1 万家，另外约有 50 余万家没有在司法部门进行登记注册的非营利组织。德国非营利组织数量和国家人口比值为 1∶75，不仅高于英国（1∶250）和日本（1∶260），更是远远高于我国（1∶5400）。（王名等，2006：29）而且，德国民主社会主义的政治体制，使得该国的非营利组织在参与影响国家政策制定方面，拥有更强的主动性和优势。针对当前的环境治理危机，在德国活跃着众多的环保类非营利组织，并在环境保护领域发挥了重要的作用。

日本作为亚洲的代表，其东方文化传统使得其在非营利部门的发展中经历了一个更为漫长和曲折的过程。1995 年以前，日本非营利组织的发展深受政府严格的限制，发展较为缓慢。而 1995 年 1 月的阪神地震虽给日本民众带去灾难，但是却为日本的非营利组织提供了展示自己能力的舞台。相比于政府在救灾中的缓慢与低效，日本全国各地的非营利组织及其志愿者的救援能力和效率，使得 1995 年成为"日本志愿行动元年"。1997 年俄罗斯油轮在日本海域搁浅导致的原油泄漏事件，又在整个社会面前展示了其志愿组织在社会突发事件中的重要作用，最终促使社会及政府对非营利组织管制的放松，并于 1998 年 3 月 19 日通过了《特定非营利活动促进法》，使得日本的非营利组织进入繁盛发展时期。不过，从整体而言，日本非营利组织由于接受的管制较多，因而对其政府的依赖性比较大，并主要在行业管理、农业经济发展以及国际合作方面配合政府、发挥作用。

## 三

纵观"海外 NPO 丛书"对上述四国非营利组织的系统介绍，我们可以看到，非营利组织在上述四个国家的发展均陷入过低谷或面临过困境，即便是号称拥有世界上最为发达的非营利组织的美国，也曾在非营利组织发展的问题上，有过各种的质疑和利益集团的博弈。但从整体而言，非营利组织在各国的发展实践显示：该部门的成熟和壮大始终离不开内外两种力量的支持。前者，指的是非营利组织生发的社会基础，也就是公民的结社意愿和能力；后者，则源于政府的干预和帮助，也就是各种保障性制度的供给。在这套"海外NPO丛书"中，作者将关注重点更多地放在了外部支持力量上，并全面介绍了上述四国政府在非营利组织管理方面的具体做法，揭示了其中相似的经验和规律。

首先，该套丛书在考察各国非营利组织发展状况后，紧接其后的就是各国的非营利组织立法介绍。而上述四国的共同特点，就是拥有较为完备的非营利组织法律管理体系。例如，美国拥有一个极为庞大和精细完整的非营利组织法律调整体系，具体包括联邦非营利组织法律、州非营利组织法律与法院判例三大块。每个法律板块都根据不同的情况对非营利组织的各种行为进行规定，如从非营利组织的设立的注册申请、免税申请、劝募管理、运营与行为禁止规则、审计规则到组织的变更与解散都有细致的明文规定。如联邦税法第501（c）（3）条对美国的25种具有免税资格的非营利组织以列表的形式对其进行了细致的分类和规定。而英国早在1601年就出台了世界上第一部规范慈善事业的法律《慈善用途法》，并不断根据环境变化对该法律进行修订，以提高其在当代社会的适应性。在德国，其政府从宪法、民法和社团法等多个层面对不同类型的非营利组织进行法律制度区分并配以相应的法律框架。尽管日本非营利组织的发展起步较晚，落后于美国、英国和德国，但是日本政府也在非营利组织的管理方面有着较为严密的规定，其法律制度内容丰富、分类细致严密，与德国非营利组织法结构较为相似。

此外，为了简化非营利组织的运作环境，避免志愿失灵问题的出现，上述四国政府也非常关注行政部门对非营利组织的监管制度设计与实施。例如，美国政府对非营利组织采取的"轻登记管理、重过程管理"模式，就主要通过其国税局统一实施。如果组织申请获得了联邦税法501（c）（3）条款的免税资格，那么会有联邦税务局对其进行严格的审核，再通过公开透明的机制对其开展的活动、运行方式等的整个过程进行社会监督。非营利组织需要向联邦税务局报告其财政情况，联邦税务局通过年度报税监管。英国的行政监管模式也非常有特色，主要通过慈善管理委员会对其慈善组织进行综合管理，全面负责非营利组织的登记注册、问责、监督、扶助、执行。而日本对非营利组织的管理职责比较分散，对不同类型的非营利组织依据各自的法规进行管理监督。在德国除了对免税团体的税务管理之外，政府及其他公共职能部门并没有对民间公益机构形成一个复杂的监督制度，对民间组织的监督主要是交予一些社会机构负责，如捐赠人理事会、社会事务研究所。

其次，考虑到政府扶持和资助对非营利组织发展的意义，本套丛书在每一个国家的非营利组织考察中，都专门辟出一章或多章分析该国政府与非营利组织之间的关系。各国政府对其非营利组织的支持态度和程度，主要体现在下列两个层面：一是各国政府对非营利组织适用的基本财税政策；二是政府与非营利组织在一些特殊领域建立合作伙伴关系形成的特殊支持政策。前者主要通过对上述四国非营利组织的财税制度的介绍来体现，后者则落实到各个不同的领域。

不过从整体而言，上述美国、英国、德国和日本的非营利组织已经与其政府建立了较为友好的合作伙伴关系，并在多个领域获得了参与公共决策、提供社会服务的空间和机会。而且，来自政府的资助均构成了上述四国非营利组织的主要收入来源之一。例如，日本的非营利组织大多数的资金来源于政府补贴，其卫生保健和社会服务领域的资金有45.2%来自公共部门的财力支持。英国政府每年向民间组织提供33亿英镑，德国民间组织64%的收入都来自政府资助。对于政府的资助是否会削弱非营利组织的独立性，主要取决于提供资助的方式，而目前以政府采购方式对非营利组织提供资助的方式是比较理想的，既向非营利组织提供了资金支持，又避免了对非营利组织内部事务的干涉，保障非营利组织的独立性。

他山之石，可以攻玉。对海外非营利组织的考察，最终是要服务于我国非营利部门的发展需要。而这套"海外NPO丛书"，则带着我们从观察各国的风土人情、政治经济体制入手，在学习和了解其他国家非营利组织发展状况与治理特点的基础上，最终引导我们立足于自己国家的文化传统与现行制度，积极探索促进我国非营利组织发展的措施。从这个视角来看，我们需要密切关注与考察海外NPO的发展态势和规律，理解差异，归纳共性。

**参考文献**

〔美〕萨拉蒙等（2007）:《全球公民社会：非营利部门视界》，贾西津等译，北京：社会科学文献出版社。

王名等（2006）:《德国非营利组织》，北京：清华大学出版社。

——（2007）:《日本非营利组织》，北京：北京大学出版社。

——（2009）:《英国非营利组织》，北京：社会科学文献出版社。

——（2012）:《美国非营利组织》，北京：社会科学文献出版社。

王绍光（2009）:《多元与统一：第三部门国际比较研究》，杭州：浙江人民出版社。

吴忠泽（2001）:《发达国家非营利组织管理制度》，北京：时事出版社。

谢芳（2003）:《美国社区》，北京：中国社会出版社。

杨叙（2003）:《北欧社区》，北京：中国社会出版社。

## Individual Observations and Common Thinking:

### —A Review of *Overseas NPO Series Books*

【**Abstract**】It is a series books of overseas NPOs that introduce and compare the development tendency of NPOs in the main countries of the world. These books have respectively taken the NPOs of Germany, Japan, England and America as the objects of their research. From the levels of content selection and structure arrangement, these four books are all having unified style, lots of materials, comprehensive contents and stronger timeliness. The NPOs of Germany, Japan, England and America are investigated and described as four related parts: ecological environment, history and current situation, management system and typical cases. With the guide of the series books, readers can learn and understand the characteristics of the development and the governance of NPOs in these four countries form the points of local conditions and customs, political and economic systems. What's more, in order to promote the development of NPOs in China, the series books especially focus on the perspective of the management system of NPOs from the government, policy support and the partnership to sum up the development trend and the law.

【Key Words】 The Management of Social Organizations; Non-profit Organizations; Public Administration

（责任编辑：朱姝）

# 以国家视角看农村信访困局

## ——读《治理基层中国》

### 孙天舒[*]

【摘要】本文从对当下乡镇治理困局的主观感受着笔，对田先红博士的《治理基层中国》一书进行了三个方面的总结和评述。将书中使用的国家权力视角和国家中心范式与传统乡村信访研究所采用的"社会中心范式"进行比较，总结本书研究的范畴和观察角度；将本书的逻辑结构概括为"总分总"三个层次，重点分析以"全能化政府与意识形态""技术治理限度""国家权力和基层权力弱化"为主要特征的信访治理内卷化的逻辑形成链条；最后反观国家权力的回归和基层政治建设，提出应倡导"社会中心和国家中心相结合"的研究范式，提倡基层政府与民众共同参与的基层治理模式。

【关键词】基层治理　内卷化　国家权力　参与式民主

## 一　信访治理的内卷化的吊诡现象

四月底我随一支香港志愿者队伍来到山西省石楼县四江村调研植树造林的成果问题，那时我刚刚开始《治理基层中国》的阅读。在我的脑海里中国的上访问题是这样的——北京、上海这样的大城市上访者占优

---

[*] 孙天舒，中国人民大学农业与农村发展学院农村区域发展专业2010级本科生。

势而政府占劣势，以此出现钉子户暴富等现象，而地方乡镇多是政府制压民众上访，多采用武力手段，类似的暴力事件近些年来通过媒体报道频频曝光。依据我的想法，这无非是因为地方政府天高皇帝远，无须着急响应中央"以民为本"的号召，再加之地方官员的牟利心理，因此让上访民众蒙受了"冤屈"。

我带着这样的印象试探性地与石楼县和四江村的几位领导交流上访问题。让我惊讶的是，他们全部表示现在的基层工作太难做，"农民惹不得"。如今不仅要努力解决农民提出的要求，且在日常的工作中也不得不慎言慎行，生怕说错了话让旁人抓到把柄。另外，农民的上访诉求也越发多样化甚至极端化——这些朴素亲和的基层政府人员并不是我想象中的乡村恶霸，在他们平淡的叙述中藏匿着难言之隐。

类似的现象也出现在《治理基层中国》中。田先红博士以极翔实细致的笔触描写了进入新世纪以后，尤其是税费改革之后以桥镇为代表的中国农村信访的吊诡局面。通过对本书的阅读，我知道在石楼的听闻并非偶然或者个例。例如书中对西岭村桃冲水库险情治理的案例做了叙述，镇长要求村领导禁止村民在水坝上开荒种菜，而村领导因为村民威胁要上访而畏首畏尾，害怕在村里的信访记录上记上一笔，影响考核成绩。"像以前，村干部、乡干部搞工作，可以狠一点，声音大一点。现在不行了，说话要注意，不能粗声粗气，话也不能说错，说错了他还抓你辫子。"（田先红，2012）同样的声音，出现在桥镇黄湾村征地赔偿分配工作中，出现在圣仙村桥梁补修案例中，出现在乡村社会的方方面面。

当下乡村信访治理的困境，一方面在于信访数量居高不下并且有上升趋势，农民利益诉求多元化；另一方面在于处于压力体制之下的乡村干部在处理信访案件的过程中，出于对犯政治错误的畏惧和对自己仕途的考虑而小心翼翼，甚至丧失原则。

《治理基层中国》不仅以丰富的案例描述了这一现象，而且在理论和逻辑上给了这个现象以深层的解释。这本书试图解决的问题是：为何权力的增长和信访治理压力的加大并没有带来信访的有效根治？为何国家推动的乡村治理改革不仅没有根本改善、解决乡村治理的局面，反而滋生了更多的政治难题？乡村治理水平的发展与国家大政方针、资源投入是背道而驰的。

田先红将这种现象归结为"信访治理的内卷化",即国家在信访治理工作上的资源投入大量增加,基础设施建设不断加强,信访治理工作初见成效,但信访治理的既有逻辑仍在延续和强化,陷入"越维稳越不稳"的怪圈之中。

## 二 国家权利视角和国家中心范式

在传统研究农民上访案例中采用的主流视角为社会中心范式。该范式的特征为：基于社会立场对农民上访的发生、机制、特征和影响展开分析。在这一范式中,农民上访行为被定义为"弱者的武器""以政策为依据的抗争"。在这一范式里,国家要么被遮蔽,要么仅是理解农民上访的一个背景和衬托。社会中心范式下的研究成果有利于理解农民上访的发生机制和特征,但也因视角的技术化、片面化等弊端遮蔽了农民上访问题的多维性和复杂性。"只见树木不见森林",从而出现"只有社会,没有国家"的问题。

田先红在对农民信访案例的研究中试图走出一以贯之的以社会为中心的思维陷阱,从农民上访中寻求其对国家的意义。他采用了一种"找回国家"的国家中心范式,强调在农民上访研究中引入国家视角,基于国家的立场理解上访,以上访来关照国家。田先红借鉴了迈克尔·曼关于基础权力和专断权力的二分性权力理论,一方面从基础性权力角度解释农民上访发生的逻辑,另一方面通过信访治理机制逻辑的解释,"回应在一个去集体化和去意识形态化时代中如何继续进行国家政权建设、建构现代国家的国家转型问题。"（田先红,2012）

在这一视角下,本书主要研究的角度主要涵盖：一是国家行为与农民上访之间的互动关系；二是农民上访行为逻辑的变化及其对于国家的意义；三是透过农村基层信访治理机制探讨国家政权建设的逻辑。

## 三 国家视角下信访困局形成逻辑

纵观全书,田先红试图从国家权力的角度解析信访困境的形成逻辑,由此我将本书的逻辑结构概括为"总—分—总"。

总,即国家权力视角。我认为信访困境问题的根源可以在作者引用的亨廷顿在20世纪60年代的判断来概括，即"发展中国家的政治参与、政治动员必须在政治制度化高度实现之后才能进行，否则就可能会陷入混乱"。（亨廷顿，2008）我国正是走了这样一条"慌张进入政治参与"的道路，这一方面来自自古以来的"全能政府"观念，另一方面来自当代经济发展和人民呼声的不协调，让中国尚未进入完善的制度化时期便迎来了全民政治参与的大潮。这其中的关系将在下文阐述。

分，即细致解析信访治理内卷化的形成逻辑。

我将内卷化的形成逻辑概括为以下路径：

国家动员政治参与 → 中央信访压力加大 → 信访工作下放，中央加强对地方代理人的监控 → 地方转嫁压力至基层 → 基层羸弱，能力有限 → 地方采取各种息事宁人手段解决信访问题 → 信访问题不能得到根本解决，反而造成国家资源浪费

在这个逻辑链条中需要着重强调的内容有如下三个：

### （一）全能化政府与意识形态

自新中国成立以来，以中国共产党为领导的中国新政权的秉性是"国家对人民群众、对社会担负起无限责任，成为一个全能主义政府"（田先红，2012），同时高度重视对民众的意识形态教育。但自改革开放以来，惯用的意识形态灌输策略逐渐被弃用。与此同时，在市场化经济思维的冲击下，个人主义和现实主义开始在民众中滋长。村民成了只注重短期经济利益的原子化的个"人"。

2005年我国全面取消农业税，斩断基层政权伸向农民的"黑手"。然而根据潘维的观点，"费改税政策砍掉了所有基层政府的法定收入，挖掉基层政权的墙脚，必定削弱基层政权的治理能力，导致农村秩序无法维持。而我国税改之后的乡村治理状况则印证了这一点"（田先红，2012），乡村干部在干群关系中的优势地位逐渐消失，治理型上访迅速攀升，谋利型上访日益凸显。

至此，国家意识形态削弱而民间个体主义加强，当农民从集体解放出来以后，并没有按照改革者所设计的那样成为所期待的公民，而成为只讲权利不讲义务的"无功德个人"。这种趋势催生了越来越多的谋利型上访和"上访专业户",而作为责任无限的政府不能对其要求置若罔闻,只好在一次次上访大潮的侵蚀下不断地修改公共政策的海岸线——这或许是一种好的现象,即公共参与改变政策、改善民生,但也显示出了我国制度化不完整,甚至出现"农民讲政治,干部讲感情"的吊诡局面。全能型政府定位让政府越来越深地陷入伦理困境。

### (二) 技术治理的限度

这种限度在于中央政府意图改善信访困境的制度措施,在实行过程中总是会陷入怪圈,变成对基层的变相加压,最终导致基层政府在压力下要么转向息事宁人,要么诉诸暴力解决。改革开放后,原先的动员型治理体制遭到抛弃,代之以制度化、常规化的治理模式,经历着从总体支配到技术治理的转换,以理性化的科层制代替原有的动员型治理体制。中央加强对下级的监控,体现在工作职责、方式和纪律的规定日渐细化,逐渐形成一种压力型的信访治理体制。

这种体制的弊端在于将目标管理责任制作为最核心的考核制度,给基层带来了巨大的压力。在这种压力下基层管理人员被迫通过寻租、用钱打发等方式规避考核并减少上访。因此制度的实施绩效并不理想。从总体上来看,处于转型中的国家治理正在努力向制度化发展,但这种以制度建设为核心的技术治理模式并没有取得预期的效果。

### (三) 国家权力和基层权力的弱化

田先红在本书中更倾向于相信,中央和地方政府公共权威都日益流失,治理状况恶化,但他同时认为这并不能解释乡村治理的困境。在本书的论述中,治理转型和意识形态转型极大地约束了国家专断权力的行使,同时基层权力也被削弱。田先红认为在基层工作中出现的作风粗暴现象,与其说是专断权力强大的表现,毋宁说是基层政权无法有效行使专断权力的无奈选择。当务之急,是要在从根本上加强基层权力的同时,还原专断权力行使的正当性和合法性。

总,将全书收拢于国家政治层面的解决方法上。虽然中央政府采取减免农业税等多种措施,试图将对基层的间接管理转入直接管理的轨道,但这种方向性的引导并没有加强基层权力的执行，反而带来了基层治理能力的弱化，进而带来在政府和农民之间的中间层的消失。

## 四 在参与式民主中实现国家权力的回归

《治理基层中国》讲述了税费改革以来至 2009 年我国基层乡镇治理出现的种种"怪现状"，近些年中国社会进入社会转型的关键性时期，各种社会矛盾较从前更为突出，中国社会发展时刻伴随着群体性事件带来的"生长痛"，而其根源是基层政治和意识形态的衰退。一方面民众的民主法制、维权谋利意识随着市场化的发展进一步增强，另一方面在体制上还存在诸多薄弱环节，乡村社会治理流于少数人议政。这样的现象既不符合人们口中广义的"民主"，亦无法体现国家的治理意志。《治理基层中国》描述了上下两种呼声在基层政府这个"第三层级"无法正确对接的现象；而对这种偏差进行修正，在基层和国家之间建立传达呼声和意志的渠道，我认为应该依靠参与式民主的建设。

参与式民主是从公民个人到各种社会群体的广泛的社会政治参与，其内涵不仅涵盖传统的民主选举、民主决策，还包含基层民众通过各种其他方式，如立法决策、制度安排等对上层进行干预。"参与式民主在民主的实现形式上扩大了直接民主的有效范围，丰富了民主政治的合理内核，代表着当代社会政治生活从精英民主趋向大众民主的发展方向。"（梁军峰，2008）而在实操层面上，参与式民主意味着达成社会管理的双向互动，一方面强调下放并稳固基层权力，使国家意志在基层政府得到贯彻，另一方面加强对民众的民主训练。有效的民主参与不应流于七嘴八舌的议事，而应着重参与程序的建设，争取以"一事一议"的有序方式进行，培养基层民众自觉寻找发声途径并合理寻求解决利益诉求方式的议事，并与此同时打通基层声音和基层政府的通道，使二者的矛盾在交流中得到舒缓。

"农村政治生态环境最可悲的地方就在于，村民与基层政府权力的脱节已经越来越严重，那么政府的政治整合能力也就越来越弱，接着乡村社会的建设可能性也就越来越小。"（刘晨，2013）可见发展参与式民主不仅能够缓解基层矛盾，也对基层执政能力的建设至关重要，而以全景的角度看，也是改善农村政治生态环境的良方。

田先红认为变革制度、促进国家转型才是解决基层中国治理困难、跳出乡村信访治理内卷化怪圈的根本方案。这种变革的过程既需要自上而下的制度贯彻，也需要自下而上的政治表达，而最终需要政治力量和意识形态像水泥一般将基层力量和顶层设计结合在一起。对于农村社会的社会管理，基层民众的加入和基层政府的治理二者不可或缺任一，这便是在我国乡村基层实现参与式民主的要领。"从现在的治理理论来看，多中心治理与参与式治理，政治吸纳与民主社会的构建，将会是接下来我们需要进一步所努力的方向。"（刘晨，2013）

**参考文献**

梁军峰：《参与式民主研究》，河北人民出版社，2008。

刘晨：《治理基层中国与国家建设》，爱思想网，http://www.aisixiang.com/data/61839.html（访问时间 2013 年 9 月 1 日）。

田先红：《治理基层中国——桥镇信访博弈的叙事，1995~2009》，社会科学文献出版社，2012。

〔美〕亨廷顿：《变化社会中的政治秩序》，上海世纪出版集团，2008。

# A State-Perspective View of Petition Predicament in Rural China

## —On Reading *Governing Grass-root China*

【Abstract】This paper starts by describing a subjective view on a predicament of rural petition, followed by conclusion and comments on Dr. Tian Xianhong's *Governing Grass-root China*. The first part gives a comparison on the National-Centered-Paradigm, employed by Dr. Tian in his work, and the Society-Centered-Paradigm, which is more commonly used in conventional study. A conclusion is made on the research scale and observation perspective of this book. The second part divides the logic chain of *involution* into three levels and throw light on three major features, including the omnipotence of government, the limitation of technical governing and the weakening of grass-root governance. The last part reviews the contribution of grass-root governance and suggests a combination of both society-centered and national-centered paradigm should be employed. The author calls for the contribution of representative democracy in rural regions.

【Key Words】 Grass-root Governance; Involution; National Power; Representative Democracy

(责任编辑：何建宇)

# 对当前国家社会组织管理模式的研究评述[*]

闫 东[**]

**【摘要】** 学术界关于国家社会组织管理模式的研究有四种代表性观点：分类控制与行政吸纳社会模式、嵌入型监管模式、监护型模式与限制模式。第一种观点强调了国家控制及策略的总体特点。第二种观点强调国家控制及其策略的新变化。第三种观点着重分析国家"监护"社会组织的历史动态性变化及其历史—哲学的思考。第四种观点强调国家社会组织管理体制本质是限制社会组织的发展。这四种观点为我们认识当前国家社会组织管理的立场、方法、策略与地方特色、发展趋势提供了一个深化研究的基础与条件，同时他们研究中的不足也为深化研究提出了挑战。这四者都缺乏对中国共产党自身特点及其社会组织政策的具体分析。中国共产党与社会组织的关系定位决定着社会组织管理政策与体制改革的进度。

**【关键词】** 社会组织 管理 模式

---

[*] 向已故著名学者邓正来先生致敬。本文是 2010 年国家社会科学基金项目"中国共产党引导社会组织良性发展的方式与途径研究"（项目批准号 10CDJ13）与 2011 年北京市委组织部优秀人才项目"北京市农村基层党组织功能转换及实现路径研究"（项目编号 130204000716）的阶段性成果。

[**] 闫东，北京服装学院社科部副教授，中央党校党建博士。

## 一 四种模式及其争论

在社会组织不断发展的背景下,国家对待社会组织的认识与态度、政策与体制、总体特征等方面,近几年学术界做了大量研究。其中,关于国家社会组织管理模式的代表性观点如下:

### (一)分类控制与行政吸纳社会模式

康晓光通过实证调研、样本选择与理论预设,分析了国家对待社会组织的认识与态度、管理体制与政策,提出了国家的社会组织管理总体特征是分类控制与行政吸纳社会。首先,提出了政府对社会组织的分类控制。根据社会组织的挑战能力和提供的公共物品,政府对不同的社会组织采取了不同的控制策略。他将当前政府对社会组织的控制策略总结为准政府模式、双重管理模式、归口管理模式、代管模式、放任模式、控制失灵。(康晓光、韩恒,2005)其次,为了利用社会组织满足社会需求以及控制社会组织,国家采取了行政吸纳社会模式。行政吸纳社会建构在"分类控制"体系基础之上,目的是控制和功能替代。"'控制'是为了防止民间组织挑战政府权威,为了继续垄断政治权力。而'功能替代'是通过培育'可控的'民间组织体系,并利用它们满足社会的需求,消除'自治的'民间组织存在的必要性,从功能上替代那些'自治'的民间组织,进而避免社会领域中出现独立于政府的民间组织。"(康晓光等,2008:333)并且在其所主编学术著作《中国第三部门观察报告2011》《中国第三部门观察报告2012》与《依附性发展的第三部门》《NGO 与政府合作策略》(以下简称康文)中,此观点得到进一步深化。

### (二)嵌入型监管模式

刘鹏在《走向嵌入型监管:当代中国政府社会组织管理体制的新观察》《从分类控制走向嵌入型监管:地方政府社会组织管理政策创新》中(以下简称刘文)提出国家对社会组织是一种嵌入型监管模式。作者认为,嵌入型监管模式在内容上涵盖了"分类控制"模式的相关界定,表现为国家对于社会组织管理具有较为明确的重点识别和区分能力。作者提出，嵌入型监管模型反映了近年来中国国家—社会关系的变化，包含了更加丰富的内容（如制度化水平提升、合法化吸纳能力的提升以及管理手段的多元化等）。（刘鹏，2011）

### （三）"监护型"控制模式

邓正来、丁轶在《监护型控制逻辑下的有效治理——对近三十年国家社团管理政策演变的考察》（以下简称邓文）中，从历史的角度解读了国家社会组织管理政策、体制演变的动因，并对以康文为代表的观点做了评析。作者认为自1978年始，国家针对社会团体的管理政策经历了一个逐渐规范化、常规化而又细致化的过程：从放任到控制，从以非常规力量管理为主到通过以法律治理为主，管理重心从中央向地方转移。这个过程的结果就是"归口登记、双重负责、分级管理"制度的形成和确立。这种管理政策背后所蕴含的乃是一种"监护型"控制的总体逻辑。（邓正来、丁轶，2012）

### （四）限制模式

王名在《社会组织管理体制：内在逻辑与发展趋势》（以下简称王文）中提出体制"限制论"，即社会组织管理体制作为党和政府规制社会组织的平台，通过登记许可的入口管理，严格限制社会组织的合法化，采取双重管理等高门槛的制度安排严防死守，限制社会组织的产生、发育、活动和发展。（王名、孙伟林，2011）

也有学者从国家与社会的关系角度，提出国家型塑社会组织，以国家的评价控制社会组织的发展程度，国家能够决定社会组织的去留、改造社会组织以适合国家的定义或决定两者的紧密程度。（郁建兴、吴宇，2003）也有学者提出控制型管理模式，即政府对社会组织的不信任，而理由在于管理对象的幼稚无知（王晨，2005），这就使得社会组织成为政府附庸。政府对社会组织的管理采取"一体制、四原则"的做法：双重管理体制、分级管理原则、非竞争性原则、限制分支原则和税收优惠原则。（杨柯，2006）

本文认为，前四种观点基本上代表了学术界关于国家社会组织管理模式研究的主要成果，主要原因是：第一，他们较为集中、系统地分析了国家对社会组织的政策、体制、态度的作用、后果与总体特征；第二，他们的研究方法、研究团队或研究成果，具有典型性、代表性或前瞻性；第三，其他学者在此问题上的研究，一方面多是对双重管理体制的简单评析，另一方面多是论述比较分散，针对性不强，存在一定重复性，或是没有超越上述四种观点。

尤为重要的是这四种代表性观点之间，有相互借鉴，也有对另一成果的继承或批判。刘文与邓文、王文都以康文观点为评判对象。

刘文基于地方政府社会组织工作的新探索、新经验，认为当前中国国家与社会关系发生了新变化，政府在逐步探索对社会组织管理的新思路和新模式，"分类控制"与"行政吸纳社会"模式阐释力不足，不能涵盖当前地方政府对社会组织工作的探索实践。"分类控制"模式只是从管理重点识别和区分的角度来界定国家—社会关系，而"嵌入型监管"模式能更加全面和现实地解释当代中国政府对社会组织管理的现状。也有其他学者对康文的行政吸纳提出了质疑：认为"行政吸纳社会"模式，从当前中国"权威主义"政治体制出发，颠覆了西方"公民社会"与"合作主义"模式在中国的解释路径，把"控制"作为国家与社会关系的核心考察点，具有一定现实合理性；但是突出强调"控制"的国家与社会关系解释模式，不具有广泛现实解释力，可能导致在摆脱了西方解释框架的同时又陷入片面性泥沼。有学者就指出，在国家与社会之间的权力控制关系之外，还存在国家使用公共权力对社会支持与帮助，并且支持性关系构成了国家与社会之间的一个独立关系维度，而不能简化为权力控制维度。（陶传进，2008）正如有学者指出了中国社会组织的"社会技术性"逐渐增强，从而形成了一种技术权威，获得与政府、企业相权衡的力量。（葛道顺，2011）有学者就提出了"行政吸纳服务"模式，认为，行政吸纳服务模式并不否认"控制"因素存在，在中国这样一种权威体制下，"控制"实际上是无所不在。行政吸纳服务的目的不在于"控制"，"控制"不是其核心的机制。"控制"让位于"支持"，"政府权威"让位于"公共服务"。行政吸纳服务的主要价值目标是要增强公共服务能

力，提高公共服务的质量与水平，而不是垄断政治权力，防止民间组织挑战政府权威。(唐文玉，2010)

邓文认为以康文为代表的研究方法存在局限性，研究内容缺乏历史与哲学维度，无法展现国家社会组织管理政策的政治高度与具体管理技术变化。作者指出，国家社会组织管理的监护型控制的总体逻辑及其相应的监管体制属于一种"压制型"的法律治理模式，国家主要是通过常规化的法律和行政科层机构来实施治理，但事实上，国家并不完全依赖上述治理工具；相反，国家会在一种"制度明确、实践宽松"的可纠错性框架中灵活选择隐藏在正式规则及程序背后的不同治理技术来回应社会变化。

王文并不认同康文的"控制论"。它从体制管理的视角，提出社会组织管理体制不仅存在制约和束缚了社会组织的发展的一面，也存在从制度上促进和规范社会组织发展的一面。

也有学者提出，分类控制模式强调国家对社会组织的影响，国家控制社会的具体机制，缺乏社会组织对国家社会组织管理政策的回应，不关心社会组织在这种控制中如何生存和行动。(刘玉能等，2012：240)这忽视了组织在制度环境中积极主动的一面，比如组织如何采取各种策略来规避国家的控制，如何通过合作建立双方的相互依赖关系、社会资源内部化和强化内部资源的整合和利用等。而这些行动策略的显著特点是游走于国家与社会之间，左右逢源，并在生存与自主之间取得平衡，保持自身的独立性。(陈天祥、徐于琳，2011)

实际上对于这个局限，以康晓光为代表的研究团队的成果《NGO与政府合作策略》以17家社会组织作为案例，总结了社会组织与政府合作的经验，建立了具有"行动指南功能"的"策略框架"——包含合作原则、合作策略、合作措施的三级体系。作者提出社会组织与政府合作的六大策略应用：一是了解合作的外部环境，二是寻找双方的利益交叉点，三是多方寻找合作突破口，四是表达合作意向，五是获取合作方信任，六是精心设计项目。(康晓光等，2010)

学术界对康文提出了一些建设性批评建议，这也是今后要研究的重点问题。康文把政府看作理性经济人，没有具体分析国家与政府、政党之间的差异。实际上，中央与地方、党与政府以及政府各职能部门之间对待社会组织的态度与认知是有很大区别的。康文对这个问题缺乏深度分析。但不可否认，首先，康文为我们建构了一种把握中国社会组织发展现状的理论模型，较为全面、准确地阐释了国家社会组织管理政策、体制与实践的总体特征。其次，这表明康文是国家社会组织管理政策、体制与实践研究的重要成果，它是学术界深入研究此问题的必要参考。

## 二 当前国家社会组织管理模式研究的若干评析

以上几种观点主要是从国家社会组织管理政策、体制或实践所体现的国家对待社会组织的意图、所产生的客观后果、所存在的问题以及改进思路与措施等方面进行研究。在此基础上，他们概括了国家社会组织管理模式。本文就这几种模式的内涵及所产生的影响、后果等进行评述。

### （一）四种模式的内涵解读

从管理体制角度看，王文把自己的观点总结为"限制论"。他把康晓光等人观点总结为"控制论"，即社会组织管理体制作为党和国家自上而下进行社会控制的制度形式，通过行政化、业务监管、资源管控、分类管理等各种方式，控制社会组织的行为，将其纳入党和政府的权力范围内。本文认为，王文观点是建立在国家对社会组织管理体制的历史转折的环境认知基础上，即国家面对改革开放初期形成的分散管理模式所带来的社会组织的放任发展的一种反思，进而形成以限制发展为特征的归口管理及双重管理体制。他主要是强调在特定历史条件下各种正式的政策、法规、制度层面的因素，缺乏非制度性因素的分析。他提出的限制论不能十分准确地概括国家社会组织管理的真实意图与行为特征。王文从一定程度上认同康文的控制论，"双重管理体制是一种典型的笼统化和消极型的行政控制体制，将所有的非政府组织不分青红皂白、笼而统之地置于政府的对立面，消极地防守防范，用行政分权的体制双重把关和严格限制，通过对民间组织的身份认定来达到控制其行为和结果的目的。"（王名、刘求实，2007）并且王名提出了国家在社会组织管理上的控制型战略，认为"基于现实执政过程中的危机应对，执政党与政府对社会组织的基本态度是'控制'。这种战略在本质上源于现实的力量，是一种为了应对、缓解或解决由社会组织发展所带来的各种社会问题，包括社会矛盾、社会风险和社会危机，而以控制为导向的带有临时性应对色彩的战略思路"。（王名、孙伟林，2011）本文认为控制比限制的内涵广，控制包含了限制的部分内涵。从一定程度上说，控制是国家社会组织管理政策、体制与实践的总体行为与目的。限制是国家控制社会组织的结果性描述。

刘文提出了当前国家社会组织管理的"嵌入型监管"模式。本文认为，刘文的"嵌入"概念本身就存在分歧及"借用"的内在缺陷。"嵌入"本身是经济学发展而来，并不能精确地表达与阐释国家的社会组织管理政策、体制的发展。（兰建平、苗文斌，2009）康文的概念表述反而更精确，更容易理解。本文认为"嵌入"并不能涵盖或者替代"分类控制""行政吸纳"等具有明确指向的概念，"嵌入"在概念上的阐释力度与适用性并不强。同时，"监管"代替"控制"的概念表述是否合理，有待考问。读者并不能从地方实践中看出对社会组织的监管与控制的区别。

邓文也提出了一个国家管理社会组织模式的概念——"监护型控制"。邓文的立论建立在对"国家"的认识判断基础上，认为国家对于社会团体基本上采取一种不甚信任的态度，将其看成是未成年的儿童而严加管教或"保护"，以防止其做出对国家不利的事情。邓文认为中国是"威权主义"治理模式。随着政府职能的不断转变，国家一方面是主动，而另一方面则是被倒逼地从社会领域中逐渐撤离，原先附属于旧体制的社会力量和各种群体得以逐渐发展壮大，并以社会组织的形式开始占领社会领域。作者把监护型控制看作一种威权体制下的国家在治理资源总量相对有限的情况下为了追求有效管理而不得已所采取的一种策略，同时也是在"改革、发展和稳定"三种价值的战略选择上采取以稳定作为发展基础的必然后果。

本文认为"监控"比较能反映当前国家社会组织管理的特点。以前国家社会组织政策、体制强调自上而下的单向控制，没有形成上下互动的社会组织监督体系，忽视社会组织的独立性、主动性。当前国家政策开始更多地强调政府对社会组织的监督。同时，这也反映了社会舆论、公民及社会组织自身对社会组织的监督地位有待建构。

### （二）四种模式的影响及后果的解读

首先，王文认为，一方面当前社会组织管理体制具有规范社会组织发展的积极作用，另一方面这种管理体制的重点在于限制发展和分散责任。客观后果是：一方面，限制社会组织合法化，控制成本高，控制效率很低，消极作用也非常显著，削弱了法治和行政监管的权威性；另一方面，忽视了培育发展和监督管理。其次，刘文认为，地方政府对待社会组织的政策及实践出现了从限制走向吸纳，从忽视走向扶持，从排斥走向合作，从抑制走向培育的变化，这些新探索对于改变中国传统的国家—社会关系具有重要意义。康文在其《依附性发展的第三部门》一书中，也对这些地方的新实践、新趋向做了总结与分析。但是康文依然认为，尽管政府有选择地降低了对一些组织的控制强度，同时加强了对"帮忙"的组织的支持、培育和引导，但是总体上看，政府的出发点没有变，它依然遵循理性经济人假设——追求自我利益最大化。国家已经建立的一套分类控制与功能替代的策略没有变，只是在一定范围内进行了局部微调。（康晓光等，2011：46~50）最后，邓文认为2001年至今，一方面，国家开始重视那些能够提供大量公共产品的社会团体的重要性，并且对地方政府的某些调整社团管理的创新做法也予以了默认。另一方面，常规化、制度化和规范化的行政科层机构的日常管理和惩罚体制使得国家将主要社会团体牢牢控制住的同时，也扼杀了社会的基本活力，同时在社团管理的具体问题上，有可能出现中央不回应而地方政府积极改革管理体制的局面。

本文认为，四者的分析各有自身立场。王文的观点是从局部性的管理体制角度，看待社会组织管理体制的双重作用，但是其重点立论是要求变革双重管理体制，强调由行政控制转向分类监管、资源引导和行为控制。

刘文的观点是建立在量变必然引起质变的理论分析工具上，强调新探索、新突破，忽视了旧有管理体制与政策对社会组织发展的限制作用。刘文把地方政府一些扶持社会组织的政策与措施，看作是一种"突破性"变化或者是一种能引起质变的变化。这种定性为时尚早。以政府资助和减免税待遇看，这两项是国家扶植社会组织发展的主要政策，但是当前地方政府这方面的工作还十分薄弱。有学者以政府培育公益性组织为例，发现当下政府主导的公益型社会组织发展模式存在根本性的瓶颈：一是培育公益型社会组织的地方政府级别太低，工作开展的地方性特点和人为性因素太多，没有形成规范化、制度化的长效机制，以致公益型社会组织的发展缺乏稳定的制度保障和持续的行政扶持。二是政府主导机构不统一，理念、资源不同，各自为战。很多学者同意康文的立论，认为作为政府来说，一方面，希望通过支持、培育和指导公益型社会组织，来补充或替代政府剥离的社会职能和动员职能；另一方面，又不得不对这些组织进行业务规范和发展方向控制，以避免产生潜在的对抗性组织。（郝彩虹，2012）

邓文的立论是强调政府当局对待社会改革和政治改革的实际政治立场对社会组织发展有着更为重要的作用，提出中央与地方在社会组织管理中的不同取向，认为国家对社会组织的监管目标已经发生了根本的转变，"转换为限制竞争、抑制发展的基本取向"，而非保护和服务的基本取向。这就丰富与扩展了对国家社会组织管理的思考空间，是对王文、刘文、康文观点的一种补充和超越。

康文的观点是强调更为宏大的整体后果，坚持这些新探索并没有推翻其理论预设条件，国家社会组织管理体制、政策产生的后果并没有得到实质性改观。中央政法委秘书长、中央综治委副主任周本顺特别强调，"防止误信、误传甚至落入某些西方国家为我们设计的所谓'公民社会'的陷阱。加强和创新社会管理，不是过多地把政府的事情交给社会去办，而是要确保党委和政府的社会管理与公共服务到位；不是过多强调按照人口比例发展社会组织，而是要加快群众组织、基层群众性自治组织、社会组织、企事业单位改革，完善职能；不是过多强调社会组织的'第三部门'属性，而是要加强对社会组织的规范、引导，将其纳入党委和政府主导的社会管理体系，确保其健康有序发展，真正成为社会管理和服务的重要补充。"（周本顺，2011）从当前各地社会建设探索中，各地党委和政府仅仅是把社会组织看作社会建设中的一个组成部分，社会组织在社会建设中的主体性作用并没有体现，对如何扶持社会组织发展在绝大多数地方都没有明确的规划与措施。

邓文中的一些观点与论证比较准确地反映了国家的社会组织管理政策、体制的发展变化，主要从历史维度中国家政治体制改革态度、议题设立及现实进程特点来论述社会组织管理政策、体制走向。邓文的研究视角强调了国家态度变化，突出1978年来的历史变化，站在历史高度来理解国家社会组织政策、体制安排的真实意图，合理地解释了国家社会组织管理政策、体制与实践的发展变化。比如邓文认为，1990年代国家在改革问题上已经丝毫没有了80年代那种可回旋的余地，"硬着头皮"或者"蹚地雷阵"也必须拿下城市经济体制改革这场"攻坚战"。面对这样一个无法回避的现实，如何在改革过程中把预期的制度创新成本减少到最低程度无疑成了国家在当时最为关注的问题之一。按照这个逻辑，在1980年代曾经十分活跃的社会团体也就毫无疑问地成了对于国家稳定发展而言首当其冲的控制目标。邓文以历史的动态发展过程及其复杂性，说明了康文的理论假设的合理性以及王文、刘文观点的历史成因分析的不足。

## 三 评述反思

以上几种观点及其论证，基本上沿着康文、刘文与王文为代表的实证主义路线和邓文代表的历史—哲学路线展开。

两种路线都以国家社会组织管理体制、政策与实践为研究对象，分析与总结了当前国家社会组织体制、政策与实践所体现的模式、政治意图、后果，并且凸显了作者的价值取向。但是两种路线，由于其立论、价值与战略判断、研究方法等各有特色，研究的结论与提出的未来社会组织发展思路就存在差异。

第一，从研究内容看，两种研究最重要的差异就是对于国家的解读不同。这些研究中存在对"国家"的理解，对中央、地方与党、政两对关系的研究深度不够。按照恩格斯的说法，国家是从社会中产生但又自居于社会之上并且日益同社会相脱离的力量。"国家"首先是一种权力系统。在此基础上，林尚立认为，"国家是社会塑造的用于协调和组织社会的公意力量，是主权、制度及其所塑造的公民社会三者有机统一的政治共同体。"（林尚立，2013：9）在中国，国家这个政治共同体就包括中国共产党和政权系统，既可指行政机构，也可指党的机构①与人大、司法机构。国家的社会组织管理政策与体制的最终形成应该首先看中国共产党的认识、政策与工作的重点，有学者就指出，"党和政府在人员组织上是一体的，所以，体制内领导和体制外领导在许多方面是互通的。在这种领导方式下，党和政府关系具有很强的内在统一性，党是决策核心，政府是政策执行主体。党对国家领导所形成的党和国家的这种关系，决定了国家全面主导社会是在党对国家全面领导的基础上实现的。同时，党对国家的全面领导为国家主导社会提供了丰富的组织资源和体制资源，因为，在党全面领导国家的条件下，政府内的许多关系，如中央与地方关系、政府与社会团体关系，都同时具有党内组织关系的性质，而党内的组织关系是强调组织间的领导与服从关系的。"（陈明明，2002）这样才能更好地理解国家社会组织的政策、体制形成的背景。一党执政体制下，由于职能定位、运作、性质不同，中国共产党与政府对待社会组织政策、立法的态度观念与方式不同。这或许就是一些学者眼中的一种"中国特色"。（付涛：2011）

从政治稳定来看，执政党不欢迎越来越多的组织参与政治，这会影响社会秩序。从职能扩张来说，在政府部门中民政部门影响力小，且事繁权少。民政部门希望强调社会组织参与社会建设，批评一些政府部门维护部门利益，不向社会组织转移职能，同时也要求扩充部门职能，增加人员编制与组织权重。从社会发展实际看，社会组织的不断增多以及其作用的不断增强是不可逆的。这对执政党是一个挑战，对民政部门是一个机遇。民政部门影响大的地方，对社会组织管理政策、体制的探索与创新力度就比较大，比如深圳与上海民政局局长刘润华与马伊里在推

---

① 党的机构主要涉及党委、组织、宣传、统战部门，同时可分为有行政权力依托的党组织与无行政权力依托的党组织，还可分为党的中央组织与地方组织、基层组织。

动社会组织发展方面就非常积极,有规划、有思路。当然这首先是在地方党委支持社会组织发展与经济社会发展阶段具备了探索创新的条件的前提下。在学术界研究中,人大机构对于社会组织的发展与支持是不明显的。王名的代表团队所总结的各地社会组织建设模式,反映了党与政府对待社会组织的不同政策选择。执政党与政府在社会组织政策供给方面的地位差异很大。

就中央、地方两个角色而言,邓文认为"国家具有一种独特的生存性智慧",国家会在一种"制度明确、实践宽松"的可纠错性框架中灵活选择隐藏在正式规则及程序背后的不同治理技术来回应社会变化。作者认为,在这种生存型智慧下,中央能够根据不同时期的形势、任务需要而不断调整相应的治理技术和策略,并经由地方的努力而在一定程度上满足社团发展的具体需求。中国经济改革的成功正是在中央所提供的"宽容实验"框架下,由地方政府不断实践和创新,进而得到中央认可并予以大范围扩展实施而逐渐达致的。也有学者根据实践案例所得到的结论是:各地社会组织管理体制的创新探索既非社会需求自下而上的压力驱动,亦非源自中央自上而下的指示和动员,而是地方党政领导解放思想、主动创新的结果。(蓝煜昕,2012)

康文是根据理性经济人的理论假设,把国家看成是一个缺乏发展变化与情感的经济人,整体主义倾向严重,并未深入分析党和政府、中央与地方及其领导干部在社会组织管理中的不同地位与作用、特色。以王名为代表的清华大学团队最近的研究,围绕着地方社会组织管理的探索,以大量实践调查与访谈,总结了当前地方社会管理创新经验及其社会组织管理特点,总结提出了三种代表性的创新体制:一是以重庆和信阳为代表的"党委主导的大推动体制",二是以北京、广东为代表的"党政一体的大协调体制",三是以上海、深圳为代表的"依托民政的大社会体制"。(王名、杨丽,2012)王名的团队强调了地方社会组织管理的新探索,这方面的研究是对其原先研究的拓展。他认为这三种模式各具特色,来源于地方实践,地方特色显著,强调推动社会组织发展的政治主体的多元化,北京市社会组织管理以发挥枢纽型社会组织作用为主导;上海注重夯实社区基础并高度重视社会组织的培育发展,探索社会组织孵化方式，建立政府购买服务制度，营造社会组织的良性生态体系。他认为，由于党政领导对社会管理工作高度重视，包括社会组织在内的各种社会力量正在成长，一个与中国特色社会主义市场经济相适应的社会主义公民社会，正在向我们走近。当然，这种看法还有待验证。

国外学者 Jessica C. Teets 也看到了这种地方差异，认为深圳、广州和云南等地代表的是更为开放、自由和宽松的管理模式，江苏、北京和上海等地代表的更为保守的政府监管模式。北京模式的基础是过去两年来北京市政府围绕非营利组织孵化器开展的 NGO 能力建设、政府资助公益项目，以及新的直接注册措施，这是一种"宽审批，严监管"的思路。政府官员将逐步退出社会组织的管理和运作，使社会组织回归民间化。北京模式试图用地方政府的监管来替代在云南模式中发挥作用的国际资金和能力建设。因此，北京模式是强调政府对公民社会的监管，并为草根组织创造资金来源，而非像云南模式那样着重于利用国际资金以及 NGO 与相关部门的合作。Jessica C. Teets 认为中央政府更可能采纳的是北京模式。北京模式加强有关 NGO 的法律和筹款机制，促进本土草根组织的成长和能力建设，并在民政体系中形成更好地管理社会组织成长和推动创新的规则，给具有专业能力的组织带来更大的政策参与空间，同时压缩以权利为本的社区组织的空间。尽管社会管理模式的区域差异仍将存在，国家层面将要实行的管制变化将对未来公民社会产生重大影响。（Teets，2011）

特里·N. 克拉克主持的财政紧缩及都市创新项目（Fiscal Austerity Urban Innovation）收集的资料横跨了35个国家和1000多个城市，研究发现，"在西欧和日本，比较强大的政党不允许下层党员（地方长官、镇长或市政委员等）有过多差异（地方官员的施政方式和理念与中央保持一致，因此，地方官员差异性不大）。""政策的选择和实施是由政党决定而不是官员。"（克拉克等，2011：192）

对于中国共产党来说，一方面是支持直接为市场经济发展服务、为社会服务的社会组织的发展，另一方面是控制社会组织发展速度、种类、规模。执政党的社会组织政策是矛盾的，既有保守的一面，也有创新的一面。Jessica C. Teets 认为新的规范源于协商式威权主义的社会治理模式，其目的是控制，但并非完全要阻断公民社会的发展进程。这些规范反映了新的国家与社会的关系，鼓励与公民社会进行协商，但其方向并非是导向民主化，而是更为精细复杂的威权主义治理，用更间接的工具进行社会管控。(Teets，2011) 中共中央对待这种矛盾性，显现了其机会主义与生存性智慧，这就为地方政府的社会组织管理政策、体制改革提供了回旋余地。比如国家民政部一直扮演着推动政府社会组织管理政策、体制与实践改革与创新的主要角色，但是很多地方党委、政府却依然如故。

特里·N.克拉克认为，"实力强大的政党领导们通常会把其他组织（一般指社会组织或社会团体）看作潜在的威胁。事实上也如此，许多组织在形成过程中所关注的或支持的相关议题并不是政党所倡导的。"（克拉克等，2011：193）民政部社会组织管理局副局长李勇特别强调，"在高声喊出'直接登记'这四个字的同时，我们还会加强社会组织的党建工作，统统建立党组织，形成强大的政治后盾。"（林衍，2012）中共强调政治因素，反对诸如"下岗工人协会""退伍军人协会""打工者协会"等维权组织。有些草根社会组织提出抗议，广东省委尽管出台了有利于社会组织发展的政策，但是"广东劳工NGO面临大整肃，政府收编和打压两手并重"。从这看出，一方面，新的社会组织管理政策的提出与实施存在磨合期。另一方面，党政部门仍然沿用以往思维。北京社工委书记认为，"在工会之外再搞一个民办的工会，这是不行的，准出问题"。（王名、宋贵伦，2012）草根社会组织认为，政府通过职工服务类社会组织联合会将民间劳工NGO纳入服务和管理当然有其存在的现实需要，但这种简单"打压一批，拉拢一批"的管理方式，将会使坚守立场和持有独立观点的民间劳工NGO处于选择胡萝卜还是大棒的两难之地。有些原本独立的民间劳工NGO将可能因此逐渐丧失立场和其应持有的民间属性。

第二，从研究方法看，实证主义与历史—哲学研究路线各有利弊。

实证主义强调，通过访谈、问卷调查等方式搜集社会组织的信息，然后通过理论预设进行技术分析。这种研究有利于我们确认社会组织发展的真实状况与存在的问题。但是其存在的问题，一是详细、全面的调研也不可能穷尽社会组织发展真实的信息，二是由于现实的体制制约，缺乏对各党政机构及其党政干部进行的全面调查，三是由于立场、角度不同，调查信息存在选择性遗漏遗忘、或者情感倾向严重等问题。当然，实证主义研究通过较为科学的理论方法，能够一定程度上弥补这些不足。这种研究方法，能够立足现实，为国家社会组织管理提供一些切实可行的措施与建议。但是，正如邓文所说，其研究路径无法展现国家在社团管理上的真实态度及其复杂治理技术的动态演变过程，而且历史维度缺失也导致他们仅仅试图以一种静态的、一劳永逸的方式来把握现实。所采取的研究路径也致使他们无法洞见到在目前并不具有融贯性的法律体系背后政府当局对于社会团体所持的某种"机会主义"立场。

历史—哲学研究角度，是一种新的研究路径，强调历史的发展变化，通过从某些相关事件、争论、政策产生过程以及相关文献等角度的长期历史观察与分析，弥补了实证主义中无法全面调查党政机构及其干部的真实态度与思维方式的缺陷，从中发现国家社会组织管理的真实态度，同时采取诸如一种"市民社会与国家"的互动范式的哲学的理论思考，从而能更好地把握国家社会组织管理的未来取向。因此，邓文所提出的针对国家社团管理技术及其背后"机会主义"立场的研究，与实证主义研究相比，便具有了理论上的优越性和可行性。

但是历史—哲学研究路线，也存在相当大的局限，即历史的客观性与真实性如何评判。对此，本文就有一些历史观点与邓文存在分歧。邓文认为理解1990年代以来的三次社会组织清理整顿的一个关键切入点就是国家主导的市场化改革。为了减少市场化改革阻力，国家控制社会组织发展以免影响市场化改革稳定环境。但是本文认为这样的理解是不恰当的，按照邓文逻辑，国家社会组织管理政策、体制的发展变化是来源于党中央对政治体制改革的认知与态度，关系到"改革、发展与稳定"三大关系。那么三次清理整顿的实质是从属于党中央对"改革、发展、稳定"的政策选择。本文认为，三次清理整顿，中央常委专门开会讨论，其实质就是对政权安全、稳定与执政合法性的强化。执政安全本身就与市场化改革同等重要，某种程度上超越于市场化改革的重要性。现实就存在一种严重倾向，为了稳定反而弱化市场化改革的动力。党中央三次清理整顿的主要理由都是基于政权安全，附带着规范社会组织的市场行为。

具体来说，第一次整顿主要是党中央针对"八九风波"及其社会团体政治参与带来的问题。民政部通知中强调根据《中共中央关于加强宣传、思想工作的通知》（中发〔1989〕7号）的精神，各地开展清理整顿和复查登记工作，可先从社会科学和文学艺术类社会团体入手，然后逐步对其他社会团体进行清理整顿。这是因为社会科学与文学艺术类团体思想活跃、独立意见多，是20世纪80年代到90年代社团政治参与的主力军。民政部关于清理整顿的六项主要内容中，第一条突出强调对于反对四项基本原则、长期宣扬资产阶级自由化，特别是在动乱和北京发生反革命暴乱期间，错误严重、造成恶劣影响的社会团体，要坚决取缔。

第二次整顿是因为1996年7月中共中央政治局常委会专门研究了社会组织工作，随后同年8月28日，中共中央办公厅、国务院办公厅下发了《关于加强社会团体和民办非企业单位管理工作的通知》。这一次，清理整顿可以说是上一次清理整顿的深化。在《关于加强社会团体和民办非企业单位管理工作的通知》中，中共中央指出社会组织发展所带来的政治问题危及政权稳定：

> 一些受西方敌对势力支持操纵的社会团体和民办非企业单位乘隙窜出。其骨干成员，有些是1989年春夏之交动乱的"精英"，有些是近年来受西方资产阶级世界观影响较深的中青年知识分子，还有一些是顽固坚持资产阶级自由化观点的所谓名人、专家、学者。他们在港台报刊、国内民间刊物甚至有的党政部门主管的报刊上公然宣扬"中国现代化的榜样是西方""只有走资本主义道路才是中国的唯一出路"等错误观点。他们同西方、港台的反华反共势力联系密切，以政治为目的，以学术研究为掩护，接受境外敌对组织的捐赠和委托，为其搞社情调查，提供信息情报，有的甚至充当西方敌对势力对我进行渗透、颠覆、窃密的工具。这些为数虽然不多但能量颇大、影响很坏的民间组织，事实上已成为境内外敌对势力同我进行公开、"合法"斗争依托的阵地，起着思想渗透、组织策划、

集聚力量、聚敛经费的作用，是破坏我国政治、社会稳定的重大隐患。

在广州市人民政府办公厅转发的《关于我市开展清理整顿社会团体有关问题的请示》中明确强调，民政、公安、国家安全等部门要积极配合，通力合作，保证清理整顿工作保质依时完成。

第三次清理整顿同样是因为一些社会组织危及了党的执政合法性与政权稳定性。1999年10月，中共中央政治局常委会召开会议专门研究民间组织管理问题。1999年11月，《中共中央办公厅、国务院办公厅关于进一步加强民间组织管理工作的通知》（中办发），提出要特别注意的是，最近一段时间，又出现了一些新情况，暴露出一些新问题：

> 西方敌对势力利用民间组织同我进行"合法"斗争。他们往往以民间组织的身份出现，以学术研究或慈善捐赠为掩护，以资助、合作为手段，对我实施"西化""分化"战略。1998年9月以来，受境外敌对势力的操纵，国内一些敌对分子有组织、有预谋地公然成立"中国发展联合会"等一批以反对四项基本原则为目的的民间组织，制定并实施反动的政治纲领，宣称要上台、要执政，气焰十分嚣张。

又如邓文提出，"20世纪90年代国家对社会组织的清理整顿的这种运动式治理技术行为，在法制建设成为基本国策、法制观念日益深入人心、国家各项治理手段都趋于规范化的1990年代，政府还要诉诸这种缺乏稳定性的治理技术来管理社会团体，而且使用频率还如此之高？"邓文的回答是：一是社会团体对于国家稳定发展而言是首当其冲的控制目标。二是考虑到当时的社会状况，单纯依靠双重分层的监管体制，辅之以行政科层机构的日常管理，很难将当时混乱复杂的社会团体完全纳入监管体制之中。清理整顿运动便成了国家在1990年代管理社团问题上不得不采取的一种做法。本文要说明的是，1990年代动员型治理技术本身就来自中国共产党的政治动员传统，在上世纪90年代是一种常态。1996年江泽民才正式提出"依法治国"作为国家治理的主要方式。到了21世纪，中国共产党才明确把科学执政、民主执政与依法执政作为党的建设基本内容。本文认为邓文依靠一定的客观事实，进行逻辑推演，但与历史现实存在一定差距。

从本文选择的文献所呈现的状况看，一是实证主义研究作为一种主流研究方法，还需要大力完善与充实，其呈现的内容反映了"一种事实"，但并非一定是"全面的事实"，因此还需要其他研究方法的配合。二是研究成果缺乏互动，各个学科界限明显，学术群体缺乏交融。三是文献作者各自研究的学科特色明显，主要是社会学、管理学、历史与哲学，但是缺乏政治学科的理论与知识背景。因此，多学科交叉研究、多种研究方法以及研究成果的相互借鉴、融合、批判是未来深入研究的趋势，这将能够为我们提供更为客观、全面、科学的认知。

**参考文献**

陈明明（2002）：《革命后的政治与现代化》，《复旦政治学评论》，第1辑，上海：上海辞书出版社，第167页。

陈天祥、徐于琳（2011）：《游走于国家与社会之间：草根志愿组织的行动策略——以广州启智队为例》，《中山大学学报》，社科版，（1）：第155页。

邓正来、丁轶（2012）：《监护型控制逻辑下的有效治理：对近三十年国家社团管理政策演变的考察》，《学术界》，（3）：第5页。

付涛（2011）：《中国第三部门：在行政吸纳中走向依附?》，《中国发展简报》，2011年春季卷，北京：知识产权出版社，第6~7页。

葛道顺（2011）：《中国社会组织发展：从社会主体到国家意识——公民社会组织发展及其对意识形态构建的影响》，《江苏社会科学》，（3）：第21页。

郝彩虹（2012）：《发展公益型社会组织的政府主导模式研究——以北京市东城区等地为例》，《社科纵横》，（8）：第46页。

康晓光、韩恒（2005）：《分类控制：当前大陆国家与社会关系研究》，《社会学研究》，（6）：第73~89页。

康晓光等（2008）：《改革时代的国家与社会关系——行政吸纳社会》，载王名主编《中国民间组织30年——走向公民社会》，北京：中国社会科学出版社。

——（2010）:《NGO 与政府合作策略》，北京：社会科学文献出版社。

——（2011）:《依附式发展的第三部门》，北京：社会科学文献出版社。

兰建平、苗文斌（2009）:《嵌入性理论研究综述》，《技术经济年》，（1）：第 104 页。

蓝煜昕（2012）:《社会组织管理体制：地方政府的创新实践》，《中国行政管理》，（3）：第 48 页。

林尚立（2013）:《建构民主——中国的理论、战略与议程》，上海：复旦大学出版社。

林衍（2012）:《让社会自己管好自己》，《中国青年报》，第 09 版。

刘鹏（2011）:《从分类控制走向嵌入型监管：地方政府社会组织管理政策创新》，《中国人民大学学报》，（5）：第 98 页。

刘玉能等（2012）:《民间组织与治理：案例研究》，北京：社会科学文献出版社。

陶传进（2008）:《控制与支持：国家与社会间的两种独立关系研究——中国农村社会里的情形》，《管理世界》，（2）：第 57 页。

唐文玉（2010）:《行政吸纳服务——中国大陆国家与社会关系的一种新诠释》，《公共管理学报》，（1）：第 17 页。

特里·N·克拉克等（2011）:《社区社会组织发展模式研究 中国与全球经验分析》，北京：中国社会出版社。

王晨（2005）:《中国民间组织发展的三大不利性制度因素分析》，《社会科学》，（10）：第 38 页。

王名、宋贵伦（2012）:《"社会管理创新的北京实践：宋贵伦访谈录"》，《中国非营利评论》，第 9 卷，第 102 页。

王名、刘求实（2007）:《中国非政府组织发展的制度分析》，《中国非营利评论》，第 1 卷，第 135 页。

王名、孙伟林（2011）:《社会组织管理体制：内在逻辑与发展趋势》，《中国行政管理》，（7）：第 16~19 页。

王名、杨丽（2012）:《社会管理创新的"网格化"体系探析——以重庆市巫溪县为例》，《探索》，（1）：第 136 页。

杨柯（2006）:《我国当代政府对民间非营利组织管理模式初探》，西北大学硕士毕业论文。

郁建兴、吴宇（2003）:《中国民间组织的兴起与国家—社会关系理论的转型》，《人文杂志》，（4）：第 145~146 页。

周本顺（2011）:《走中国特色社会管理创新之路》，《求是》，（10）：第 37 页。

Teets, J. C.（2011）:《云南国际 NGO 管理政策的演变——兼与其他管理模式比较》，《中国发展简报》，2011 年冬季卷，北京：知识产权出版社，第 56 页。

# The Research Review on the Current Model of State Management of Social Organizations

【Abstract】 There are four representative views on the State's management mode of the social organization in the research of academic circles: the mode of differential controls and administrative absorption of society, the mode of embedded regulation, the mode of guardian control, the mode of restriction patterns. The first emphasizes the general characteristics of state control and its strategy. The second emphasizes the new changes of state control and its strategy. The third focuses on the analysis of the dynamically historic changes and the philosophy of history to reflection on the State monitoring the social organizations. The fourth emphasizes the essence of social organization management system which curbs the development of social organizations. These four viewpoints gives us foundation and condition to deeply research to stance, method, tactic and local feature, developing trends for State's management of the social organization in the present. In the meantime, It'such a challenge to closely research for their inadequate research. The four are lack of the detailed analysis on the Communist Party of its own characteristics and its policy of the social organization. The localization on the relationship between the CPC and the social organization determines the schedule of reform on the management policy and system of the social organization.

【Key Words】 The Social Organization; Management; Mode

（责任编辑：何建宇）

# 幸福之旅与巴西原住民的
# 在地幸福感

侯豫新[*]

当下，随着GDP的快速增长，人们开始提出"你幸福吗？"这样的问题，并对"GDP"与幸福感之间的正向关系表示怀疑。由此，无论政府抑或学界都开始关注幸福指数与幸福感的相关研究。然而，吊诡的是，我们却习惯于不假思索地套用西方意义上的"幸福"（Happiness）去理解与界定非西方的幸福指数与幸福感，进而，在对幸福的均质化误读基础上进行着同幸福相关的政策厘定与学术研究，由此，陷入一种学识歧途。从2013年1月18日至25日，笔者参加了由MIT的Presencing机构主办的"2013全球福祉与国民幸福指数的学习之旅"（GNH and Well Being Lab Learning Journey），参加这次学习之旅的成员包括来自英国、美国、巴西、印度、不丹、德国、法国、南非、斯里兰卡和中国等国家的学者、NGO领袖以及纪录片导演。我们深度体验并访谈了巴西不同社区（包括亚马逊丛林社区）原住民的在地幸福感。本文探讨了里约热内卢的拆迁抗争与社区幸福感、亚马逊丛林原住民的自然之福与挑战、幸福沐浴与舞蹈、幸福的不丹人以及对于幸福的反思。而此次巴西的幸福之旅也进一步推进了我们对于幸福感在地性与异质性的理解，并提供了具有启发

---

[*] 侯豫新，清华大学公共管理学院NGO研究所博士后，北京大学人类学博士，研究方向：社会人类学、社会管理创新、公民社会与NGO等。

性的本土性知识。

笔者认为,幸福一词译介于西方,进入非西方世界后,其意涵便发生了本土化嬗变。由此,笔者以为,幸福或幸福感实为一异质性概念,不同文化场域中的主体会对之进行本土化的情境解读。

## 一 里约热内卢的拆迁抗争与社区幸福感

2013年1月20日参加完在里约热内卢植物园举行的晨会,学习之旅的成员被分为三组前往里约热内卢的圣马尔塔社区(Santa Marta Community)分别深入参与当地居民的生活并体验他们当下面临的挑战。笔者所参与的是了解与体验当地社区居民的拆迁抗争。

由于2016年夏季奥运会与2014年的足球世界杯要在里约热内卢举办,因此,移民拆迁以及维护城市建筑一体性成为巴西政府工作的重要组成部分。该社区属于巴西的棚户区,生活着很多黑人,他们破旧且布局凌乱的砖制房屋同山下整齐划一的楼房聚落形成了鲜明的对比。所谓的"文明不上山"正成为现代城市人的偏见与想当然之思。政府以该社区处于天然地理危险区域为由试图拆除此社区,并许诺对被拆迁者提供相应面积的城市住宅。但是,这却遭到了社区居民的强烈反对与回击。当地居民告诉我,他们在这个区域已经居住超过了80年,形成了自己独特的社区文化、邻里关系与亲属网络。一旦他们被安置于城市的不同角落,不仅他们原有的社区文化、邻里关系与亲属网络会被打破,同时,他们将成为真正的城市贫民。因为,尽管居住这里的居民大多属于贫民,但是,按照当地居民的说法,他们至少在精神上是富足的。不仅因为他们居住在环境宜人的山上,而且远离城市的喧嚣与污浊。同时,他们十分明白政府的真正用意,拆迁后区域的再开发与利用并非为了当地居民,而是为政府与富商提供牟取暴利的机会。换言之,倘若圣马尔塔社区的居民按照政府的规划进行了搬迁,这块景色绝佳的区域将会被政府建设成生态公园发展旅游业,同时,一些富商将会在这里建造豪华的宾馆以牟取暴利,而被政策性拆迁的居民将一无所获。

同当地居民的接触中,他们提到更多的并非对金钱的考虑,而是对于社区文化、邻里关系与亲属关系的不舍之情。他们从80年前，便被贴上了贫民的标签，即使在最艰难的时期，他们都生存了下来。这其中有一种无形的力量始终支持着他们生活下去。尽管生活在城市的边缘与最底层，但是，他们在信仰与文化中却从未感觉到痛苦与卑微，他们甚至生活得更加开心、自信，甚至表现出对城市主流文明的不屑。走访这里的社区与居民，笔者注意到所谓的凌乱建筑格局中所蕴藏的协调感，简单装饰中彰显的文化与信仰以及物质贫乏中呈现出的精神丰裕。由于这里的房屋依山而建，因此，社区的道路十分狭窄与陡峭。而这种狭窄却创造了当地居民之间的亲密互动与往来的空间。路上行人都会相互致以问候，用他们传统的礼仪表达对于对方的祝福。人们的步伐少了城市居民的急促与紧张，却以一种悠然的步履在体味着一种自在感，汽车、摩托车在这样的特殊场域中遁身而去。简陋的房屋被各种涂鸦、色彩与自然之物所装扮，房屋内不时地传出悠扬迷人的拉丁音乐与迈克尔·杰克逊的歌声。事实上，迈克尔·杰克逊同该社区保有着某种特殊而重要的关系。

1996年杰克逊在拍摄他的歌曲"They Don't Care About Us"的MTV片段时曾经来到了圣马尔塔社区，这对当地居民而言意味着很多。杰克逊的到来不仅使世界知道了里约热内卢的棚户区，同时也给被当地政府忽视的居民带来了生活的信心与勇气。杰克逊的音乐带给了他们力量与快乐，而这首歌曲也表述着该社区居民的心声，杰克逊也试图通过这首歌曲给世界上处于相似境地的人民以信心与力量。巴西杰克逊歌迷会的组织者Mel Silva认为，杰克逊留给后人的遗产远远超过他所演绎的音乐本身，他不仅是最棒的音乐家与舞蹈家，更是一位出色的人道主义者，他将关爱推介至居住在棚户区的人们。杰克逊去世后，当地的居民为了永久地纪念他，在该社区的一个平台上修建了杰克逊的铜制塑像。这个雕像已经成为了该社区的象征，他的存在也是支持社区居民同政府抗争的重要源动力之一。

在圣马尔塔社区，笔者所体验到的是当地居民对于传统社区文化与邻里关系的深厚情感与难舍情结。在被标签化的棚户区，他们并非如人们所想象地生活于一种贫穷与悲惨的境地。他们有自己特有的社区文化、自信与快乐之源。人们相濡以沫，情如手足。他们热爱音乐，热爱生活，物质上的贫乏并未消解他们内心的幸福感。对于他们而言，能够生活在圣马尔塔社区，这本身就是一种莫大的快乐与幸福。在他们的宇宙观与思维逻辑中，幸福就在当下，并且日积月累，而非某种基于不断迁移所追求的物欲满足。

## 二 亚马逊丛林原住民的自然之福与挑战

每每谈及亚马逊丛林，大家都耳熟能详，神秘、灵性、和谐与自然成为了亚马逊丛林的代名词。1月21日，经过长途跋涉，我们终于进入亚马逊地区，一种特殊的人与自然和谐相处的氛围袭面而来，使我们这些来自世界不同角落的被标签化与身份化的"文明人"顿然感到一种"现代文明的卑微"与"自我的渺小"。而未来的几天里，我们也将全然沉浸于亚马逊丛林居民的生活与世界之中。

当我们乘坐快艇向亚马逊丛林进发的时候，眼前不时出现的水上房屋给人以无限的想象。只见有几个孩子在水中自由自在地戏水玩耍，而他们的家人则在修缮渔船。有几只小狗正在同家养的小鸡玩耍。人们各自做着自己的事情，既互不关涉，但却显示出一种和谐感与惬意感。一幅人与动物、自然和谐相处的景象跳入眼帘。

1月22日，我们抵达了亚马逊丛林的"Boa Vista Campo Limpo"社区，这个社区是巴西一个知名的社会企业 Natura 的合作社区。上岸后，我们坐上了通往社区的巴士。司机旁边的一个原住民用吉他为大家哼唱着丛林音乐，尽管不晓其意，但是，大家却为那流动的"自然"音符所感染，一同融入到此种氛围中去。有人鼓掌，有人跟唱，还有人陶醉般地合上了眼睑，尽享聆听。短暂的行程后，我们抵达了社区的中心区域，并受到了丛林居民的热情欢迎与款待。

学习之旅的成员按照自愿原则被分为了三组，分别跟随当地的原住民参与体验他们的传统工艺、草药知识等。根据个人的兴趣，笔者选择了草药知识组，在当地"草药王"的指引下深度体验了他们的丛林草药知识与生态智慧。

这个"草药王"名叫保罗，他大约60岁，看上去十分干练。两小时左右的"草药之旅"中,他带我们进入了丛林中他所熟知的草药生长处,并让我们闻、尝了其中的味道,部分草药同中国的中草药味道十分相似。这其间,他还为我们讲述了有关丛林所发生的各种神秘故事。其中提及了一个关于"鬼打转"的故事。这个故事讲述了一个品行不正的人,在丛林狩猎过程中迷失了方向。于是,他总是无法走出原地,被一种叫做"鬼打转"的东西所缠身,在原处打转,最后客死丛林。通过这个故事,他告诉我们,人的行为应当端正,有德行,爱惜自然与动物,这样才能从丛林中得到自己所需要的东西,比如,维持生计的食物、猎物以及安全与快乐。人与自然之间存在一种因果报应,人应当敬畏自然,尔后才能从自然中有所获致。体验之旅行将结束的时候,保罗向大家提出了这样的问题:"请问你们为什么要来到这里?"之后,在翻译的转译下,他得知我们此行的目的是参与一个叫做"2013全球福祉与国民幸福指数的学习之旅"。于是,他又问我们:"你们幸福快乐吗?"此时,大家突然意识到,研究者与被研究者的界限实际上是人为划定的。在这种情况下,我们成为了被研究者,而亚马逊丛林的原住民则成为了研究者。尽管,他们不甚明了研究的真实意涵,但是,保罗的发问却让我们这些研究者们体验到一种顿悟。这或许也正符合了我们此次行程的真实目的,亦即,一种"学习之旅"或"体验之旅"而非"研究之旅",而相互的沟通与身份区隔的打破则为获知深度体验的关键。

然而,在体验着亚马逊丛林居民传统文化与知识的同时,保罗也向我们表达了某种忧虑,这种忧虑关乎丛林传统文化的传承与维系。因为,随着亚马逊丛林旅游资源与自然资源的开发以及城市化进程的推进,不仅丛林的年轻人大都选择去城市谋求生计,而且丛林的环境生态也渐趋受到影响与破坏。按照保罗的说法,几十年前,他们所生活的丛林的景象同现在截然不同,那时,那里有着十分丰富的动植物等自然资源,足以维持他们的生计与额外收入。而当下,随着现代文明的进入,社区的凝聚感有所弱化,人们的物欲与私欲更加膨胀,这使得他们感到没有以前快乐了。像他这样的"草药王"则少之又少,传统的草药在当下西药的"入侵"下业已失去了实际的意义,成为一种文化的展示与吸引游客眼球的稀罕物。1月24日,在拜访亚马逊丛林的一个沿河社区时,我们拜访了一位年过八旬的女性"草药王"。她对丛林知识的熟知程度超乎人们的想象。从她的容貌与气质看去远未八旬模样，这也同她开朗的心态与简单的生活休憩相关。老人在曾外孙女的帮助下，向我们讲述了不同草药的药理作用，并亲自将其中的一种烧制成了药茶，供大家品尝。口感十分爽滑可口。但是，这位女药草王同保罗一样面临对传统技艺即将失却的忧虑感。不过，让人感到一丝欣慰的是，这位长者的曾外孙女十分热爱这项技艺，并打算去念医学，将传统草药融入到现代医疗中去。

亚马逊丛林如同世界其他丛林一样都无法抵御现代文明的入侵，传统文明及其生态文明也临对着重重危机与困境，人与自然之间的距离也被渐趋拉远。无论如何，传统文明孕育下的原住民始终坚守着他们的传统与生态知识，并竭力维系着同自然之间的和谐关系。自然是原住民的快乐源泉，他们的生态智慧远远超越于所谓的生态学家，因为一种生发并流淌于血液中的东西远甚于外部的灌输与宣传。当我们的地球生态正在遭受愈加无情的摧残与破坏的时候，当不同国家的政府不断出台相关拯救与改善措施的时候，当我们戴着有色眼镜无端归咎的时候，我们实则全然忽视了真正的生态专家与政策制定者正是居住在被我们标签化与忽视的遥远异域的他者。无论亚马逊丛林的原住民、美洲的印第安人、因纽特人抑或中国的图瓦人，他们所拥有的生态智慧却现代文明人所望尘莫及。当我们在不断找寻快乐与幸福的时候，在不断地试图用金钱与物欲填充空虚的灵魂的时候，我们实际上正在走上一条同幸福背道而驰的不归路。幸福与快乐其实非常简单，它既同金钱无涉，又同身份地位无关，只是一种存在的"自然"状态，一种天地人和谐相处的存在之道。

## 三 幸福沐浴与舞蹈

1月22日，在"Boa Vista Campo Limpo"社区"草药王"保罗的带领下，大家来到了一处被树木环绕的小水塘，池水有些泛黄，最深处不到两米。水塘的岸边有一个人造的木制平台。当地人都将这里视为幸福池塘，在这里沐浴的人能够获致健康、好运与幸福。保罗告诉大家，一旦从水塘中上岸将不能再次入水，而要在岸上单膝跪地接受"草药王"

保罗的"沐浴祝福"。具体的做法是,受洗者单膝跪在木板上,低头朝向"草药王",尔后,"草药王"将事先准备好的由四十几种亚马逊珍贵草药研制而成的"幸福浴液"从头泼洒至全身,并对受洗者念颂祝福之语。据说,亚马逊丛林的居民每年在重要的节庆与仪式上都要接受这样的洗礼,以此获致一种特殊的灵性护佑,求得平安、健康与幸福。

学习之旅的成员们,大都接受了"幸福浴液"的洗礼。平日里,因为年龄、性别、身份的差异,大家始终保持着某种拘谨。然而,一旦进入池塘,所有的人都放开了,在水中嬉戏打闹,尽情体验着亚马逊丛林赐予我们的清新、自然与惬意。

除却幸福沐浴,亚马逊丛林居民天生所禀赋的律动感与舞蹈细胞也深深吸引着我们。行将离开"Boa Vista Campo Limpo"社区时,当地居民为大家准备了极具亚马逊丛林特色的舞蹈。随着音乐的响起,两位身着传统服装的5岁左右的童男童女舞动着身体进入了大家的视线。他们面带灿烂的笑容,沉浸在律动的幸福之中。随后,成双成对的年轻男女接踵而至,他们的舞蹈中融入了狩猎、采摘、捕鱼与劳动的场景动作,呈现出一种艺术的生活化,他们用身体语言讲述着劳动的幸福。不久,他们便上前邀请我们参与到他们的舞蹈中来。此时,大家的拘谨在此种欢愉的氛围中顿然消失。我们随着音乐扭动着身体,相对于当地居民的律动感,我们大都显得有些"不自然"。这或许便是大自然所赋予丛林居民的特殊天赋与气质,而这种气质正广泛地存在于世界不同角落的"原住民"或"少数民族"身上。因为,这是一种流淌于血液中的律动感与幸福感,通过基因代代传承下来。音乐与舞蹈可以突破语言、国土与政治的界限,但是,诞生于大自然中的音乐与舞蹈却能赋予人类以至上的快乐与回归感。这却是现在流行音乐与舞蹈所真正缺失之处。

## 四 幸福的不丹人

不丹是一个人口不到百万、毗邻西藏与印度的小国家,因为地理面积狭小而往往易被人们所遗忘。但是,在2006年美国商业周刊(Business Week)的全球调查中,它被评为亚洲幸福指数最高的国家,同时，在世界幸福指数最高的国家中排名第八。为何如此被人们所忽视、GDP水平尚低的国家却能成为最幸福的国家？无论人口、经济发展水平、军事力量与世界影响力都远远落后于亚洲与世界其他国家的不丹为何能够位居最幸福国家之列？

这便同不丹的全民佛教信仰与始自20世纪70年代不丹政府提出的大力发展"国民幸福指数"（GNH）而非GDP有关。同时，20世纪80年代末，不丹四世国王吉旺楚克创设了"国民幸福总值"。在不丹幸福指数研究中心编辑出版的《国民幸福总值与发展》中，不丹国王在书中的前言中指出："GNH比GDP更重要。"这种由上至下的GNH发展模式在当下唯GDP至上的国家凤毛麟角，屈指可数。绿色有机食品、禁止兜售烟草、全民信佛、寺院林立、人与自然休戚与共、不杀生、民众自得其乐、蓝天白云等，使得不丹类同于老子笔下的"小国寡民"，百姓"甘其食，美其服，安其居，乐其俗"。这是不丹，是巴西之行前笔者所听闻的不丹。但是，笔者更期待的却是即将在巴西学习之旅中碰面的四个不丹人。他们分别是不丹国民幸福指数研究中心的托·哈文教授、项目官员但丁女士、"更环保之道"的CEO卡玛以及"快乐绿色合作"的创建者与CEO桑盖。

当在里约热内卢的行李提取处等待行李时，笔者恰巧碰到了但丁、卡玛与桑盖。之前我们学习之旅的成员事先都得到了彼此的个人档案资料与照片，故此，我们很快便认出了彼此。他们操着不丹口音十分浓重的英语同笔者打招呼与握手，他们都面带着笑容，给人以亲近之感。因为，他们的笑容中洋溢着某种特殊的感觉，这是笔者从前未曾体验过的感觉，或许这种感觉同自然与信仰有关。而今后数日的学习之旅中，他们三人还有托·哈文教授的幽默感与笑容始终回荡在各种场合，经常让大家忍俊不禁，甚至捧腹大笑。托·哈文教授十分健谈且言语诙谐；卡玛常常给大家讲笑话；桑盖表情丰富且酷似卓别林；但丁美丽动人，笑容缠绵。最后在行程结束前的沙滩Party上，他们尽显各自的舞蹈天赋，将整个Party的氛围推向高潮。

真正接触不丹人之前，笔者对不丹人幸福的理解仅仅停留于理论层面，笔者也常常反问道："他们真的那么幸福吗？"当笔者真正同他们相处，方才发现不丹对于国民幸福指数的重视绝非仅仅是一种政府行为，这种幸福情结已经融入到不丹普通人的生活、教育、信仰与行为之中，成为生活中不可或缺的一部分。卡玛告诉笔者，不仅学者，连不丹的百姓都在街头巷尾谈论着幸福指数的测算，为国家统计局提供意见和建议。当下，不丹已经形成了一种上下互动的"幸福发展氛围"。

随着全球化与现代化快速发展的今天，GDP业已成为衡量一个国家综合竞争力的核心标准。然而，伴之经济的飞速发展，随之而来的便是环境污染、社会问题丛生、局部战争与冲突不断……于是，全世界包括学者与政府又开始关注国民幸福感与幸福指数这个话题，并通过不同的国际权威机构发布幸福国家排名。幸福中国、幸福广东等已经成为中国政府重要的目标施政之一。但是，从不丹上下互动的幸福发展氛围中，笔者所体验到的是不丹民众对于幸福真谛的灵魂式感悟，而非一种为幸福而幸福的功利主义的建构行为。任何幸福的归宿都来源于一种自然与亲近的灵性之物，失去了同自然的亲近与灵魂深处的信仰，幸福本身将会离我们越来越远。

作为此次学习之旅的第二段旅程之不丹之旅，将于4月22日开始，持续到28日，而从理论上理解不丹人的幸福感到同四个不丹人的深度接触再至即将身临其境地体验不丹民众的幸福感，他们将会步步引领笔者走向对于他者在地幸福感的深度体验之中。

## 五　对于幸福的反思

此次由MIT的Presencing机构主办的"2013全球福祉与国民幸福指数的学习之旅"（GNH and Well Being Lab Learning Journey）使笔者在他者文化中深度体验着巴西原住民的在地幸福感。无论里约热内卢圣马尔塔社区居民的拆迁抗争中所呈现出的社区幸福感，还是亚马逊丛林原住民的自然之福，甚或幸福的不丹人，笔者始终被一种叫做在地幸福感的东西所触动。

幸福（happiness）一词来源于西方，是一个外来概念。当此概念翻越重洋散布进世界不同角落，其实际含义业已发生了本土化的意涵嬗变。倘若，我们全然套用幸福一词去解读身处于不同文化、宗教与历史感中民众的幸福感，将会陷入概念殖民的吊诡之中。换言之，任何西方概念一经本土化，其原始意涵将为一种叫做"文化振作"的本土性在地基质所改造。然而，当下，无论学界甚或政府都想当然地将"幸福"一词进行均质化解读与套用，西方概念与诠释标准的借用成为了学界与政府习以为常的流行做法。殊不知，此种不假思索的做法却导致了基于错误概念套用所产生的错误幸福指标。指标固然重要，但是，我们绝不可从一种指标（GDP）再次滑入另一种指标（GNH）的泥沼之中。指标的意义本身在于一种测量与比较，但是，笔者所要强调的是，对于幸福的理解应当更多地体现出一种在地性与感性的成分。进言之，笔者更愿使用幸福感而非幸福指数，因为，幸福感本身便包括了某种异质性与在地性的东西。而这却恰恰成为我们能够深入洞悉幸福真实意涵的关键。

（责任编辑：李长文）

# 哈佛，种子和未来

张严冰[*]

我们是伴随着蒙蒙细雨驶入波士顿的，告别了北京沉闷的空气和时常令人几近于窒息的雾霾，经过将近20个小时的飞行来到了哈佛。虽然长途旅行无疑使大家有些疲惫，但这里清新的空气、适宜的温度以及世界知名学府所营造出来的自由氛围无疑使每个同行者的心里都有一份愉快之感。一行人中有中国非营利研究领域的优秀学者和中国社会组织领域的领军人物，我们来这里参与公民与社会创新论坛，给一个叫"种子班"的哈佛青年社团授课。

其实哈佛作为一个西方的大学城没有那么的特殊，也许是自己已经到过一些地方的缘故吧。这里既没有剑桥给人的千年庄严神圣之感，也没有海德堡让人体会到的后现代之宁静祥和。是的，整个波士顿城只不过是盎格鲁—撒克逊人建造的一个殖民地，虽然独立战争的第一枪在这里响起，但它和一般的英国城市没有区别，甚至比不上曼彻斯特或伯明翰。哈佛和麻省理工毕竟只是红砖大学，它们的建筑上到处都留下了19世纪工业革命的痕迹，今日美丽的查尔斯河也曾经被重度污染。是的，哈佛和麻省理工令人向往也不过是近百年的事情，是美国世界霸权的产物，当然同时也在智识上给予其最根本的支撑。是的，如果说哈佛能给

---

[*] 张严冰，清华大学公共管理学院助理教授。

人带来一种与众不同的感觉，那就在于她的灵气，一种由许多世界一流人才凝聚在一起所产生的灵气。走在哈佛的校园里，一张张充满活力的青春面孔和你擦肩而过，你的内心深处自然而然地对他们有所期盼，他们当中一定会有未来的诺贝尔奖获得者和政界、商界的领袖。大概这就是所谓人灵地杰吧。

自20世纪初开始，一批又一批的中国学生来到哈佛留学，其中自然不乏优秀人物。已故中国经济学学界泰斗陈岱孙先生是哈佛20世纪20年代的学生；汉学大师余英时先生是50年代的学生；台湾地区领导人马英九先生是70年代的学生；现任清华大学经管学院的院长钱颖一老师和北京大学政府管理学院的院长傅军老师都是90年代在哈佛取得博士学位的。长江后浪推前浪，现在，越来越多的中国学子把这一世界知名学府作为自己深造的目的地。在哈佛著名的马萨诸塞大街上，能不时遇到一张张东方面孔，听到熟悉的普通话。在今天的哈佛校园里，活跃着这样一批中国年轻人，他们以天下为己任，热心公益事业，致力于中国的公民社会发展，这就是我们的公民与社会创新种子班。这个种子班由哈佛的中国学生、学者发起，同时又有来自全国各地的公益志愿者参与，他们聚集在这里探讨中国的未来，我们有幸被他们邀请授课并参与他们的论坛。

一群中国的年轻学子聚集在海外讨论中国的未来是一个非常独特的历史现象，这大抵是由于中国的现代化事业必须向其他已经完成了现代化进程的国家学习导致的。而走出国门，向先进国家学习的莘莘学子也往往会在未来成为中国各行各业的领军人物。20世纪头二十年的日本和20、30年代的苏联都出现过类似的场景。改革开放以来，中国的留学生大都将美国作为留学的首选，在哈佛出现种子班这样的活动也就不足为奇了。种子班，简称SEED，四个英文字母分别代表着Social Resonsibility（社会责任感）、Empathy（共情能力）、Empowerment（赋权）和Dedication（专注精神）。他们关注一个特殊的领域，也就是社会管理和社区服务。他们熟悉党和政府在社会管理创新领域的最新政策，认为"如何实践公民权利和义务，如何推动社会创新和进步，关乎每个中国公民能否实现个人的中国梦，关乎中华民族能否实现伟大复兴"。本着"有效借鉴国际先进理念和经验为我所用，为了促进中国的公益事业融入和影响世界潮流，为了助力中国的有志青年实现公益理想"的精神，他们创办了这一论坛。

初识种子班的学员当然是在欢迎招待会上，几个种子班的组织者发表了富有激情而又理性的讲演。这种场景在国内是可以经常见到的，开会之前总要有人讲几句的，虽说千篇一律，但是形式是必须要有的。这里的不同之处在于这些种子班的80后、90后在使用着不同于国内同龄人的话语体系。没错，他们说的是中文！可是这样的中文在国内却很少听到，坦诚而且真实，优美而又闪烁着智慧。没错，这应该是他们长期浸泡在英文语境中的缘故，他们将英文的语言表达习惯用中文表达了出来。这太难得了！维特根斯坦曾经说过，我们对于世界认知的局限本质是我们语言的局限。是的，我面对的是一批自身智慧已经被英文语境开发到相当高水平的中国年轻人，他们可以在中英文两种语境中游刃有余地穿梭。是的，这批年轻人将来至少可以用他们被英文开发出的智慧改造中文语境，而政治哲学告诉我们，语境的变迁则意味着社会和政治变革的到来。当然，作为也曾经留学西方的我对于他们有更高的期望，我几乎可以确定，他们当中一定会出现中国未来社会发展领域和公益慈善领域的领军人物。所以，他们是种子，未来的种子。

两天的论坛被安排得非常充实，我们一行人分别从自己的研究领域出发对当前中国的政治和社会发展进行了解读，而专题讨论则主要围绕着公益和社会创新领域的前沿议题进行。同行的专家学者和公益领袖彼此非常熟悉，在国内，大家经常一起开会，吃饭，喝茶。但在哈佛的论坛上大家似乎都有所变化，几个以往非常熟悉的朋友可以争论得不可开交，当然大家都是直抒胸臆，畅快表达，争论之后则相视一笑。是的，这也许是中国特色的学术氛围导致的吧；是的，这也许是中国前方的路太曲折坎坷，大家都忧心忡忡导致的吧；是的，这也许是大家并非观点有根本分歧而是珍惜自由表达的权利导致的吧。论坛也不无遗憾之处：我们成了主角，种子们成了配角，大家互动的时间太少了。我努力地利用休息时间和种子们交流，他们对于一般性知识的渴望和对于国内现状分析的诉求同样热烈。他们还很年轻，也很单纯，离国内的现实还比较远。不过，岁月的磨砺会使他们成长，而对于社会的责任感必将使得他们较之仅仅关注个人幸福的同龄人进步得快得多。

俗话说，十年树木，百年树人，中国现代化的根本出路在于中国人的现代化。西方无疑是现代化的先行者和领路人，西方的训练无疑会使人大量地接受现代化的要素，但就整个中国而言，要点在于既要现代化又不可能全盘西化。对于中国的未来，陈寅恪先生有过总结，笔者认为今天仍是适用，那就是"窃疑中国自今日以后，即使能忠实输入北美及东欧之思想，其结局当亦等于玄臧唯识之学，在吾国思想史上，即不能居最高之地位，且亦终归于歇绝者。其真能于思想上自成系统，有所创获者，必须一方面吸收输入外来之学说，一方面不忘本民族之地位"。种子们已经受过西方的训练，但他们似乎还需要补上中国传统文化这一课，尽量可以做到学贯古今中外。我期待着在清华和他们相会。

（责任编辑：陈洪涛）

# 稿　　约

1. 《中国非营利评论》是有关中国非营利事业和社会组织研究的专业学术出版物，暂定每年出版两卷。《中国非营利评论》秉持学术宗旨，采用专家匿名审稿制度，评审标准仅以学术价值为依据，鼓励创新。

2. 《中国非营利评论》设"论文""案例""研究参考""书评""随笔"等栏目，刊登多种体裁的学术作品。

3. 根据国内外权威学术刊物的惯例，《中国非营利评论》要求来稿必须符合学术规范，在理论上有所创新，或在资料的收集和分析上有所贡献；书评以评论为主，其中所涉及的著作内容简介不超过全文篇幅的四分之一，所选著作以近年来出版的本领域重要著作为佳。

4. 来稿切勿一稿数投。因经费和人力有限，恕不退稿，投稿一个月内作者会收到评审意见。

5. 来稿须为作者本人的研究成果。作者应保证对其作品具有著作权并不侵犯其他个人或组织的著作权。译作者应保证译本未侵犯原作者或出版者的任何可能的权利，并在可能的损害产生时自行承担损害赔偿责任。

6. 《中国非营利评论》热诚欢迎国内外学者将已经出版的论著赠予本刊编辑部，备"书评"栏目之用，营造健康、前沿的学术研讨氛围。

7. 《中国非营利评论》英文刊将委托荷兰博睿（Brill）出版集团在

全球出版发行，中文版刊载的论文和部分案例及书评，经与作者协商后由编辑部组织翻译交英文刊采用。

8. 作者投稿时请寄打印稿或电子稿件。打印稿请寄至：北京市海淀区清华大学公共管理学院 425 室《中国非营利评论》编辑部，邮编 100084。电子稿件请发至：nporeviewc@gmail.com。

9.《中国非营利评论》鼓励学术创新、探讨和争鸣，所刊文章不代表本刊编辑部立场，未经授权，不得转载、翻译。

10.《中国非营利评论》集刊以及英文刊所刊载文章的版权属于《中国非营利评论》编辑部所有；本刊已被中国期刊网、中文科技期刊网、万方数据库、龙源期刊网等收录，为适应我国信息化建设的需要，实现刊物编辑和出版工作的网络化，扩大本刊与作者知识信息交流渠道，在本刊公开发表的作品，视同为作者同意通过本刊将其作品上传至上述网站。作者如不同意作品被收录，请在来稿时向本刊声明。但在本刊所发文章的观点均属作者个人观点，不代表本刊立场。本声明最终解释权归《中国非营利评论》编辑部所有。

由于经费所限，本刊不向作者支付稿酬，文章一经刊出，编辑部向作者寄赠当期刊物 2 本。

# 来稿体例

1. 各栏目内容和字数要求：

"论文"栏目发表中国非营利和社会组织领域的原创性研究文章，字数以 8000~20000 字为宜。

"案例"栏目刊登对非营利和社会组织实际运行的描述与分析性案例报告，字数以 5000~15000 字为宜。案例须包括以下内容：事实介绍，理论框架，运用理论框架对事实的分析。有关事实内容，要求准确具体。

"研究参考"栏目刊登国内外关于非营利相关主题的研究现状和前沿介绍、文献综述、学术信息等，字数在 3000~15000 之间。

"书评"栏目评介重要的非营利研究著作，以 3000~10000 字为宜。

"随笔"栏目刊发非营利研究的随感、会议评述、纪行及心得，不超过 4000 字。

2. 稿件第一页应包括如下信息：（1）文章标题；（2）作者姓名、单位、通信地址、邮编、电话与电子邮箱。

3. 稿件第二页应提供以下信息：（1）文章中、英文标题；（2）不超过 400 字的中文摘要；（3）2~5 个中文关键词。书评和随笔无须提供中文摘要和关键词。

4. 稿件正文内各级标题按"一、""（一）""1.""（1）"的层次设置，其中"1."以下（不包括"1."）层次标题不单占行，与正文连排。

5. 各类表、图等，均分别用阿拉伯数字连续编号，后加冒号并注明图、表名称；图编号及名称置于图下端，表编号及名称置于表上端。

6. 本刊刊用的文稿，采用国际社会科学界通用的"页内注+参考文献"方式。

基本要求：说明性注释采用当页脚注形式。注释序号用①，②，③……标示，每页单独排序。文献引用采用页内注，基本格式为（作者，年份：页码），外国人名在页内注中只出现姓（容易混淆者除外），主编、编著、编译等字眼，译文作者国别等字眼都无须在页内注里出现，但这些都必须在参考文献中注明。

文末列明相应参考文献，参考文献中外文分列（英、法、德等西语可并列，日语、俄语等应分列）。中文参考文献按照作者姓氏汉语拼音音序排列，外文参考文献按照作者姓氏首字母排序。基本格式为：

作者（书出版年份）：《书名》（版次），译者，卷数，出版地：出版社。

作者（文章发表年份）：《文章名》，《所刊载书刊名》，期数，刊载页码。

author（year），*book name*，edn.，trans.，vol.，place：press name.

author（year），"article name"，vol.（no.）journal name，pages.

# 《中国非营利评论》征订单

  《中国非营利评论》是由清华大学 NGO 研究所和社会科学文献出版社合作发行的学术期刊，清华大学 NGO 研究所所长王名教授担任主编。

  《中国非营利评论》是一份有关中国非营利事业与非营利组织研究的专业学术出版物，每年出版两卷。出版时间为 1 月 15 日和 7 月 15 日。

  《中国非营利评论》秉持学术宗旨，采用当今国际学术刊物通行的匿名审稿制度，提倡严谨治学，鼓励理论创新，关注实证研究，为中国非营利事业与非营利组织的研究提供一个高品位、高水准的学术论坛。本刊将开设四个主要栏目，一为"论文"，二为"案例"，三为"书评"，四为"随笔"。为提高刊物的学术品位和水准，本刊聘请国内外相关领域的 28 位知名学者组成学术顾问委员会，其中海外（含港台地区）学术顾问比例不低于 1/3。本刊英文刊 China Nonprofit Review （ISSN 1876 - 5092；E - ISSN 1876 - 5149）第一卷已于 2009 年 2 月在波士顿出版，第二卷于 2009 年 9 月出版。

▷ [征订单]

| 订购单位： | | | | |
|---|---|---|---|---|
| 邮寄地址： | | | 邮编： | |
| 联系人： | | | 职位： | |
| 电话： | | 传真： | 邮箱： | |
| | 第一卷 | 数量： | 总额： | |
| | 第二卷 | 数量： | 总额： | |
| | 第三卷 | 数量： | 总额： | |
| | 第四卷 | 数量： | 总额： | |
| | 第五卷 | 数量： | 总额： | |
| | 第六卷 | 数量： | 总额： | |
| | 第七卷 | 数量： | 总额： | |
| | 第八卷 | 数量： | 总额： | |
| | 第九卷 | 数量： | 总额： | |
| | 第十卷 | 数量： | 总额： | |
| | 第十一卷 | 数量： | 总额： | |
| | 第十二卷 | 数量： | 总额： | |
| 发票要求：□是 □否 | | 发票抬头： | | |
| 附言： | | | | |
| 付款 | 汇款请至如下地址：<br>账户名称：社会科学文献出版社<br>开户银行：中国工商银行北京北太平庄支行<br>银行账号：0200010019200365434 | | 征订单请寄至：<br>◇ 北京市西城区北三环中路甲 29 号院 3 号楼华龙大厦　社会科学文献出版社<br>邮编：100029<br>联系人：闫红国　　电话：010 - 59367156<br>◇ 清华大学公共管理学院 NGO 研究所<br>邮编：100084<br>联系人：刘彦霞　　电话：010 - 62773929 | | |

图书在版编目(CIP)数据

中国非营利评论. 第12卷/王名主编. —北京：社会科学文献出版社，2013.9
 ISBN 978-7-5097-5099-5

Ⅰ.①中… Ⅱ.①王… Ⅲ.①社会团体-中国-文集 Ⅳ.①C232-53

中国版本图书馆 CIP 数据核字（2013）第 224042 号

## 中国非营利评论（第十二卷）

| 主　办 / | 清华大学公共管理学院 NGO 研究所<br>明德公益研究中心 |
|---|---|
| 主　编 / | 王　名 |

出 版 人 / 谢寿光
出 版 者 / 社会科学文献出版社
地　　址 / 北京市西城区北三环中路甲29号院3号楼华龙大厦
邮政编码 / 100029

| 责任部门 / 社会政法分社（010）59367156 | 责任编辑 / 宋　昱　关晶焱 |
|---|---|
| 电子信箱 / shekebu@ssap.cn | 责任校对 / 王伟涛 |
| 项目统筹 / 刘晓军 | 责任印制 / 岳　阳 |

经　　销 / 社会科学文献出版社市场营销中心（010）59367081　59367089
读者服务 / 读者服务中心（010）59367028

| 印　　装 / 北京季蜂印刷有限公司 | |
|---|---|
| 开　　本 / 787mm×1092mm　1/16 | 印　张 / 18 |
| 版　　次 / 2013年9月第1版 | 字　数 / 276千字 |
| 印　　次 / 2013年9月第1次印刷 | |
| 书　　号 / ISBN 978-7-5097-5099-5 | |
| 定　　价 / 45.00元 | |

本书如有破损、缺页、装订错误，请与本社读者服务中心联系更换
▲ 版权所有　翻印必究